Ethnologische Paperbacks

Hartmut Lang

Systeme der Wirtschaftsethnologie

Eine Einführung

Reimer

Bibliografische Information der Deutschen Nationalbibliothek
Die Deutsche Nationalbibliothek verzeichnet diese Publikation in der Deutschen Nationalbibliografie; detaillierte bibliografische Daten sind im Internet über http://dnb.d-nb.de abrufbar.

www.reimer-verlag.de

Umschlaggestaltung: Nicola Willam, Berlin
Umschlagbild: Jamsspeicher auf den Trobriand Inseln (Foto: Hans Fischer, 1981)

Printed in Germany
Gedruckt auf alterungsbeständigem Papier

ISBN 978-3-496-02836-9

INHALT

	Vorwort	VII
I	**GRUNDLAGEN**	**1**
II	**PRODUKTION**	**26**
1	Grundlagen	27
2	Produktionssysteme der Wildbeuter	33
3	Produktionssysteme der Feldbauern	56
4	Produktionssysteme der Ackerbauern	65
5	Produktionssysteme der Pastoralisten	95
6	Produktionsstrategien	116
III	**DISTRIBUTION**	**146**
1	Hinführung	147
2	Handel und Spezialisierung	151
3	Markttausch	158
4	Von der Subsistenzwirtschaft zur Marktwirtschaft	170
5	Sozialer Tausch	177
	Sachindex	192

Für Sofie und Luise Lang

VORWORT

Es gibt eine Reihe von Büchern über die Wirtschaftsethnologie, die einführenden, historischen oder Überblickscharakter haben (Narotzky 1997; Plattner 1989; Rössler 2005; Wilk & Cliggett 2007). Diesen Büchern soll der folgende Text keine Konkurrenz machen. Er ist als Ergänzung gedacht, zugleich aber auch als selbstständiges Buch. Er soll einige Lücken schließen. So fehlt es an detaillierten Beschreibungen und Analysen ethnographischer Berichte über Wirtschaftssysteme. Diese Berichte gehören zu den wertvollen, wenn nicht gar den wertvollsten Erkenntnisbeständen der Wirtschaftsethnologie. Außerdem stören mich einige Lücken im Bereich der Theorie. Der Text soll die Lücken möglichst knapp und trotzdem solide beseitigen, wobei solide heißen soll: Die Darstellung ist faktisch korrekt, verständlich und wird der Komplexität des behandelten Systems gerecht.

Die nötigen ethnologischen Vorkenntnisse habe ich auf ein Minimum beschränkt, denn das Buch soll Studienanfängern im Fach Ethnologie und generell interessierten Laien zugänglich sein.

Für die Beschreibung der ethnographischen Fälle habe ich das Tempus des ethnographischen Präsens gewählt. Diese Tempuswahl ist für mich eine Geschmacksfrage. Ich finde, das Präsens drückt sehr gut aus, was ausgedrückt werden soll: Es verweist, jedenfalls kann man es so verstehen, auf den Systemzustand, den die Ethnographen zur Zeit ihrer Feldforschung vorgefunden und festgehalten haben; und ob der Zustand noch existiert, lässt es im Ungewissen.

Im Text spielen ‚exemplarische Fälle' eine tragende Rolle. Darunter verstehe ich beachtenswerte ethnographische Studien. Manchmal ist es der Gegenstand der Beschreibung, der beachtenswert ist, und manchmal ist es auch oder allein die Beschreibung. Diese Fälle erfüllen unterschiedliche Funktionen, aber meistens stellen sie Modelle oder Prototypen für bestimmte wirtschaftliche Systemarten dar.

Obwohl es nur Lücken füllen soll, ist das Buch unvollständig. Dafür gibt es zwei Gründe. Zum einen fehlt es in manchen Fällen an ausreichend detaillierten

Daten. Das gilt z.B. bedauerlicherweise für das große Gebiet der Konsumtion. Es gibt zwar eine ganze Menge von ethnologischen Publikationen mit dem Wort Konsumtion oder Ähnlichem im Titel. Aber publizierte ethnographische Studien, die systematisch Haushaltsbudgets so mit dem Erwerb der Verbrauchs- und Gebrauchsgüter in Bezug setzen, dass die Muster der Konsumentscheidungen sichtbar werden, habe ich bislang nicht finden können. Der andere Grund für die Lücken ist, dass ich das ein oder andere Thema noch nicht genügend durchschaue oder überblicke.

In der Arbeit kommen immer wieder Textabschnitte vor, die einzeilig und mit kleinerer Schrifttype formatiert sind. Diese Textteile haben keine tragende, sondern eine ergänzende Funktion. Man kann sie überspringen, ohne dass dadurch das Verständnis des Haupttexts beeinträchtigt wird. Um Inhalte, die in Fußnoten (im Sinn des klassischen geisteswissenschaftlichen Fußnotenwesens) gehören, handelt es sich nach meinem Dafürhalten nicht.

Seitengenaue Belegstellenangaben gibt es nur dort, wo ich den Eindruck habe, dass es zu aufwendig ist, ohne diese Angaben die Stellen wiederzufinden.

Den Text gelesen und kommentiert haben Bettina Beer, Michael Bollig, Anne-Katrin Broocks, Hans Fischer, Clemens Greiner, Kerstin Hadjer, Sebastian Kruck, Theresa Linke, Julia Pauli, und Michael Schnegg. Ihnen allen verdanke ich viele Anregungen und Verbesserungen; auch haben sie mich davor bewahrt, eine Menge politisch unkorrekter Formulierungen in die Welt zu setzen. Was jetzt noch an politisch Unkorrektem vorhanden ist, geht allein auf meine Rechnung. Sicco Plate danke ich für eine Reihe von wertvollen Beiträgen zur Literaturrecherche. Barbara Limpricht hat dankenswerterweise erneut das entsagungsvolle Korrekturlesen übernommen.

Wie immer verwende ich im Haupttext wir statt ich, den Plural der ‚Bescheidenheit' (pluralis modestiae) der wissenschaftlichen Rede.

In lehrbuchartigen Büchern wie dem vorliegenden sollte man besonders penibel darauf achten, dass sie fehlerfrei sind. Ich habe mich redlich darum bemüht, aber mit Sicherheit wieder nicht mit durchschlagendem Erfolg. Ich bitte daher alle, die Fehler finden, sie mir mitzuteilen – wenn möglich umgehend, sonst geraten sie leicht wieder in Vergessenheit (eMail: Hartmut.Lang@uni-hamburg.de).

Literatur

Narotzky, S.
1997 New directions in economic anthropology. London ; Chicago, IL: Pluto Press.

Plattner, S.
1989 Economic anthropology. Stanford, Calif.: Stanford University Press.
Rössler, M.
2005 Wirtschaftsethnologie: Eine Einführung. Berlin: Reimer (2. Aufl.).
Wilk, R.R. & Cliggett, L.
2007 Economies and cultures: foundations of economic anthropology. Boulder, Colo.: Westview Press.

I GRUNDLAGEN

Gegenstand der Wirtschaftsethnologie ist die Produktion, Distribution und Konsumtion von Gütern, die der Mensch zum Leben braucht, ob sie zum Überleben notwendig sind oder nicht. Unter Gütern versteht man im engen Sinn physische Gegenstände (i. e. Dinge, die man anfassen kann), im weiten Sinn gehören auch Dienstleistungen dazu.

Die drei Gegenstandsklassen (Produktion usw.) bilden die Kernkomponenten von Wirtschaftssystemen. Die Komponenten können unterschiedlich ausgeformt und miteinander verknüpft sein, was unterschiedliche Typen von Wirtschaftssystemen zur Folge hat. Einige wirtschaftsethnologisch grundlegende Systemtypen werden wir im nächsten Abschnitt darstellen. Danach werden wir uns mit Bausteinen der Theorie wirtschaftlichen Handelns befassen. Im letzten Abschnitt gehen wir einer elementaren Frage nach, mit der die Wirtschaftsethnologen schon seit Langem ringen. Es ist die Frage, ob und unter welchen Umständen Menschen allein ihren materiellen Vorteil verfolgen, wenn sie wirtschaftlich handeln.

Im Text war gerade die Rede von Klassen. Mit Klassen sind Begriffe gemeint, zu denen ein Gegenstand entweder gehört oder nicht gehört. So hat man es entweder mit einem Produktionssystem zu tun oder eben nicht; etwas Drittes gibt es nicht. Die Rede war auch von Typen. Typ kann vieles bedeuten. Wir verstehen darunter Begriffe, zu denen ein Gegenstand mehr oder weniger gehört. Ein Beispiel dafür ist die Subsistenzwirtschaft, d.h. kurz gesagt Produktion für den Eigenbedarf; der Begriff kann sich auf alle produzierten Güter erstrecken oder auf merkbar weniger als alle. Zu einer Klasse gehört ein Gegenstand demnach entweder ganz oder gar nicht, zu einem Typ mehr oder weniger.

Wirtschafts*ethnologisch* wird der Blickwinkel dieses Buchs wesentlich (auch) durch die Methode der Datengewinnung. Das Datenmaterial, das wir präsentieren, haben ethnologische Feldforschungen hervorgebracht, d.h. unter anderem, die Forscherinnen und Forscher haben längere Zeit bei den Untersuchten verbracht und dabei die Forschungsstrategie der teilnehmenden Beobachtung angewendet.

Auf die Frage, was das Spezifische der wirtschaftsethnologischen Betrachtungsweise und Forschung sei, liefert der gesamte ‚Rest‘ des Buches Antworten, wenn auch eher implizit. Auf die folgenden beiden, naheliegenden Antworten wollen wir aber jetzt gleich und explizit eingehen:

- Die spezifische Domäne der Wirtschaftsethnologie sind die kulturellen Faktoren (Definition cf. Lang 1998), die das Wirtschaften des Menschen beeinflussen.
- Die Ethnologie konzentriert sich in ihren Forschungsanstrengungen auf eben die kulturellen Faktoren.

Die beiden Antworten sind durchaus nicht abwegig. Nur ist es heute nicht mehr die Wirtschaftsethnologie allein, die sich um die kulturellen Faktoren kümmert, vielmehr fordern auch gestandene Ökonomen, kulturelle Faktoren in ökonomische Theorien einzubauen, und sie arbeiten auch an diesem Vorhaben (cf. Schlicht 1998). Darüber hinaus mag manches wirtschaftliche Verhalten des Menschen weitgehend von kulturellen Faktoren, und anderes weitgehend von nicht-kulturellen Faktoren wie z. B. individuellen materiellen Nutzenerwägungen bestimmt oder wenigstens massiv dominiert sein. Dazwischen aber gibt es in den unterschiedlichsten Mischungsverhältnissen Kombinationen von kulturellen und nicht-kulturellen Faktoren. Manche Wirtschaftsethnologen haben dieses breite Spektrum von Varianten dazu genutzt, sich ausschließlich mit der kulturellen Seite wirtschaftlichen Handelns zu befassen. In diesem Fall braucht man, so scheint es jedenfalls, von allem nur seinen Wert und seine Bedeutung und von nichts den Preis zu wissen. Diese Überzeugung hat wirtschaftsethnologische Texte hervorgebracht, die ausschließlich von Themen handeln wie z. B. der Vorliebe der US-Amerikaner für Steaks oder davon, wie man in Indien mit heiligen Rindern umgeht, das heißt, sie handeln von einer Welt, in der es keine Preise und keine Kosten gibt. Wenn man sicher sein könnte, dass der kulturelle Einfluss auf das wirtschaftliche Handeln grundsätzlich unabhängig von Preisen und Kosten ist, wäre gegen diese Überzeugung nichts einzuwenden. Gerade das aber ist nicht der Fall: Moral kann bekanntlich durchaus ihren Preis haben, was wohl auch für die ‚moralische Ökonomie‘ gilt, die dem Mitmenschen eine Versorgung mit dem zum Leben Notwendigen zusichert; Preise und Kosten können, wie Diekmann und Preisendörfer (2003) eindrücklich analysiert und demonstriert haben, bei der Beherzigung von Werten und Normen sogar mächtig ‚mitmischen‘. Vielleicht ist es demnach doch eher keine reine Geschmacksfrage, ob man Preise und Kosten bei wirtschaftsethnologischen Untersuchungen mit einbezieht oder nicht.

WIRTSCHAFTSTYPEN

Die wesentlich ältere Schwester der Wirtschaftsethnologie, die Volkswirtschaftslehre oder Ökonomik untersucht einen Typ von Wirtschaft, der in einem deutschen Volkswirtschaftslehrbuch folgendermaßen graphisch beschrieben wird.

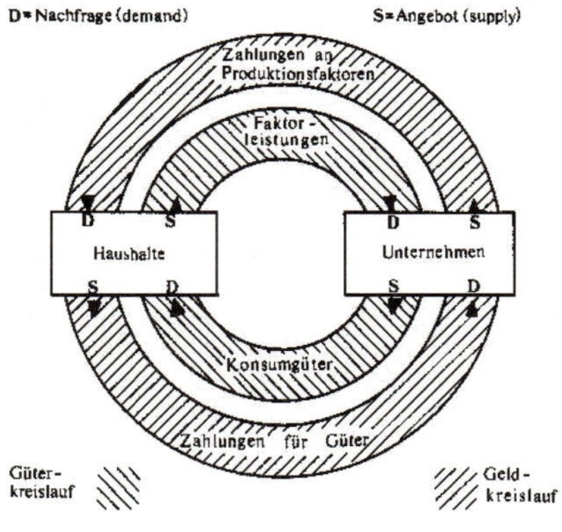

Fig. 2–2: Güter- und Geldkreislauf

aus Woll (2003: 70)

In dem Diagramm sind zwei der Komponenten von Wirtschaftssystemen zu erkennen. Die Unternehmen repräsentieren die Produktionskomponente und die Haushalte die Konsumtionskomponente. Die beiden Komponenten sind über den ‚Kreislauf' von Gütern und Geld miteinander verknüpft. Die Haushalte erhalten von den Unternehmen Konsumgüter und zahlen dafür Geld an die Unternehmen, und sie liefern den Unternehmen Faktorleistungen, z. B. die Arbeit ihrer Mitglieder, und erhalten dafür ihrerseits wieder Geld.

In einem weit verbreiteten US-amerikanischen Lehrbuch finden wir die folgende Graphik.

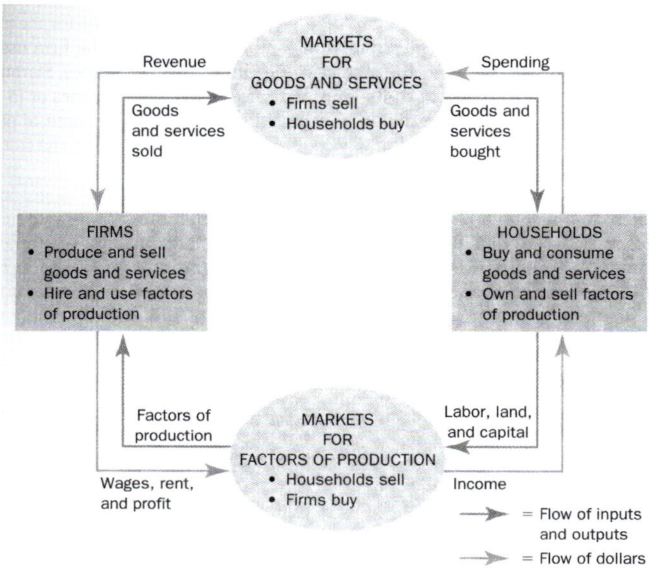

aus Mankiw (2004: 23)

Hier wird auch noch die dritte Komponente hervorgehoben, die Distribution. Sie wird von den Märkten bewerkstelligt, über die Güter und Geld vom Haushalt zu den Unternehmen und zurück fließen.

Die Volkswirtschaftslehre befasst sich demnach mit einem Wirtschaftstyp, bei dem die Produzenten Unternehmen („firms“) sind. Die Distribution übernehmen Märkte. Der Wirtschaftstyp wird daher Marktwirtschaft genannt. Die Wirtschaftsethnologie untersucht wirtschaftliches Handeln durchaus auch und immer mehr in Wirtschaftssystemen, wie sie die beiden Graphiken beschreiben. Aber sie benutzt ein allgemeineres Wirtschaftsmodell, das man graphisch wie folgt wieder geben kann.

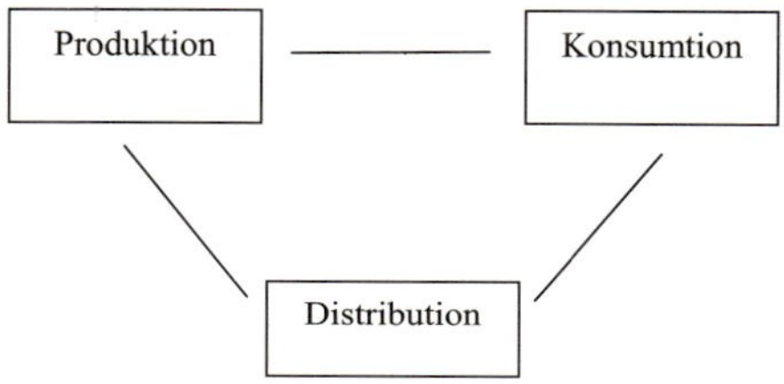

Dieser Graph lässt auch zu, dass die Produktion nicht über einen Distributionskanal wie den Markt fließt, sondern direkt dem Konsum zugeführt wird. Begründet ist dieses Modell folgendermaßen. Wirtschaftsethnologen untersuchen auch Wirtschaftssysteme, die

- keine Unternehmen kennen. Die Produzenten sind die Haushalte selbst. Sie produzieren für den Eigenbedarf. Man nennt diesen Typ von Wirtschaftssystem *Subsistenzwirtschaft*;
- *andere Tauschformen als den Markttausch* für die Distribution der Güter verwenden;
- Markttausch *ohne Geld* betreiben.

Subsistenzwirtschaft definieren wir folgendermaßen: Alles, was die Haushalte verbrauchen oder gebrauchen, produzieren sie selbst. Die Umkehrung – alles, was die Haushalte produzieren, verbrauchen oder gebrauchen sie selbst – eignet sich nicht für unsere Zwecke, denn es gibt Wirtschaftssysteme, in denen die Haushalte mehr produzieren als sie verbrauchen, z. B. so große Mengen von Nahrungsmitteln, dass ein Teil davon verkommt. Wir wollen aber auch in diesen Fällen von Subsistenzwirtschaft reden können.

Subsistenzwirtschaft kann sich auf Nahrungsmittelproduktion allein beziehen oder auf alles, was die Haushalte zum Leben brauchen. Es ist offenkundig ein Typbegriff. Die Bedeutung der Subsistenzwirtschaft sieht man (auch menschheitsgeschichtlich) klarer, wenn man bei der Analyse die folgenden Dimensionen berücksichtig: die normative Dimension, die z. B. festlegt, dass jeder Haushalt (einer Kultur) alle oder einen bestimmten Teil der Güter, die er konsumiert, selbst produzieren *sollte*; der Umfang der Subsistenz, d.h. in welcher Menge und Häufigkeit *tatsächlich* selbst produziert wird (oder nicht); und die

Bedeutung, d.h. wie *essentiell* für das menschliche Leben (und die Mitglieder der analysierten Kultur) die Güter sind (oder nicht sind), die selbst produziert werden (oder nicht).

In den Entwicklungsländern von erheblicher Bedeutung ist der *informelle Wirtschaft* oder Schattenwirtschaft genannte Wirtschaftstyp. Einig scheint man sich in der einschlägigen Literatur zu sein, dass es nach wie vor keine konsensfähige Definition von informeller Wirtschaft gibt. Wenn man sich ein Bild verschaffen will vom Umfang der informellen Wirtschaft, dann stößt man aber doch auf eine gängige, wenn auch grobe Definition. Danach umfasst informelle Wirtschaft all die marktbezogenen wirtschaftlichen Aktivitäten (subsistenzwirtschaftliche Aktivitäten werden also ausgeschlossen), die sich der Erfassung durch die amtliche Wirtschaftsstatistik eines Landes entziehen. Die folgende Tabelle gibt einen Eindruck vom Umfang dieser Aktivitäten.

Informelle Wirtschaft: Prozent des beobachteten Bruttoinlandprodukts 1999/2000*

Region	**Mittel**	***Max.***	***Land***	***Min.***	***Land***
Afrika	42	*59,4*	*Zimbabwe*	*28,4*	*Südafrika*
Südamerika	41	*67,1*	*Bolivien*	*19,8*	*Chile*
Europa Tranformationsländer	38	*67,3*	*Georgien*	*18,9*	*Slowakei*
Asien	26	*52,6*	*Thailand*	*11,3*	*Japan*
Europa OECD-Länder	18	*28,6*	*Griechenland*	*8,8*	*Schweiz*
USA etc.**	13	*8,8*	*USA*	*16,4*	*Kanada*

* aus Schneider (2002); analysiert werden pro Region nur eine Auswahl von Ländern.

** schließt ein Kanada, Australien, Neuseeland.

Den Umfang der informellen Wirtschaft zu schätzen, ist eine schwierige Angelegenheit mit unbekanntem Schätzfehler. Die Daten zeigen aber eine generelle Tendenz (wohl gemerkt eine Tendenz, nicht einen strengen Zusammenhang): Informelle Wirtschaft gibt es in jedem Land, aber ihr Anteil an der Wirtschaft ist umso größer, je ärmer das Land ist. Die Experten sind sich auch einig, dass der Anteil sehr groß sein kann. Werte über 50% des Bruttoinlandsprodukts sind sicherlich nicht unrealistisch.

Einig ist sich die einschlägige Literatur weiterhin darüber, dass die informelle Wirtschaft sehr heterogen ist. Trotzdem lassen sich einige generelle Aussagen über diesen Wirtschaftstyp machen. Abweichungen kommen vor, aber die Hauptmasse der Fälle wird von den folgenden Aussagen abgedeckt (cf. Maloney 2004).

1. Die informelle Wirtschaft ist immer Teil eines umfassenderen Wirtschaftssystems.
2. Die informelle Wirtschaft besteht aus nicht registrierten Kleinstunternehmen (e. microfirms). Die Unternehmer beschäftigen nur wenige bis gar keine Arbeiter.
3. Die Unternehmen der informellen Wirtschaft operieren größtenteils im Dienstleistungssektor.
4. Formalisierte Institutionen sind u. a. das Rechtssystem, das Banksystem, das Gesundheitswesen, das Rentensystem und die bürokratischen Organe des Staates auf lokaler bis nationaler Ebene. Die Kleinstunternehmen und die Arbeiter der informellen Wirtschaft stehen nicht in Verbindung mit diesen formalen Institutionen. Kredite nehmen sie nicht bei den Banken auf; sie ziehen nicht vor Gericht, um ihre Rechte zu wahren, usw. Es ist diese negative Bestimmung, die dem Wirtschaftstyp seinen Namen gegeben hat. Die Beschreibung gibt an, was die Wirtschaftsakteure nicht tun.
5. Die positive Bestimmung sieht folgendermaßen aus. Die Akteure der informellen Wirtschaft stützen sich wesentlich auf ihre sozialen Netzwerke, die aus Verwandten, Nachbarn oder Angehörigen der gleichen ethnischen Gruppe bestehen. Die Überwachung ihrer Regeln kann schärfer und die Strafe für einen Regelbruch härter ausfallen als bei den formalisierten Institutionen. Man kann in Anlehnung an Coleman (1990) hier von primordialen (statt informellen) Beziehungen und Institutionen reden.
6. Ob die Akteure keine andere Wahl haben als in die informelle Wirtschaft zu gehen, oder darin die günstigste Alternative sehen, sollte als empirische Frage behandelt werden. Auch sollte nicht von vornherein angenommen werden, dass alle Akteure im informellen Sektor besonders gefährdete Existenzen führen.

Die informelle Wirtschaft gehört zu den vernachlässigten Forschungsgegenständen der Wirtschaftsethnologie. Dass dieser Wirtschaftstyp von nicht zu unterschätzender Bedeutung ist, haben wir oben gezeigt. Hier gibt es wirtschaftsethnographisch viel zu tun, und solche Studien werden von den Nachbardisziplinen aus verständlichen Gründen auch dringend angefordert.

Wir werden uns im Folgenden nicht mehr mit informellen Wirtschaftssystemen befassen. Wir sind trotzdem auf diesen Wirtschaftstyp eingegangen, weil Ethnologen in Entwicklungsländern beinahe zwangsläufig auf diesen Wirtschaftstyp stoßen werden; weil er, wie gesagt, nicht selten eine bedeutsame wirtschaftliche Rolle spielt; weil er in der jüngeren ethnographischen Literatur häufig erwähnt (aber nur selten wirtschaftsethnologisch genauer untersucht) wird, kurz weil er es verdient, intensiv wirtschaftsethnologisch studiert zu werden.

ÖKONOMISCHES HANDELN

Die Theorie des ökonomischen Handelns (genau genommen haben wir es mit einer ganzen Familie von Theorien zu tun) behandelt in ihrem Kern die Fragen, welche Attribute die Situation kennzeichnen, in der wirtschaftliches Handeln stattfindet, über welche Eigenschaften die Handelnden (Akteure) dabei verfügen, und nach welchen Prinzipien sie entscheiden. Kurz aufgezählt geht es um folgende Merkmale:

- Merkmale der Situation: Es herrscht *Knappheit* (e. scarcity), und das Handeln der Akteure ist von *Institutionen* oder Regeln bestimmt.
- Merkmale der Akteure: Sie bedenken den *Nutzen* (e. utility) ihres Handelns, und haben bestimmte *Fähigkeiten* und *Prinzipien*, sich die für das Handeln benötigten *Informationen* zu *beschaffen* und sie *auszuwerten.*

Die Merkmale sind erläuterungsbedürftig. Der Terminus *Knappheit* bezeichnet eine Situation, in der die Mittel nicht ausreichen, um den Bedarf zu decken. Bezogen auf einen Haushalt kann es z. B. sein, dass seine finanziellen Mittel es nur erlauben, entweder teure Kleider zu kaufen oder teure Lebensmittel, aber nicht beides zugleich. Ein anderer Haushalt mag sich teure Kleider und teure Lebensmittel leisten können, muss aber dann auf ein Auto verzichten, usw. Knappheit wird vorausgesetzt, weil in Situationen, in denen keine Knappheit herrscht, wirtschaftliche Überlegungen überflüssig sind. Die Menschheit kennt Situationen ohne Knappheit und hat sich solche Situationen auch immer wieder ausgedacht. In der Bibel ist es das Paradies, im Märchen das Schlaraffenland, im Sozialismus die Gemeinwirtschaft (cf. von Mises 1939). Knappheit ist in der ökonomischen Literatur manchmal kein Attribut der Situation sondern die Folge eines Attributs der Akteure, nämlich ihrer Unersättlichkeit. Diese Konstruktion ist theoretisch nicht notwendig und empirisch nicht haltbar – oder werden die meisten Menschen in den meisten Lebenslagen vielleicht doch von unersättlicher Gier getrieben?

Es gibt eine Vielzahl von *Institutionen* oder Regeln, die das Handeln der Wirtschaftsakteure beeinflussen. Eine ganze Familie von solchen Institutionen stellen die Eigentumsrechte dar. Wir kennen z. B. Privateigentum und Kollektiveigentum. Für das wirtschaftliche Handeln ist es offenkundig von großer Bedeutung, wie sicher man sich seiner (Privat-)Eigentumsrechte sein kann. Wer eine Firma gründen könnte, wird davon Abstand nehmen, wenn er weiß, dass Mächtigere sie ihm ungestraft wegnehmen können. Institutionen gehören nicht zu den Merkmalen der Akteure sondern zu den Situationsmerkmalen. Die Akteure treffen die Institutionen in der Handlungssituation an, sie bringen sie nicht mit. Das gilt so selbstverständlich nicht für die Entstehung und den Wandel von Situationen.

Im deutschen Recht wird zwischen Eigentum und Besitz unterschieden. Der Besitzer ist derjenige, der die „tatsächliche Herrschaft" über den Gegenstand hat. Der Mieter einer Wohnung ist nach dieser Definition der Besitzer der Wohnung, der seine Miete dem Eigentümer bezahlt. Es gibt sicherlich Kontexte, in denen die Unterscheidung zweckmäßig ist. Wir kommen hier ohne diese Unterscheidung zurecht, und werden Besitz und Eigentum als Synonyme behandeln.

Was bedeutet nun, dass der einzelne Akteur den *Nutzen* seines Handelns *bedenkt*? Statt Nutzen werden auch die Termini Präferenzen, Interessen und Werte gebraucht. Klarer wird das Gemeinte, wenn wir den Prozess betrachten, der dem Handeln vorgelagert ist. Nutzenerwägungen setzten voraus, dass es mindestens zwei Handlungsalternativen gibt, zwischen denen der Akteur wählen kann. Gewählt wird die Alternative, die den größeren oder, bei mehr als zwei Alternativen, den größten Nutzen verspricht. Das ist das Entscheidungsprinzip. Man sagt, bei der Wahl maximiert der Akteur seinen Nutzen.

Wer den Nutzen seines Handelns, wie gerade beschrieben, bedenkt, wird sich zunächst einmal darüber *Informationen beschaffen*, welche Handlungsalternativen ihm offen stehen. Danach wird er die *Informationen auswerten*, um festzustellen, welche der Alternativen für ihn die beste ist. Wenn es nur zwei Alternativen gibt, kann die Aufgabe in der Regel leicht zu bewältigen sein. Aber wenn die Zahl der Alternativen zunimmt, wird irgendwann jeder Akteur die Waffen strecken. Ein vernünftiges Abwägen des Nutzens ist nicht mehr möglich. In den Tarifdschungeln der Deutschen Bahn und der Telekom-Firmen hat so mancher diese Erfahrung gemacht, und Marketing-Fachleute haben moniert, dass (große) Einzelhändler ihre Kunden durch zu viele Alternativen im Angebot überfordern. Was macht der Akteur in solchen Fällen, wirft er eine Münze? Wie Herbert Simon gezeigt hat, können Akteure auch jenseits dieser Grenze noch ihren Nutzen verfolgen. Nur sind sie unter diesen Bedingungen nicht mehr imstande, ihren Nutzen zu maximieren, sondern müssen auf ein gröberes Verfahren zurückgreifen. Simon nannte das Verfahren satisfizieren (e. satisficing). Es ermöglicht nicht, den größtmöglichen Nutzen zu erzielen, aber immer noch einen genügend großen Nutzen (cf. Erlei & Leschke & Sauerland 2007). Simon bekam für diese Idee 1978 einen Nobelpreis. Weder empirisch noch theoretisch zwingt uns irgendetwas zu der Annahme, dass der Mensch die Fähigkeit besitzt, in unbegrenzten Mengen Informationen zu sammeln und auszuwerten. Andrerseits gibt es auch eine große Menge von wirtschaftlichen Entscheidungssituationen mit einer überschaubaren Zahl von Handlungsalternativen. Was wir soeben beschrieben haben, sind zwei Formen des so genannten *rationalen Handelns* und zugleich zwei Arten von Entscheidungsregeln.

Eine zum rationalen Handeln im Gegensatz stehende Form des Handelns ist das kulturelle Handeln. Wie wir gezeigt haben, bedenkt beim rationalen Handeln jeder Akteur seinen eigenen Nutzen. Demgegenüber richten sich die Akteure beim kulturellen Handeln nach den Werten und Normen der Gemeinschaft, der sie angehören oder sich angehörig fühlen. Zu wirtschaftlichem Handeln wird rationales wie kulturelles Handeln, wenn es auf die Produktion, Distribution und Konsumtion von Gütern gerichtet ist.

Die ökonomische Literatur geht meist aber nicht immer davon aus, dass der Nutzen materieller Art ist, d.h. er bezieht sich auf Güter im weiten Sinn oder Geld. Meistens ist übrigens dieser Nutzen gemeint, wenn von *Eigennutz* (e. self-interest) die Rede ist. Denknotwendig ist diese Einschränkung allerdings nicht. In der Wirtschaftsethnologie würde sie sogar zu einer sehr bedenklichen Blickverengung führen. Von besonderer Bedeutung in der Wirtschaftsethnologie sind, wie wir noch sehen werden, drei weitere Arten von Nutzen. Eine Art wird in der ethnologischen Fachliteratur üblicherweise Prestige genannt. Im Handeln geht es in diesem Fall nicht um materiellen Nutzen, sondern um Ansehen – mittelbar kann Ansehen allerdings durchaus mit materiellem Nutzen verbunden sein. Menschen überlegen weiterhin, ob ihre Entscheidungen gerecht (e. fair) sind. Ein naher Verwandter des Gerechtigkeitsbegriffs ist der Gleichheitsbegriff. Zwischen Gerechtigkeit und Gleichheit gibt es Zusammenhänge. Eine Entscheidung, bei der Gleichheit hergestellt wurde, muss nicht unbedingt als gerecht empfunden werden. Wenn aber eine Entscheidung als gerecht empfunden wird, ist die Frage nach der Gleichheit irrelevant. Das Abwägen zwischen Gleichheit und Gerechtigkeit trifft man z. B. gehäuft in Erbfällen an. Ein Vermögen zu gleichen Teilen unter den Erben aufzuteilen, erscheint manchem als ungerecht, wenn z. B. einer der Erben reich und kinderlos, ein anderer aber arm und mit vielen Kindern gesegnet ist. Es gibt Erblasser, die in solchen Fällen dem armen Erben mehr und dem reichen weniger geben. Sie entscheiden sich für Gerechtigkeit und gegen Gleichheit (der Verteilung des Erbes).

Es gibt hier offenbar drei Fallklassen. Eine Handlung ist gerecht, aber sie stellt keine Gleichheit her, oder eine Handlung stellt Gleichheit her, aber sie ist nicht gerecht, oder sie ist gerecht und stellt Gleichheit her. Gleichheit und Gerechtigkeit können also miteinander in Konflikt geraten, und, wie wir noch sehen werden, sah (und sieht) sich die Menschheit immer wieder gezwungen, Lösungen für diesen Konflikt zu finden.

Für den *Nutzen* können demnach vier Werte stehen, nämlich *materieller Nutzen*, *Prestige*, *Gleichheit* und *Gerechtigkeit*. Dass diese Werte von grundlegender Bedeutung für das wirtschaftliche Handeln sind, wird sich im Folgenden noch oft zeigen. Eine erschöpfende Aufzählung stellen sie wohl eher nicht dar.

Zum Schluss dieses Abschnitts wollen wir uns noch näher ansehen, was unter Akteuren zu verstehen ist. Es sind zum einen, und daran denkt man zuerst, einzelne Menschen. Diese Akteure nennen wir individuelle Akteure. Wirtschaftlich handeln können aber nicht nur diese Akteure, sondern auch Kollektive von Menschen. Solche Kollektive werden wir im Folgenden immer wieder handeln sehen. Der Haushalt gehört dazu und Clans und Vereine... Diese Akteure werden korporative bzw. korporierte Akteure genannt. Eine weitere und ziemlich junge Art von ‚Akteuren' sind die Aktiengesellschaften. Obwohl es sich nicht um menschliche Wesen aus Fleisch und Blut handelt, können sie doch in vielerlei Hinsicht wie diese handeln und z. B. Eigentum erwerben oder Prozesse führen. Als Akteure haben sie aber in der vorgestellten Handlungstheorie keinen Platz.

EIGENNUTZ: THEORIE – EMPIRIE – MORAL

Schon von Anfang an haben sich Wirtschaftsethnologen mit der Vorstellung schwer getan, dass Menschen bei ihren Entscheidungen ihren materiellen Nutzen verfolgen. Malinowski erklärte diese Vorstellung in seiner ersten großen Monographie über die Trobriander („Argonauts of the Western Pacific", 1922) für absurd, und schon gar nicht würden Mitglieder von Kulturen geringer Komplexität (damit übersetzen wir Malinowskis „low level of culture") solche Nutzenerwägungen anstellen. (Malinowski 1961 [1922]: 60)

Das vollständige Zitat lautet: "Even *one* well established instance should show how preposterous is this assumption that man, and especially man on a low level of culture, should be actuated by pure economic motives of enlightened self-interest". Die Aussage ist partiell auf die Trobriand-Männer gemünzt. Von diesen Männern sagt Malinowski kurz nach dem Zitat, sie stünden untereinander in einem Wettbewerb, wer seine Felder am effizientesten („efficient") bestellt, wobei unter anderem Geschwindigkeit und Gründlichkeit der Arbeit eine Rolle spielen. Ein guter Feldbauer zu sein, bringe Prestige. (loc. cit.) Malinowski erschien der materielle Nutzen als Handlungsmotiv aus mehreren Gründen abwegig. Zum einen hatte er den Eindruck, dass die Trobriand-Männer viel Zeit und Energie in Nutzloses („much time and energy is spent on wholly unnecessary effort ... from an utilitarian point of view) steckten. Das (viel Zeit, aber eben nicht alle Zeit) impliziert, dass manche der Anstrengungen doch einen materiellen Nutzen haben, und damit fehlt dem Argument der zwingende Charakter. Zum anderen führt er an, dass die Ernte eines Trobriand-Mannes nicht an ihn selbst, sondern nahezu vollständig („all or almost all") an die angeheirateten Verwandten geht (op.cit.: 61). Offenbar war Malinowski der Ansicht, dass sich Nutzen allein auf materiellen Nutzen beziehen muss, was damals auch durchaus der üblichen Denkweise in der Ökonomik entsprach. Wenn man diese Einschränkung aufhebt, sieht man, dass die Trobriand-Männer bei der Feldarbeit durchaus ihren eigenen Nutzen verfolgen, nur geht es dabei nicht in erster Linie um den Ernteertrag selbst, sondern um Prestige. Der Ertrag ist sozusagen Mittel zum Zweck des Prestiges. Zugleich erkennt man, wie ein Produktionssystem (der Feldbau auf den Trobriand-Inseln, genauer auf Kiriwina) auch dann noch funktionieren kann, wenn die Produzenten selbst nichts oder jedenfalls nur einen Teil vom materiellen Ertrag ihrer Arbeit abbekommen, und zwar ohne dass man generell auf die Nutzenannahme verzichten muss.

Malinowski liefert keine Begründung, warum es generell absurd sei, dem Menschen materielle Eigennutzmotive zu unterstellen. Aber als Quelle für Fragen kann man Malinowskis Aussage gut gebrauchen, und zwar wirft der Text folgende auf:

1. In welchem Umfang lassen sich Menschen von materiellen Nutzenerwägungen leiten?

2. Unter welchen Bedingungen lassen sich Menschen von solchen Erwägungen leiten und in welchen nicht?
2a. Verhalten sich in dieser Hinsicht Mitglieder von komplexeren anders als Mitglieder von weniger komplexen Kulturen?

Man sieht sofort, diese Fragen (unten Argonautenfragen genannt) stellen die Forschung vor eine Aufgabe von heroischen Ausmaßen. Frage 1 ist unseres Wissens, jedenfalls was das alltägliche Handeln anbetrifft, noch überhaupt nicht aufgegriffen worden, wenn man von ein paar höchst spekulativen Mutmaßungen absieht (cf. Ensminger 1992: 12). Zu den Fragen 2 und 2a (2a kann man als Spezialisierung von 2 und, wenn man will, auch von 1 auffassen), hingegen liegen durchaus Erkenntnisse vor, zu denen in jüngerer Zeit Ethnologen einen wesentlichen Beitrag geleistet haben.

Die Erkenntnisse, die wir zu diesem Fragenkomplex vorstellen werden, sind einem experimentelle Ökonomik genannten Zweig der Volkswirtschaftslehre zuzuordnen. Diese Disziplin untersucht wirtschaftliche Verhaltensweisen des Menschen häufig in Form von so genannten Spielen.

Eines dieser Spiele werden wir uns nun etwas genauer ansehen. Es heißt Ultimatum-Spiel. Das Spiel hat sich ein deutscher Ökonom ausgedacht. Es ist seit 1982 in Gebrauch. Es gibt zwei Spieler. Die Spieler wissen (meist) nicht, wer ihr Partner ist. Einer der Spieler bekommt einen bestimmten Geldbetrag, z. B. 10 Euro, und kann seinem Spielpartner einen Teil des Geldes überlassen oder auch gar nichts abgeben. Der Partner erfährt, welchen Betrag er bekommen soll, und hat zwei Möglichkeiten, auf das Angebot zu reagieren. Er kann es annehmen, dann erhält er den angebotenen Betrag und der Anbieter den Rest. Oder er kann es ablehnen, dann bekommen beide nichts.

Die Experimentalanordnungen werden Spiele genannt, weil die dahinter stehende Theorie Spieltheorie heißt (cf. Holler & Illing 2005; Riechmann 2008). Die Theorie geht davon aus, dass die Akteure ihren Eigennutz verfolgen und auch von ihren Partnern nichts anderes erwarten; und es ergibt sich aus ihr folgende Prognose. Der Anbieter wird den kleinsten Betrag anbieten, den die Stückelung des Geldes erlaubt. Stehen als kleinste Einheit 50 Cent-Stücke zur Verfügung, wird das Angebot also 50 Cent sein. Der Spielpartner nimmt die 50 Cent an, und der Anbieter bekommt 9,50 Euro

Wie man sieht, können Erkenntnisse der Spieltheorie durchaus intuitiv zugänglich sein. Immer ist das aber keineswegs der Fall. Die Theorie liefert z. B. für das Ultimatumspiel in der vorgestellten (diskreten) Variante zwei Prognosen. Nach der zweiten Prognose behält der Anbieter alles und der Spielpartner nimmt das Angebot an.

Das Spiel hat man seitdem viele Male (meist) mit Studenten gespielt, u. a. in den USA, Deutschland, Kanada, Japan, auf Java. Das Ergebnis war immer ungefähr dasselbe. Hier ist das Ergebnis, das Hamburger Ethnologiestudenten im Wintersemester 2003/4 erzielten plus die Ergebnisse von Psychologiestudenten der Universität von Britisch-Kolumbien (Kahneman & Knetsch & Thaler 1986: S289 ff.).

Ultimatum Spiel
Deutschland: Ethnologiestudenten – Kanada: Psychologiestudenten

	Deutschland	*Kanada*
Angebot: Mittel, GE	4,56	4,76
Angebot: Halbe-Halbe, %	77	81
Min. akzeptabel: Mittel, GE	3,15	2,59
Forderung > 1,50 GE, %	77	58
Min. akzeptabel: 0,50 GE, %	19	-
Min Angebot: 0,50 GE, Fälle	1	-
Teilnehmerzahl	48	43

GE – Geldeinheiten: Euro bzw. kanadischer Dollar. Der kleinste Wert war in beiden Fällen 50 Cent, Auszahlung jeweils 10 Euro bzw. kanadische Dollar.
Die Spielanweisungen im deutschen Experiment (siehe Anhang auf S. 25/5) entsprechen weitgehend den Spielanweisungen im kanadischen Experiment.

Man sieht sofort, die Studenten verhalten sich theoriewidrig. Weder bieten sie die kleinste Stückelung an, noch sind sie bereit, diese zu akzeptieren. Vielmehr bieten rund 80 % (77 und 81%) ihrem Partner die Hälfte des Betrags an, und mehr als die Hälfte verlangt als Angebot Beträge über 1,50. Für das Halbe-Halbe-Angebot geben die Spieler üblicherweise, und so auch die Hamburger Studenten, zwei Gründe an. Die eine Fraktion sagt, das sei die faire Aufteilung. In diesem Fall dominieren Gerechtigkeitserwägungen (und zugleich der Wert der Gleichheit) statt dem Eigennutz die Entscheidung. Die andere Fraktion sagt, sie hätten befürchtet, ein niedrigeres Angebot werde der Partner ablehnen. Dem Spielergebnis kann man nicht entnehmen, welcher der beiden Gründe den Ausschlag gegeben hat. Eine Variante des Ultimatumspiels, das Diktatorspiel, schließt den zweiten Grund (weitgehend) aus, und hier liegen dann die Angebote deutlich niedriger als im Ultimatumspiel, aber immer noch deutlich höher als die Theorie es verlangt. Es gibt übrigens auch Spiele, in denen sich die Spieler völlig eigennützig und damit theoriekonform verhalten (Roth, et al. 1991).

Längere Zeit schien es so, als ob Menschen generell in der Situation des Ultimatumspiels wie oben gezeigt entscheiden, wenn man auch signifikante aber undramatische Unterschiede erkennen konnte. Dieses Bild hat dann aber ein großes, vergleichend angelegtes Forschungsprojekt grundlegend revidiert. Die Ergebnisse des Projektes werden wir gleich vorstellen.

Den Anstoß zu diesem Projekt gab der Ethnologe Joseph Henrich. Er spielte das Spiel mit den Machiguenga. Die Machiguenga sind eine indianische Ethnie, die im tropischen Regenwald des südöstlichen peruanischen Amazonas von Wildbeuterei und Feldbau leben. Es zeigte sich ein dramatischer Unterschied zu den bisherigen Ergebnissen. Die Machiguenga boten im Durchschnitt 26% der Gesamtsumme, und wiesen generell kaum ein Angebot zurück. Sie lagen damit deutlich und signifikant näher an den laut Theorie zu erwartenden Werten (cf. Henrich 2000).

Exemplarischer Fall

Gegenstand	Eigennütziges Handeln
Kulturen	15 Kulturen – „small scale societies"
Lokalisierung	Afrika (4), Südamerika (6), Südostasien (1), Ozeanien (2), Zentralasien (2)
Untersuchungszeitraum	1998/9
Autoren	Henrich et al. (2004)

„Small scale societies", wörtlich Gesellschaften kleinen Maßstabs, bedeutet in dieser Studie Folgendes. Negativ bestimmt sind es Gesellschaften u. a. ohne Großstädte, ohne mehrgliedriges formales Bildungssystem und auch ohne Universitäten. Positiv definiert sind es Gesellschaften, deren Mitglieder großenteils von der Nahrungsproduktion, z. B. von der Herdenhaltung, oder vom Jagen und Sammeln leben und kleinen, überschaubaren Gemeinschaften angehören. 11 Forscher, hauptsächlich Ethnologen, haben an dem Projekt mitgewirkt, und alle hatten zuvor schon in mindestens einer der 15 rund um den Globus verstreuten ‚kleinformatigen' Gesellschaften geforscht.

Die Forscher ließen das Ultimatumspiel in jeder und zwei weitere Spiele in einigen der 15 Gesellschaften spielen. Sie gaben sich Mühe, die beim Ultimatumspiel üblichen Bedingungen herzustellen. Das konnte recht schwierig sein, so dass u. a. das Spiel nicht in allen Fällen mit echtem Geld gespielt wurde. In jedem Fall stellten die Forscher mit Testfragen fest, ob die Spieler das Spiel auch richtig verstanden hatten.

Wie die Abbildung unten zeigt, hat die Studie für das Ultimatumspiel dramatische Unterschiede zwischen den verschiedenen Kulturen zum Vorschein gebracht. Es gab zwar ungewöhnlich niedrige Angebote, aber das Verhalten der Spieler war trotzdem in keiner Kultur im strengen Sinn theoriekonform. Zu den Kulturen mit den niedrigsten Angeboten zählen die Machiguenga. Einige Machiguenga sagten auch ganz explizit, dass sie von ihren Spielpartnern nichts anderes als ein niedriges Angebot erwartet hätten. Sie hatten demnach korrekt vorhergesagt, wie sich die anderen Machiguenga verhalten würden. Noch weniger als die Machiguenga boten die Quichua mit im Durchschnitt 25% des Gesamtbetrags.

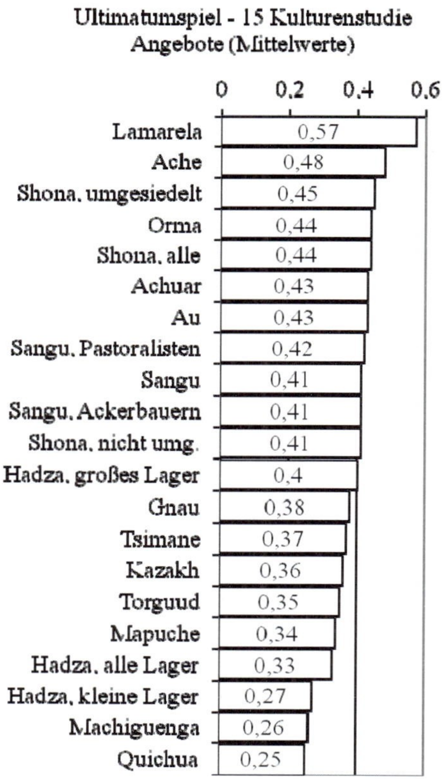

Daten cf. Henrich et al. 2004: 20

Die Forschergruppe hat mit Hilfe der Regressionsanalyse (s. dazu Kapitel Produktionssysteme der Ackerbauern) nach Erklärungen für die Unterschiede zwischen den Kulturen gesucht. Dabei hat sich die Marktintegration als eine erklärende Größe herausgestellt. Marktintegration bezieht sich auf den Umfang, in dem die Mitglieder einer Kultur am Markttausch teilnehmen. In Kulturen mit hoher Marktintegration überwiegen die Angebote in der Nähe von 50%. Es gibt zwei Ausnahmen, die Torguten und die Kasachen (Westmongolei). Bezeichnenderweise haben beide Kulturen erst 8 Jahre vor der Untersuchung marktwirtschaftliche Verhältnisse kennengelernt – nach dem Zusammenbruch des sowjetischen Wirtschaftssystems.

Es gibt noch eine zweite Variable, die sich als erklärungsmächtig erwiesen hat, der Kooperationsertrag (e. payoffs to cooperation). Damit wird der Ertrag benannt, der in einer Kultur durch Kooperation bei der Produktion zu erzielen ist. Bei den Lamarela lassen sich sehr hohe Kooperationserträge erzielen, z. B. wenn sie auf Walfang gehen. Dabei müssen viele Männer zusammenarbeiten, die im Erfolgsfall auch einen hohen Ertrag aus der Kooperation erzielen. Eine strenge theoretische Ableitung der beiden Erklärungen scheint es noch nicht zu geben, aber immerhin finden sich in der 15-Kulturen-Studie fragmentarische Ableitungsskizzen in den Kapiteln von Ensminger und von Camerer und Fehr.

Welchen Erkenntnisgewinn bringt diese Studie bezogen auf die drei Argonautenfragen (s.o.)? Die Studie beschreibt Bedingungen, die von den Regeln des Ultimatumspiels selbst erzeugt werden, unter denen die Menschen in größerem Umfang *nicht* dem Eigennutz entsprechend handeln (Frage 2). Es gibt allerdings, wie gesagt, auch Spiele der experimentellen Ökonomik, in denen die Spieler durchaus strikt ihren materiellen Nutzen maximieren. Die Studie hat zudem gezeigt, dass auch bestimmte Rahmenbedingungen Einfluss auf das Spielerverhalten haben, eine davon war die Marktintegration. Malinowskis Vermutung, in weniger komplexen Kulturen dürfe man am materiellen Nutzen orientierte Erwägungen nicht erwarten, (Frage 2a) hat die Studie nicht bestätigt. Im Gegenteil, die beiden Kulturen, deren Mitglieder am eigennützigsten handeln, sind Kulturen, die Malinowski sicherlich zu den Kulturen von geringer Komplexität („low level of culture") gerechnet hätte.

Die 15-Kulturenstudie hat eine Debatte in der Ethnologie ausgelöst. Das Echo war gemischt. Es gibt Befürworter. Ein Teil der Ethnologen aber lehnt solche Experimente vehement ab. Andere sind skeptisch. Es sind, soweit wir sehen, im Wesentlichen folgende Argumente, die gegen die Experimente angeführt werden.

1. Ethnologen tun so etwas nicht.
2. Die Experimente (Spielsituation) sind wirklichkeitsfremd.

3. Es ist unklar, was uns die Ergebnisse der Experimente über das Verhalten im wirklichen Leben sagen.
4. Ethnologen vermeiden alles, was die Untersuchungskulturen beeinflussen könnte.
5. Die Experimente treiben die Kosten der Feldforschung (prohibitiv) in die Höhe.

Bevor wir auf die Argumente eingehen, wollen wir uns noch vor Augen führen, was das Ziel der 15-Kulturenstudie war, und wie dieses Ziel zu erreichen war. Das Ziel war, wie gesagt, herauszufinden, ob sich die Spieler überall im Ultimatumspiel (und in den anderen Spielen) in gleicher Weise verhalten oder nicht. Aus diesem Grund stand es nicht im Belieben der Forscher, das Spiel umzugestalten, um größere Wirklichkeitsnähe herzustellen. Die Forscher hatten demnach gar keine andere Wahl, als überall so gut wie möglich die üblichen Konventionen bei der Durchführung des Spiels zu befolgen. Die Aussagekraft der Experimente wäre allerdings dann unterminiert worden, wenn sich gezeigt hätte, dass die Spieler das Spiel nicht verstanden hatten. Diese Möglichkeit wird aber schon seit langem im Aufbau des Experiments berücksichtigt, und wie die oben erwähnten Aussagen der Machiguenga belegen, gibt es auch zusätzliche Belege, dass die Spieler das Spiel nicht nur begriffen haben, sondern auch korrekte Erwartungen gebildet hatten, wie sich ihre Spielpartner verhalten würden.

Nun zu den Argumenten. Das erste Argument verweist auf überkommene Gepflogenheiten in der Ethnologie und ist wohl ein wenig dürftig. Das Argument, die Experimente seien wirklichkeitsfremd, ist auf den ersten Blick nicht von der Hand zu weisen. Eine Möglichkeit wäre, die Spiele wirklichkeitsnäher zu gestalten. Das konnten Henrich und seine Kollegen, wie gesagt, nicht. Außerdem verhalten sich in wirklichkeitsnah gestalteten Spielen die Spieler durchaus nicht unbedingt wirklichkeitsnah (cf. Heckathorn 17. September 2004, mündliche Mitteilung). Zum anderen können Spieler durchaus in abstrakt konzipierten Spielen eine alltägliche Entscheidungssituation wiedererkennen. Das war in der 15-Kulturenstudie z. B. bei den Orma (Kenia) der Fall. Sie erkannten in einem öffentliche-Güter-Spiel die ‚Harambee'-Situation wieder. Mit Harambee bezeichnen die Orma eine Institution, mit der Gemeinschaftsaufgaben bewältigt werden. Die Institution wird z. B. benutzt, wenn eine Dorfgemeinschaft ein neues Schulhaus bauen will. Genau diese Art von Situationen ist es aber, die das öffentliche-Güter-Spiel repräsentieren soll. Die Orma verhielten sich zudem so, wie sie sich in Harambee-Situationen üblicherweise verhalten. Dieser Fall wirft auch ein Licht auf das dritte Argument. Das Spiel hat offenbar sehr wohl das Verhalten im wirklichen Leben widergespiegelt. Einen Anlass, die Spiele *gene-*

rell für nutzlos zu erklären, weil sie wirklichkeitsfremd sind und ohne Erkenntniswert für das reale Leben und Handeln der Menschen, liefern die Experimente nicht. Das dritte Argument definiert allerdings für die Experimentatoren ein Kriterium für die Konstruktion und Beurteilung von Spielen. Die Experimentatoren in der Ethnologie sollten demnach zu klären versuchen, welche Situation/en des wirklichen Lebens das jeweilige Spiel für die Spieler widerspiegelt. Es steht zu erwarten, dass kluge und kenntnisreiche Informanten darüber durchaus Auskunft geben können, und der Harambee-Fall hat gezeigt, dass sogar spontanes Wiedererkennen vorkommen kann. Es gibt darüber hinaus auch die Möglichkeit, direkt empirisch zu überprüfen, ob Spiel und Menschenleben zusammenpassen (cf. Gurven & Winking 2008).

Das vierte Argument ist nicht falsch: Ethnologen vermeiden in der Tat in vielen Forschungssituationen, die Untersuchungskultur zu beeinflussen. Nur, generell gültig ist die Norm schon lange nicht mehr. Die Entwicklungsethnologie (und eine Reihe weiterer Subdisziplinen der angewandten Ethnologie, e. applied anthropology) zum Beispiel befasst sich zentral mit Interventionen. Sie will Kulturwandel herbeiführen, aber selbstverständlich nur einen Wandel zum Wohle der Betroffenen. Nach wie vor gilt in der Ethnologie, es ist alles zu vermeiden, was eine Kultur negativ beeinflussen könnte. Die bloße Denkmöglichkeit eines negativen Einflusses ist allerdings ein ungeeignetes Kriterium, denn das würde jede Feldforschung unterbinden. Es müssen schon überzeugende Gründe angeführt werden, dass es zu negativen Einflüssen kommt. Solche Gründe hat bezogen auf die Spiele bislang noch niemand dargelegt.

Das letzte Argument besagt, die Feldforschung wird teurer. Das ist so. Aber die Feldforschungen der 15-Kulturenstudie sind durch die Spiele nur unerheblich teurer geworden. Die Orma haben z. B. für das Ultimatum-Spiel jeweils einen Tageslohn bekommen. Das waren umgerechnet 2 $ pro Spielerpaar, und bei insgesamt 56 Paaren 112 $. Außerdem wird wohl kaum jemand die Meriten eines Forschungsprojekts primär danach beurteilen wollen, wie viel es kostet.

Wie die Geschichte des Forschungsunternehmens weitergegangen ist, erfährt man in Henrich et al. (2010). Unter anderem sind die Forscher erneut dem oben erwähnten Zusammenhang zwischen Fairness und Marktintegration nachgegangen.

In der Wirtschaftsethnologie ist es gängige Lehrmeinung, dass die Wirtschaftsethnologie induktiv vorgeht, während die Ökonomik deduktiv arbeitet, d.h. aus der Theorie ableitet (deduziert), wie die Verhältnisse in der empirischen Wirklichkeit aussehen (müssten, wenn die Theorie zuträfe). Das Ultimatumspiel zeigt, dass die Verhältnisse in der Praxis deutlich komplexer sein können. Dieses Spiel hat folgende Forschungsprozesse durchlaufen. Die Theorie, die dem Spiel ursprünglich zugrunde lag, kennt nur Akteure, die allein ihren Eigennutz verfolgen. Die Empirie, i. e. die Experimente mit diesem Spiel zeigten, dass die Prognosen der Theorie falsch waren. Mit der Theorie konnte man nicht erklären, warum sich die Spieler so verhielten, wie sie es taten. Mittlerweile gibt es mehrere Theorieentwürfe, die das Spielerverhalten erklärbar machen sollen (cf. Fehr & Schmidt 1999). Es sind, soweit wir sehen, alles Theorieerweiterungen, die nicht nur den materiellen Nutzen berücksichtigen, sondern zusätzlich noch Gerechtigkeit und Gleichheit, und diese Erweiterungen stützen sich selbst wiederum auf induktiv gewonnene Einsichten.

Die Theorie, die nur materiellen Eigennutz kannte, hat sich empirisch als unzulänglich erwiesen. Aber eine Theorie, die diese Art von Nutzen gar nicht kennt, wäre offenbar ebenfalls unzulänglich. Von einer konsensfähigen Beantwortung der Argonautenfragen sind wir heute noch ziemlich weit entfernt. Aber in Umrissen beginnt sich abzuzeichnen, wie die Antworten lauten könnten. Auch könnten zu dem Instrumentarium, von dem Antworten zu erwarten sind, eben die Spiele gehören.

In der einschlägigen Literatur ist gar nicht selten statt von materiellem Nutzen von Selbstsucht (e. selfishness) die Rede. Mit dieser Wortwahl wird ziemlich deutlich, wenn auch teilweise ungewollt, eine moralische Wertung ins Spiel gebracht: Selbstsüchtig zu handeln ist schlecht. Da sich diese Wertung auf Handlungen bezieht, hat sie normative Implikationen. Schlechte Handlungen (die Wertung) soll man unterlassen (die Norm). Aus ‚selbstsüchtig handeln ist schlecht', wird: ‚Du sollst nicht selbstsüchtig handeln'. Ist es immer moralisch verwerflich, wenn man beim Handeln seinen materiellen Nutzen verfolgt? Berühmt geworden ist die Antwort, die Adam Smith in seinem 1776 erschienen Buch „The wealth of nations" auf diese Frage gegeben hat:

> It is not from the benevolence of the butcher, the brewer, or the baker that we expect our dinner, but from the regard to their own interest.
>
> (Es ist nicht die Mildtätigkeit des Metzgers, des Brauers oder des Bäckers, von der wir unsere Mahlzeiten erwarten, sondern ihr Eigeninteresse).

Der Satz beschreibt eine wahrhaftig nicht seltene Art von Handeln, an der wohl kaum jemand moralisch Anstoß nimmt. Am materiellen Nutzen orientiertes Handeln ist offenkundig keineswegs immer moralisch schlecht. Adam Smith geht sogar noch einen Schritt weiter und sagt, im Gegenteil, eigennütziges Handeln könne dem Wohl einer Gesellschaft häufig („frequently") besser dienen als Handeln, das bewusst das Wohl der Gesellschaft fördern soll. Wohl gemerkt,

Smith sagt nicht, eigennütziges Handeln könne nie moralisch verwerflich sein, aber er zeigt, dass dieses Handeln nicht von vornherein oder generell verwerflich ist.

Mit der Rede von der Selbstsucht beabsichtigen die Autoren teilweise, wie gesagt, keine moralische Wertung, teilweise ist diese Absicht aber durchaus vorhanden. Solche Werte, bzw. die dazugehörigen Normen, in wissenschaftliche Texte einfließen zu lassen, hat bestimmte Konsequenzen. Die eine Konsequenz hängt mit der Herkunft der Werte zusammen. Sie stammen nicht aus der Wirtschaftethnologie oder der Ökonomik. Diese Wissenschaften verfügen über ein Instrumentarium, mit dem sich der Wahrheitsgehalt von Aussagen feststellen lässt. Es geht um richtig oder falsch. Werte und Normen lassen sich aus wissenschaftlichen Aussagen und generell aus reinen Tatsachenaussagen nicht ableiten. Aussagen, die Werte und Normen enthalten, sind wissenschaftlich nicht mehr voll gedeckt. Wer sagt, die Entwicklungshilfe soll bei den Ärmsten der Armen ansetzen, spricht nicht mehr als Wissenschaftler. Selbstverständlich soll das nicht heißen, dass Wirtschaftsethnologen so nicht reden dürfen. Es geht allein darum, eine Grenze von fundamentaler Bedeutung ins Bewusstsein zu heben und dort zu halten, nämlich die Grenze zwischen wissenschaftlichen und nichtwissenschaftlichen Aussagen. Aussagen, die Normen und Werte enthalten, liegen nicht auf der wissenschaftlichen Seite der Grenze.

Die andere Konsequenz tritt nicht notwendig ein, sie hat eher den Charakter eines Risikos. Wertungen können den Blick auf die Wirklichkeit verstellen. Bei den Wirtschaftsethnologen tritt das Risiko typischerweise in folgender Form auf. Ein Ethnologe findet z. B. den Kapitalismus, die Wirtschaftsform seines Herkunftslandes, schlecht und verfällt dann bei der Untersuchung einer nicht marktwirtschaftlich orientierten Wirtschaft ins Romantisieren mit dem Ergebnis, dass vieles idealisiert, beschönigt und ignoriert wird. Das muss nicht sein, ist aber so selten nicht in der Geschichte der Wirtschaftsethnologie vorgekommen. Einen besonders krassen Fall werden wir in einem späteren Kapitel kurz streifen.

Literaturhinweise: Grundwissen in moderner Ökonomik vermittelt in didaktisch und inhaltlich hervorragender Weise das Lehrbuch von Mankiw (2004). Es gibt eine an europäische Verhältnisse angepasste Fassung dieses US-amerikanischen Lehrbuchs von Mankiw und Taylor (2006). Didaktisch nicht ganz so perfekt wie Mankiw, aber trotzdem instruktiv ist das Lehrbuch von Samuelson und Nordhaus (2005). Ein traditionsreiches deutsches Lehrbuch hat Woll (2003) verfasst.

In allen Fällen erschienen uns besonders die Mikroökonomiekapitel wirtschaftsethnologisch relevant.

Die Spieltheorie, sie gehört zur Familie der Theorien rationalen Handelns, findet gegenwärtig in der Wirtschaftsethnologie (wieder) mehr Beachtung. Einen sehr gut verständlichen Zugang zur Theorie bietet Riechmann (2008). Ein gutes Lehrbuch stammt von Holler und Illing (2005).

LITERATUR

Coleman, J.S.
1990 Foundations of social theory. Cambridge, Mass.: Belknap Press.

Diekmann, A. & Preisendörfter, P.
2003 Green and greenback. The behavioral effects of environmental attitudes in low-cost and high-cost situations. Rationality and Society 15 (4): 441–472.

Ensminger, J.
1992 Making a market : the institutional transformation of an African society. Cambridge England ; New York: Cambridge University Press.

Erlei, M. & Leschke, M. & Sauerland, D.
2007 Neue Institutionenökonomik. Stuttgart: Schäffer-Poeschel (2. Aufl.).

Fehr, E. & Schmidt, K.M.
1999 A theory of fairness, competition, and cooperation. Quarterly Journal of Economics CXIII: 817-868.

Gurven, M. & Winking, J.
2008 Collective action in action: Prosocial behavior in and out of the laboratory. American Anthropologist 110 (2): 179-190.

Henrich, J.P.
2000 Does Culture Matter in Economic Behavior? Ultimatum Game Bargaining Among the Machiguenga of the Peruvian Amazon. American Economic Review 90 (4): 973-970.

Henrich, J.P., et al., eds.
2004 Foundation of human sociality: Economic experiments and ethnographic evidence from fifteen small-scale societies. Oxford: Oxford University press.

Henrich, J.P., et al.
2010 Markets, religion, community size, and the evolution of fairness and punishment. Science 327 (March-19): 1480-1484.

Holler, M.J. & Illing, G.
2005 Einführung in die Spieltheorie. Berlin: Springer (6. Aufl.).

Kahneman, D. & Knetsch, J.L. & Thaler, R.H.
1986 Fairness and the Assumptions of Economics. Journal of Business 59 (4): S285-S300.

Lang, H.
1998 Kultur und Evolutionstheorie. Zeitschrift für Ethnologie 123: 5-20.

Malinowski, B.
1961 [1922] Argonauts of the Western Pacific. New York: Dutton.

Maloney, W.F.
2004 Informality revisited. World Development 32: 1159-1178.

Mankiw, N.G.
2004 Principles of economics. Mason, Ohio: Thomson - South-Western (3. Aufl,).
Mankiw, N.G. & Taylor, M.P.
2006 Economics: Thomson Learning.
Riechmann, T.
2008 Spieltheorie. München: Vahlen (2. Aufl.).
Roth, A.E., et al.
1991 Bargaining and market behaviour in Jerusalem, Ljubljana, Pittsburgh, and Tokyo: An experimental study. American Economic Review 81: 1068-1095.
Samuelson, P.A. & Nordhaus, W.D.
2005 Volkswirtschaftslehre. Landsberg am Lech: mi-Fachverlag.
Schlicht, E.
1998 On custom in the economy. Oxford: Clarendon Press.
Schneider, F.
2002 Size and measurement of the informal economy in 110 countries around the world. Worldbank Working Paper.
von Mises, L.
1939 Die Gemeinwirtschaft. Untersuchungen über den Sozialismus.
Woll, A.
2003 Allgemeine Volkswirtschaftslehre. München: Vahlen (14. Aufl.).

Anhang

Das Ultimatum-Spiel
Teil 1

Leider reichen unsere Finanzen nicht, um das Spiel mit echtem Geld zu spielen. Deshalb müssen wir Sie bitten, sich eben vorzustellen, dass es um reales Geld geht.

Ihnen ist nach dem Zufallsprinzip ein/e Spielpartner/in zugewiesen worden. Sie werden nicht erfahren, wer die Partnerin ist. Es stehen 10 € bereit. Ihre Partnerin wird Ihnen einen Vorschlag unterbreiten, wie die 10 € unter Ihnen beiden aufgeteilt werden sollen, und zwar wird sie eine der unten in der Tabelle aufgeführten Alternativen wählen. Es ist nun an Ihnen, darüber zu entscheiden, ob Sie den Vorschlag Ihrer Partnerin akzeptabel finden. Wenn er für Sie akzeptabel ist, werden die 10 € dem Vorschlag entsprechend unter Ihnen beiden aufgeteilt. Wenn der Vorschlag für Sie nicht akzeptabel ist, wird keiner von Ihnen beiden etwas bekommen.

Beantworten Sie nun zunächst bitte die folgenden beiden Testfragen:

1. Wenn Ihre Partnerin Ihnen 3 € anbietet, und Sie diesen Vorschlag akzeptabel finden, bekommen Sie ____ € und ihre Partnerin bekommt ____ €.
2. Wenn Ihre Partnerin Ihnen 3 € anbietet und Sie diesen Vorschlag nicht akzeptabel finden, bekommen Sie ____ € und ihre Partnerin bekommt ____ €.

Die Alternativen, aus denen Ihre Partnerin auswählt, finden sich in der folgenden Tabelle. Bitte in der Tabelle jede Alternative ankreuzen, die Sie akzeptabel finden.

Angebotsalternativen

Partnerin erhält:	~ .~~	. ~	.~~	. ~	.~~	. ~	.~~	. ~	.~~	. ~
Sie selbst erhalten €	~ .~~	~ . ~	.~~	. ~	.~~	. ~	.~~	. ~	.~~	. ~
Akzeptabel?										

Fortsetzung:

Partnerin erhält €	5,00	4,50	4,00	3,50	3,00	2,50	2,00	1,50	1,00	0,50	0,00
Sie selbst erhalten €	5,00	5,50	6,00	6,50	7,00	7,50	8,00	8,50	9,00	9,50	10,00
Akzeptabel?											

Das Ultimatum-Spiel
Teil 2

Ihnen ist erneut nach dem Zufallsprinzip ein/e Spielpartner/in zugewiesen worden. Sie werden nicht erfahren, wer die Partnerin ist. Es stehen wieder 10 € bereit. Diesmal werden Sie Ihrer Partnerin einen Vorschlag unterbreiten, wie die 10 € aufgeteilt werden sollen. Sie müssen nun entscheiden, welche der unten in der Tabelle aufgeführten Alternativen Sie Ihrer Partnerin vorschlagen wollen. Wenn Ihre Partnerin den Vorschlag akzeptabel findet, werden die 10 € dem Vorschlag entsprechend unter Ihnen beiden aufgeteilt. Wenn der Vorschlag für Ihre Partnerin nicht akzeptabel ist, werden weder Sie noch Ihre Partnerin etwas bekommen.
Bitte kreuzen Sie die Alternative (***nur eine!***) an, die Sie Ihrer Partnerin vorschlagen werden.

Sie selbst erhalten €	10,00	9,50	9,00	8,50	8,00	7,50	7,00	6,50	6,00	5,50
Partnerin erhält €	0,00	0,50	1,00	1,50	2,00	2,50	3,00	3,50	4,00	4,50
Ihr Vorschlag										

Fortsetzung:

Sie selbst erhalten €	5,00	4,50	4,00	3,50	3,00	2,50	2,00	1,50	1,00	0,50	0,00
Partnerin erhält €	5,00	5,50	6,00	6,50	7,00	7,50	8,00	8,50	9,00	9,50	10,00
Ihr Vorschlag											

(Nach Kahneman & Knetsch & Thaler 1986)

II PRODUKTION

Im folgenden Kapitel werden wir behandeln, wie man Produktionssysteme beschreibt und analysiert. Danach werden wir die vier großen Produktionssysteme der Menschheit darstellen, das sind die Produktionssysteme der *Wildbeuter*, *Feldbauern*, *Ackerbauern* und *Pastoralisten*. Wir nennen diese Produktionssysteme deshalb groß, weil menschheitsgeschichtlich gesehen bis vor kurzem (fast) die gesamte arbeitsfähige Menschheit in diesen Produktionssystemen beschäftigt war. In der Nahrungsproduktion bestand lange Zeit die dominante oder Haupt-Beschäftigung des Menschen, aber selbstverständlich war das nicht die einzige Beschäftigung. Erst im letzten Jahrhundert hat sich die Zahl der Beschäftigten in der Nahrungsproduktion weltweit drastisch verringert. Zum Wissen über diese Systeme, die übrigens Typcharakter haben, hat die Ethnologie einen entscheidenden Beitrag geleistet.

Im letzten ‚Produktionsstrategien' betitelten Kapitel dieses Teils gehen wir auf Ziele und Praktiken ein, die Menschen über die reine Beschaffung von Nahrungsmitteln hinaus mit ihrer Produktion verfolgen.

1 Grundlagen

Das zentrale Beschreibungsinstrument für Produktionssysteme ist die *Produktionsfunktion*. In ihrer allgemeinsten Form besagt sie, dass der *Output* (Ertrag, Produktion, Ausbringung) eines Produktionssystems eine *Funktion des Inputs* (Produktionsfaktoren, Faktoreinsätze) ist. Die *klassische Produktionsfunktion* besteht aus folgenden Komponenten: Der *Ertrag* ist eine Funktion der Produktionsfaktoren *Arbeit, Land* und *Kapital*. Die Namen dieser Komponenten stehen für Folgendes:

Ertrag: die Menge des Produzierten bzw. ihr Preis

Arbeit: die Arbeitsmenge (bzw. ihr Preis), die für die Herstellung der Ertragsmenge nötig ist. Von entscheidender Bedeutung sind hier weiterhin Institutionen, die die *Arbeitsorganisation* bestimmen. Arbeit verrichten personale Akteure, aber auch korporative Akteure wie Familien oder Lineages. Der Produktionsprozess wird in der Regel als Sequenz von Arbeitsschritten beschrieben.

Land: die Menge Land (bzw. ihr Preis), die zur Herstellung des Ertrags nötig ist. Grundlegende Institutionen sind hier die *Eigentumsrechte* auf Land. Die drei Haupt*typen* von Recht auf Land sind: (a) *freier Zugang* (e. free access), jeder Beliebige hat Recht auf Gebrauch; (b) *Kommunaleigentum*, jedes Mitglied der Gemeinde (Kommune, Kollektivs) hat Recht auf Gebrauch; (c) *Privateigentum*, nur eine ‚Person' hat Recht auf Gebrauch. Staatseigentum an Land wird aus wirtschaftlicher Sicht typischerweise als Kommunaleigentum oder Privateigentum oder gar als freies Zugangsrecht und nicht als eigener Typ von Eigentum aufgefasst.

Physisches Kapital: die Menge (bzw. der Preis) der Werkzeuge und Maschinen, die zur Herstellung des Produkts nötig sind. Man beachte: Das Wort Kapital wird in der Wirtschaftsethnologie auch noch in anderen Bedeutungen verwendet. Institutionen sind hier die Eigentumsrechte auf das Kapital und die Regeln für seinen Gebrauch.

Es gibt weitere Kapitalarten. Mit *Humankapital* bezeichnet man das wirtschaftlich nützliche Wissen und die Erfahrungen der Arbeitenden, mit *sozialem*

Kapital die sozialen Beziehungen, von denen die Akteure bei der Herstellung des Produkts Gebrauch machen. Beide Kapitalarten sind für eine große Zahl von Produktionssystemen zweifellos von grundlegender Bedeutung. Sie können aber empirisch sehr schwer zu fassen sein. Das gilt für das soziale Kapital noch mehr als für das Humankapital.

Die Produktionsfunktion gibt Auskunft darüber, ob ein Produktionssystem überlebensfähig ist oder nicht. Im einfachsten Fall, wenn man den Aufwand für alle Produktionsfaktoren in ein und derselben Währung angeben kann, ist das leicht zu erkennen. Dann ist ein Produktionssystem nicht überlebensfähig, wenn die Summe des Aufwands für alle Produktionsfaktoren (auf längere Sicht) größer ist als der Ertrag.

Aus der Produktionsfunktion ergibt sich eine Reihe von Fragen. Viele Indizien sprechen dafür, dass diese Fragen die Menschen schon immer beschäftigt haben, sicherlich nicht ständig, aber doch immer wieder; und so finden sich diese Fragen auch in der Wirtschaftsethnologie wieder. Im Wesentlichen handelt es sich um die folgenden drei Fragen.

1. Frage: Wie ändert sich der Ertrag, wenn man den Input steigert? (*Eigenschaften der Produktionsfunktion*)

Generell gilt: Produktionssysteme reagieren in unterschiedlicher Weise auf eine Erhöhung des Inputs. Die folgende Graphik zeigt drei der grundlegenden Möglichkeiten.

Sehen wir uns zunächst die mittlere Kurve im Diagramm an. Wenn wir den Input von einer Einheit auf zwei steigern, dann nimmt offenbar auch der Ertrag um eine Einheit zu. Steigern wir den Input um noch eine Einheit, nimmt der Ertrag wiederum um eine Einheit zu usw. Mit jeder zusätzlichen Inputeinheit wächst der Ertrag um einen konstanten Betrag.

Sehen wir uns nun die oberste Kurve an. Wenn wir hier den Input von einer Einheit auf zwei erhöhen, wächst der Ertrag um (2,80 – 1, d.h.) 1,8 Einheiten. Erhöhen wir den Input um eine weitere Einheit, wächst der Ertrag um 2,33 Einheiten, noch eine Inputeinheit bringt einen Outputzuwachs von 2,74 Einheiten usw. Wie man sieht, wächst hier mit jeder zusätzlichen Einheit der Ertrag um einen zunehmenden Betrag. Je nachdem an welcher Stelle dieser Ertragskurve wir uns befinden, fällt demnach der absolute Ertragszuwachs anders aus.

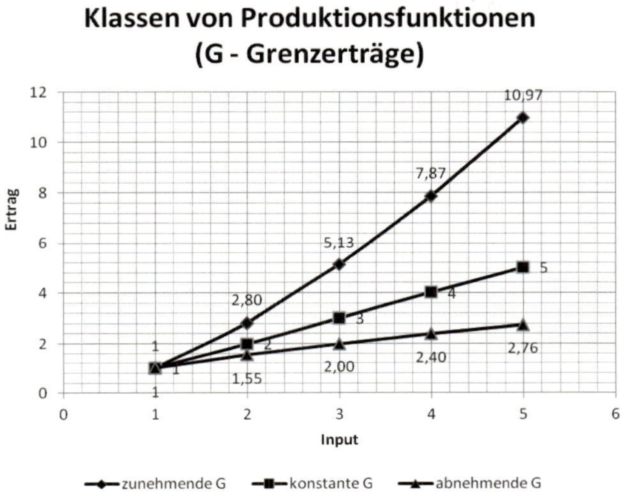

Um diesen Sachverhalt zu fassen, hat man den Begriff des *Grenzertrags* (e. marginal return) eingeführt. Es ist der Ertragszuwachs, den eine zusätzliche Inputeinheit bringt. Mit diesem Begriff können wir die beiden bislang besprochenen Fälle folgendermaßen beschreiben. Im ersten Fall sind die Grenzerträge immer gleich oder eben konstant und im zweiten Fall nehmen sie laufend zu. Im dritten Fall nehmen die Grenzerträge dagegen laufend ab, oder anders gesagt, mit jeder zusätzlichen Inputeinheit nimmt der Zuwachs ab. Eine Erhöhung des Inputs von einer auf zwei Einheiten bringt einen Ertragszuwachs von 1 auf 1,55, das ist also ein Zuwachs von 0,55 Einheiten. Die Steigerung um eine weitere Einheit bringt nur noch einen Zuwachs von 0,45 Einheiten.

Der amerikanische Wirtschaftsethnologe Richard R. Wilk (1996) hat ein sehr anschauliches Beispiel für eine komplexe Produktionsfunktion geliefert. Es geht um den Bau eines Reetdaches. Es müssen jeweils drei Arbeiter bei diesem Produktionsprozess zusammenarbeiten. Betrachtet wird die Produktion von Reetbündeln.

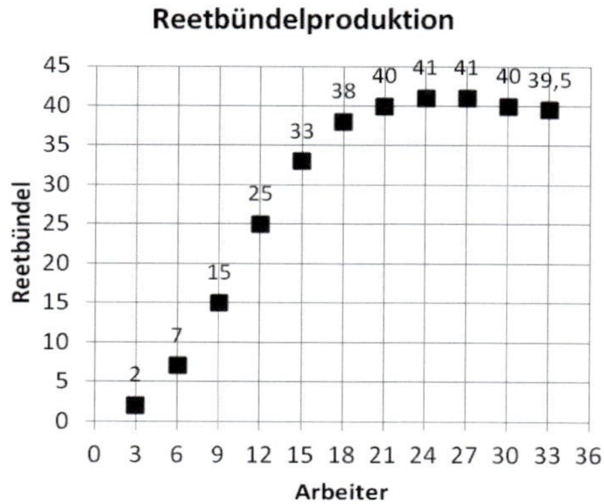

Wie man sieht, gibt es anfangs in diesem Produktionssystem zunehmende Grenzerträge. Wird der Input von einem Team auf zwei (also von 3 Arbeitern auf 6) gesteigert, wächst der Ertrag um fünf Reetbündel, ein weiteres Team bringt einen Zuwachs von 8 Bündeln. Ab dann nimmt aber der Grenzertrag ab, bis er schließlich sogar negativ wird. Es sind so viele Arbeiter geworden, dass sie sich wechselseitig behindern. Damit haben wir neben den drei grundlegenden *Grenzertragsklassen zunehmend*, *konstant* und *abnehmend* noch eine vierte Klasse kennengelernt, den *negativ*en Grenzertrag.

Der Grenzwertgedanke ist nicht nur bei der Analyse von Produktionssystemen von Bedeutung, er spielt in vielen anderen ökonomischen Systemen eine Rolle. So ist es z. B. auch sinnvoll, den Grenz*nutzen* zu betrachten. Wenn wir sehr durstig sind, wird uns ein Glas Wasser eine sehr große Befriedigung, einen sehr großen Nutzen verschaffen. Ein weiteres Glas wird uns schon weniger Nutzen bringen etc. Der Grenznutzen nimmt ab und wird in diesem Fall mit Sicherheit irgendwann sogar negativ. Es ist ganz lehrreich zu überlegen, ob der Grenznutzen aller Güter immer früher oder später im negativen Bereich landet, und dabei auch die Frage nach der unersättlichen Gier des Menschen aus Teil I mit einzubeziehen.

2. Frage: Wie sieht die günstigste Kombination von Faktoreinsätzen bezogen auf den Ertrag aus (*Optimierung*)? Die Frage kommt in zwei Varianten vor:

a. Wie sieht bei vorgegebenem Ertrag die Kombination der Produktionsfaktoren aus, bei der die Kosten am niedrigsten sind?
b. Was ist der größtmögliche Ertrag, der sich mit einer vorgegebenen Kostensumme erzielen lässt?

3. Frage: Wie hoch ist die *Produktivität* eines bestimmten Produktionssystems? Produktivität definiert man als Ertrag bezogen auf einen bestimmten Produktionsfaktor. Demnach können wir an einem Produktionssystem typischerweise mehrere Arten von Produktivität feststellen. Aus der klassischen Produktionsfunktion ergeben sich die folgenden Arten von Produktivität.

Arbeitsproduktivität wird definiert als Output pro Zeiteinheit (z. B. Tag/Stunde) oder Arbeitskraft (im Mittel). Im Wirtschaftsteil von Zeitungen ist häufig von Produktivität ohne weiteren Zusatz die Rede, wie z. B.: „Der Notenbankpräsident erwartet weiter steigende Produktivität". In diesen Fällen ist immer die Arbeitsproduktivität gemeint. Die herausgehobene Stellung hat die Arbeitsproduktivität, weil von ihr der Wohlstand einer Gesellschaft abhängt. Hohe Arbeitsproduktivität bedeutet zwar nicht notwendig, dass der Wohlstand in der Gesellschaft gleich verteilt ist, aber bei niedriger Produktivität gibt es eben nur wenig zu verteilen.

Produktivität des Landes wird definiert als Output pro Einheit Land oder pro Preis der Einheit. Von dieser Größe hängt die Bevölkerungsdichte ab. Sie hat fundamentalen Einfluss auf den Gang der Menschheitsgeschichte gehabt, wie wir noch sehen werden.

Produktivität des physischen Kapitals definieren wir als Output pro Werkzeug oder Maschine oder Saatgutmenge etc. oder deren Preis. Das physische Kapital kann in zweierlei Weise Einfluss auf die Produktivität nehmen. Wenn es gelingt ein Werkzeug oder eine Maschine billiger herzustellen als bisher, nimmt die Produktivität des physischen Kapitals zu. Ein neues Werkzeug kann aber auch bei gleichem Preis die Arbeitsproduktivität steigern, wenn es etwa dafür sorgt, dass die Arbeit schneller von der Hand geht. Diese Art von Produktivitätssteigerung hat seit jeher die Erfindung und Einführung neuer Werkzeuge und Maschinen motiviert.

Technischer Exkurs (cf. Perloff 2001)
Hinter den eben im Diagramm dargestellten Ertragskurven steckt die sogenannte Cobb-Douglas-Funktion. Im einfachsten Fall hat sie folgende Form
(1) $o = i^a$ (in Excel-Schreibweise o=i^a)
Lies o gleich i hoch a. a ist der Exponent.
Dem vorletzten Diagramm liegt folgende Wertetabelle zugrunde.

Cobb-Douglas Funktion, einfachster Fall o=i^a

Exponent(a):	1,488	1	0,631
	o_1	o_2	o_3
Grenzerträge:	zunehmend	konstant	abnehmend
i			
1	1	1	1
2	2,80	2	1,55
3	5,13	3	2,00
4	7,87	4	2,40
5	10,97	5	2,76

Wie man sieht, erhalten wir konstante Grenzerträge, wenn der Exponent gleich 1 ist. Ist der Exponent größer 1 ergibt das zunehmende, ist er kleiner 1 abnehmende Grenzerträge. Negative Exponenten entsprechen negativen Grenzerträgen.

Wenn wir die Anzahl der Produktionsfaktoren auf zwei erhöhen, erhalten wir folgende Funktion.

(2) $o = ia^a * ik^b$

o – Output; ia – Input Arbeit; a – Exponent für den Faktor Arbeit; ik – Input Kapital

Die Summe der Exponenten ist ein Maß für die sogenannten Skalenerträge. Ein Wert von 1 für die Summe bedeutet, wenn man den Input um 1% erhöht dann erhöht sich der Output ebenfalls um 1%. Das ist die Produktionsfunktion mit konstantem Grenzertrag. Ist die Summe kleiner 1, z. B. 0,6 und erhöht man den Input um 1%, dann nimmt der Ertrag nur um 0,6% zu – das ist der Fall eines abnehmenden Grenzertrags. Wirtschaftlich von großer Bedeutung sind Produktionssysteme mit einer Summe über 1. In diesen Fällen lässt sich ein Produkt um so günstiger herstellen, je mehr man davon produziert.

Bislang haben wir mit der Funktion untersucht, wie der Output sich entwickelt, wenn man den Input steigert (s. Frage 1 oben). Wir können mit der Funktion auch der Frage nachgehen, was die günstigsten Faktorkombinationen sind, wenn wir eine bestimmte vorgegebene Größe des Outputs erreichen wollen (s.o. Frage 2a). In diesem Fall halten wir den Output konstant und untersuchen, wie sich der Kapital-Input verändert (abhängige Variable), wenn wir den Arbeitsinput variieren (unabhängige Variable) oder der Arbeitsinput bei unterschiedlichem Kapitalinput.

Dazu lösen wir in zwei Schritten die Gleichung nach der abhängigen Variablen auf. Den Output als Konstante schreiben wir ***o***.

(3) $ik^b = \boldsymbol{o}/ia^a$

(4) $ik = (\boldsymbol{o}/ia^a)^{1/b}$

Wenn man Preise für Arbeit und Kapital einsetzt, kann man so für ein gegebenes Produktionsziel, die günstigste Kombination von Arbeit und Kapital ermitteln. Sind die Arbeitskosten im Vergleich zu den Kapitalkosten niedrig, wird man sich dafür entscheiden, viele Arbeiter anzustellen und nur wenige Maschinen einzusetzen.

LITERATUR

Perloff, J.M.
2001 Microeconomics. Boston: Addison-Wesley (2. Auflage).
Wilk, R.R.
1996 Economies and cultures: foundations of economic anthropology. Boulder, Colo.: Westview Press.

2 Produktionssysteme der Wildbeuter

Wildbeuter (e. forager) leben vom Jagen, Sammeln oder Fischen. Eine weitere Bezeichnung ist Jäger-Sammler (e. hunter-gatherer), hier wird das Fischen unterschlagen. Wildbeuter wenden keine Arbeit auf, um die Nahrungsmittel entstehen zu lassen, aber es kostet trotzdem zum Teil sogar beträchtliche Mengen Arbeit, um die Nahrungsmittel zu beschaffen. Deshalb ist es sinnvoll und üblich auch hier von Produktion zu reden.

Der wildbeuterische Produktionstyp ist der älteste Produktionstyp in der Geschichte der Menschheit. Menschen gibt es auf der Erde je nachdem, welche fossilen Funde man für menschlich hält, seit mehr als 100.000 Jahren (homo sapiens) oder seit mehr als 1 Million Jahre (homo). Bis zum Aufkommen des Feldbaus vor ca. 10.000 Jahren war er auch der einzige Produktionstyp (für die Nahrungsbeschaffung), den die Menschen kannten. Heute ist dieser Typ so gut wie ‚ausgestorben', jedenfalls in seiner subsistenzwirtschaftlichen Ausprägung. Er wurde verdrängt von (bezogen auf Land) produktiveren Produktionstypen. Ein wesentlicher Grund für die Verdrängung ist die dramatische Zunahme der Weltbevölkerung

EXEMPLARISCHER FALL

Gegenstand	Wildbeuterisches Produktionssystem (Subsistenzwirt.)
Kultur	**Ju/'hoansi**, früher !Kung[1]
Lokalisierung	West-Botswana/Nordost-Namibia
Untersuchungszeitraum	1963-4, 1967-9, 1973
Autor	Richard B. Lee (1979)

Die Studie von Lee ist ein viel beachtetes, viel zitiertes Werk. Sie beschreibt den Untersuchungsgegenstand ungewöhnlich breit (umfassend) und tief (detailliert), und sie ist eine Pionierleistung.

Die Forschungsregion ist das sogenannte Dobe-Gebiet mit einer Größe von ca. 9000 qkm. Das Klima ist arid. Der Regen fällt flickenteppichartig (e. patchy). Die Regenmengen schwanken stark. In den Jahren 1963, 1967 und 1968 fielen z. B. Niederschläge von 239, 597 und 378 mm pro qm. Es gibt nur wenige permanente Wasserlöcher. Regen fällt zwischen (Oktober) November und März (April). Die Bevölkerung im Dobe Gebiet bestand 1964 aus 466 Ju/'hoansi und 340 „Blacks", Herero und Tswana, mit ihren Rindern. Die Ju/'hoansi waren also nicht allein im Gebiet. Ein konkurrierendes Wirtschaftssystem (Pastoralismus) war eingedrungen.

Die Ju/'hoansi haben eine nomadische Residenzform. Sie leben in mobilen Lagern, die 10 bis 30 Personen umfassen. Das Wort *nomadisch* hat zwei Bedeutungen. Wir verwenden es in diesem Buch im Sinn von umherziehender Lebensweise.

Das Produktionssystem besteht im Überblick aus folgenden Komponenten. Den Output bilden pflanzliche und tierische Nahrungsmittel. Zum Produktionsfaktor Kapital gehören die gejagten bzw. gesammelten Pflanzen und Tiere und die für die Beschaffung nötigen Werkzeuge. Die Eigentumsrechte auf Land variieren je nach Art der genutzten Ressource. Die Arbeit ist geschlechtsspezifisch verteilt: Frauen sammeln; Männer jagen hauptsächlich, aber sie sammeln auch. Alle ab etwa 15 und unter 60 Jahren, die dazu in der Lage sind, beteiligen sich an der Arbeit. Zum Humankapital gehört das Wissen der Ju/'hoansi über die

[1] Die Zeichen „'", „/" und „!" stehen für Klicklaute.

Tier- und Pflanzenwelt. Die folgende Tabelle gibt einen ersten Eindruck vom Umfang des Wissens.

Wissen der Ju/'hoansi über Tier- und Pflanzenarten			
Tierarten bekannt	262	**Planzenarten** bekannt	> 200
davon systematisch gejagt/gesammelt*	35	davon essbar	105
davon gelegentlich gejagt/gesammelt*	25		

* z. B. Insekten

Die Tabelle zeigt darüber hinaus, dass Lee und Kollegen ein ziemlich schwieriges Problem bei der Konzeption der Feldarbeit zu lösen hatten. Das Team hätte Daten für Dutzende von Produktionsfunktionen erheben müssen. Bei der Jagd auf einen Kudu (eine große Antilopenart) sehen Arbeitsaufwand und Ertrag sicherlich anders aus als beim Sammeln von Insekten oder Nüssen oder beim Ausgraben von Wurzeln.

Nebenbei gesagt, Lee selbst benutzt für die Beschreibung des Produktionssystems Komponenten der klassischen Produktionsfunktion. Unter anderem schreibt er: "... economists ... recognise three main factors of production, land, labor, and capital. We have already considered two of the factors in detail..." (1979: 333).

Daten für alle Produktionsfunktionen zu sammeln, wäre unmöglich gewesen. Es war also ein Auswahlproblem zu lösen. Die Lösung des Problems ergibt sich aus der folgenden Tabelle.

Konsumierte Mengen von Nahrungsmitteln, Juli – August 1964
(pro Person und Tag)

Nahrungsmittel	*Kalorien*	*kJoule*	*%*
Fleisch	690	2889	29
Mongongonüsse	1365	5715	58
Anderes Gemüse	300	1256	13
Summe	2355	9860	100

Joule (gesprochen dschul, mit stimmhaftem ,sch' und langem ,u', abgekürzt J) ist das heute in Deutschland gesetzlich festgelegte Energiemaß (Wärmemenge). Da die benutzte Literatur durchgängig den Terminus Kalorie verwendet, werden wir später auf die Umrechnung wieder verzichten. Das Wort Kalorie kommt in zwei Bedeutungen vor: Einer (kleinen) Kalorie entsprechen 4,1868 Joule; einer (großen) Kalorie, auch Kilokalorie genannt und abgekürzt mit kcal, entsprechen 1000 (kleine) Kalorien. Wenn wir nichts anderes vermerken, bedeutet Kalorien große Kalorien.

Bei modernen markwirtschaftlichen Produktionssystemen würde man für die Ermittlung des Inputs und des Outputs Geldbeträge einsetzen, die sich aus den Preisen ergeben. Diese Währung zählte bei den Ju/'hoansi (weitgehend) nicht. Lee musste Ersatzwährungen finden. Das schiere Gewicht ist kein gutes Maß, denn dann müsste z. B. ein Kilo Fleisch gleich viel wert sein wie ein Kilo Mongongonüsse. Wie in solchen Studien generell üblich, dienen statt dessen der

Energiegehalt der Nahrungsmittel (des Outputs) und die Arbeitszeit als Ersatzwährungen. Man sieht, die Mongongonüsse haben einen Anteil von 58% am Output. Sie sind der wichtigste Energielieferant. Den zweitgrößten Anteil hat das Fleisch. Die Tabelle legt demnach folgende Lösung für das Auswahlproblem nahe. Da man nicht Daten zu allen Produktionsfunktionen erheben kann, sollte man auf jeden Fall Daten zur Mongogonuss-‚Produktion' erheben, und danach Daten zur Fleischproduktion. Dies ist auch die Lösung die Lee gewählt hat. Wir werden nun, so weit vorhanden, die Daten zu den Komponenten der Produktionsfunktion präsentieren und analysieren.

MONGONGO-NUSS PRODUKTION

Die Nuss wächst auf Bäumen. Die Nussbäume stehen zusammen in Nussbaumhainen. Nur die Nüsse, die von den Bäumen gefallen sind, werden gesammelt. Die Nuss ist umgeben von einer harten Schale, die ihrerseits von Fruchtfleisch ummantelt ist.

Arbeitsschritttabelle: Mongongo Nuss Produktion

Nr.	*Arbeitsschritt*	*Physisches Kapital*	*Mengen*
1	Weg vom Lager zum Hain	–	0 bis > 30 km, 4 – 5 km/Stunde
2	Sammeln	–	10 – 15 kg
3	Weg vom Hain zum Lager	Felldecken, Taschen als Transportbehälter	siehe 1
		xxxx	
*4	Kochen der Nüsse (Fruchtfleisch)	Kochtopf (Eisen)	Menge?, 20 Minuten
5	Rösten der Nüsse		100 Nüsse, 10 Minuten
6	Knacken der Nüsse	Zwei Steine	10 bis 15 kg, in 6 bis 15 Stunden
*7	Zerkleinern	Mörser und Stößel	
*8	Kochen	Kochtopf	
*9	Nussölextraktion	Mörser und Stößel	

* – Optionale Arbeitsschritte.

*4 – ab November bis März haben die Nüsse kein Fruchtfleisch mehr.

*7 und *8 – das Innere der Nuss kann man auch ohne Zerkleinern und Kochen essen.

Die Daten zeigen, wie man sieht, eine große Variationsbreite. Das ist ein Grund, weshalb es oft nicht möglich war, nur einen Wert für die Elemente der Produktionsfaktoren anzugeben. Ein Beispiel sind die Weglängen. Sie variieren kräftig im Verlauf eines Jahres. In der Regenzeit (November – März) verlegen die Ju/'hoansi ihre Lager zu den Nusshainen. Danach ziehen sie zu den permanenten Wasserstellen. Im günstigsten Fall ist der Weg zu den Nüssen also 0 km; unter ungünstigen Umständen kann der Weg (über) 30 km lang sein. Das bedeutet allein ca. 12 Stunden Fußmarsch bis zum Hain und wieder zurück (bei 30 km Entfernung und 5 km/h Laufleistung). Der Sammelradius wird nach der Regenzeit immer größer. Man beginnt mit den Nusshainen, die dem Lager am nächsten liegen. Man sieht: Einen einzelnen Wert für den Weg zu den Nusshainen anzugeben (z. B. den Mittelwert pro Jahr), muss enorm aufwändig sein.

Der eiserne Kochtopf (s. Tabelle) zeigt auch, dass die Ju/'hoansi keine reine Subsistenzwirtschaft mehr betreiben. Es gibt noch weitere Gerätschaften, die die Ju/'hoansi nicht selbst herstellen. Männer verwenden z. B. Äxte aus Eisen.

Wir haben die Arbeitsschritttabelle geteilt. Hinter dieser Teilung steht die Frage, wo der Produktionsprozess endet. Für Lee gehört der untere Block der Tabelle (nach „**xxxx**") nicht zur Produktion. Diesen Block rechnet er zur Hausarbeit. Damit werde, so rechtfertigt er die Entscheidung, Vergleichbarkeit mit schon vorhandenen Daten zu anderen Kulturen erzielt (1979: 253). Hawkes und O'Connell (1981) sind da anderer Ansicht und plädieren dafür, auch die Zeit für das Nüsse-Knacken, die ja sehr beträchtlich ist, mit einzubeziehen. Wie immer bei derartigen Definitionsfragen hängt die Entscheidung vom Zweck der Definition ab. Gegen Lees Entscheidung lässt sich schwerlich etwas einwenden. Hawkes und O'Connell meinen ihre Entscheidung vertrage sich besser mit der sogenannten Beutewahltheorie. Auf diesen Vorschlag werden wir weiter unten noch zurückkommen.

Produktionsfaktor Land:

Wir sehen uns zunächst die umfassendste Institution an, die bei den Ju/'hoansi die Nutzung von Land bestimmt und werden am Schluss auf die Mongongohaine eingehen.

Die Ju/'hoansi haben ein Territoriumskonzept. Ein Territorium besteht aus einer Wasserstelle, dem Land darum herum und den Ressourcen, die sich darauf befinden. Für das Konzept gibt es auch einen Namen: !Nore. Jedes Territorium gehört einer Gruppe. Die Territorien haben unscharfe Grenzen, und es gibt generell kein striktes exklusives Nutzungsrecht. (1979: 334) Aber, man muss um Erlaubnis bitten, wenn man auf einem Territorium sammeln will, das einem nicht gehört. Für die Erlaubnis verpflichtet man sich, der anderen Gruppe Sammelerlaubnis im eigenen Territorium zu erteilen. Das gibt Sinn, wenn man sich die flickenteppichartige Verteilung der Niederschläge vor Augen hält. Wer darauf besteht, dass jeder sein Territorium alleine nutzt, bekommt Probleme, wenn auf dem eigenen Territorium sehr wenig Regen fällt. Aber es gilt auch bei den Ju/'hoansi: „Es kann der Frömmste nicht im Frieden bleiben, wenn es dem bösen Nachbarn nicht gefällt". Hier ist ein Beispiel. Ein Feld von wilden Bohnen wurde von einer Gruppe ‚leer gegessen' („eat out"), die nicht Eigentümer des Feldes war. Die Eigentümer hatten zwar gesagt, dass sie das Feld selbst brauchen, aber das hatte nichts genutzt. Daraufhin begannen die Eigentümer im nächsten Jahr früher als üblich das Feld abzusammeln. Es hatte seine Kosten, auf dem Eigentumsrecht zu bestehen. Man musste vorzeitig mit der Ernte beginnen und mit unreifen Früchten vorlieb nehmen. Es gibt also für Land durchaus Konzepte von Rechten und Eigentümern, wenn sie auch unscharfe Grenzen haben und nicht strikt exklusiv sind. Die Größe der Territorien schwankt zwischen 300 und 600 qkm (1979: 334).

Zu der Frage des Eigentums an den Mongongo-Hainen finden sich bei Lee folgende Angaben. Innerhalb der Territorialgruppe gibt es Teilgruppen, nicht aber Individuen, die Eigentümer der Mongongo-Haine sind. Lee nennt hier Familien und Geschwistergruppen (1979: 200). Wie dieses Recht funktioniert beschreibt er folgendermaßen: „Any one of several people [der Eigentümergruppe] may be asked to let a group eat in a grove, and permission is rarely refused" (1979: 200). Das bedeutet wohl, dass man auf jeden Fall um Erlaubnis bitten muss. Es scheint aber auch Haine zu geben, die keine Eigentümer haben.

PRODUKTION VON FLEISCH: JAGD

Je nach Art des Tieres kann die Produktionsfunktion sehr unterschiedlich ausfallen. Das zeigen Lees detaillierte Beschreibungen einzelner Jagdausflüge. Die Schwierigkeit bei der Datenerhebung ist hier zusätzlich von folgender Art: Man kann offenkundig nicht einfach beschließen, morgen gehen wir auf Kudujagd, und schon gar nicht, morgen erlegen wir einen Kudu.

Die Ju/'hoansi kennen, wie gesagt, 262 Arten von Tieren, 60 davon stellt man nach. Ein Jäger trägt in seinem Jagdgepäck Geräte mit sich, die nötig sind, um rund 40 verschiedene Arten von Tieren zu fangen oder zu töten. Es war praktisch ausgeschlossen für all diese Wildarten, Daten zu den Produktionsfunktionen zu erheben. Lee beschreibt allerdings für verschiedene Tierarten sehr detailliert die Vorgehensweise der Jäger. Wir skizzieren hier die Vorgehensweise bei der Jagd auf Großwild. Es ist nicht nur die ertragreichste, sondern die spektakulärste Jagdform. Sie hat die Ju/'hoansi berühmt gemacht. Mit Großwild sind sechs große Antilopenarten, das Warzenschwein und die Giraffe gemeint. Warzenschweine werden mit drei pro Monat am häufigsten erlegt, die großen Antilopen folgen mit einem Exemplar pro Monat. Die Giraffen folgen in großem Abstand. (1979: 233)

Wenn man Lees Beschreibung der Großwildjagd als Entscheidungsbaum darstellen würde, käme ein Diagramm von imposanter Größe zum Vorschein. Wir beschränken uns auf die Sequenz von Arbeitsschritten, die ohne Umwege zum erlegten Wild führt. Gejagt wird mit Bogen und vergifteten Pfeilen. Die Pfeilschüsse selbst töten das Großwild nicht, sondern erst das Gift, das 6 bis 24 Stunden braucht, um seine volle Wirkung zu entfalten.

Arbeitsschritt-Tabelle: Erfolgreiche Jagd auf Großwild (ein bis drei Jäger)

Vorabend	Vorbereitung der Jagdwerkzeuge
	Informationsbeschaffung und Auswertung, wo Wild steht (Gespräche mit Lagergenossen)
Tag der Jagd	Aufspüren Erfolg versprechender Fährten
	Anpirschen
	Schießen (das Tier flieht)
	Einsammeln der verschossenen Pfeile oder Pfeilschäfte
	Verfolgen des angeschossenen Tiers und abschätzen, wie schnell das Gift wirkt
	Rückkehr ins Lager
Tag nach der Jagd	Gruppe von 3 – 6 Personen rückt aus
	Suche nach dem angeschossenen bzw. toten Tier
	(Wenn noch nötig töten) zerlegen
	Beute ins Lager tragen

Der erfolgreiche Jäger darf übrigens bei der Rückkehr ins Lager keinerlei Stolz auf seinen Jagderfolg zeigen. Lee führt die Regel auf die strikt eingeforderten egalitären Werte der Ju/'hoansi zurück (S. 244). Keiner darf sich über die anderen erheben.

Es wäre, wie gesagt, offenkundig äußerst aufwendig, Daten für die Produktionsfunktion der Großwildjagd oder auch der anderen Jagdtypen zu sammeln. Lee hat stattdessen Daten gesammelt, die Auskunft über den Produktionssektor der Jagd insgesamt geben. Für die folgende Tabelle wurde ein Lager 28 Tage lang (im Juli/August 1964) beobachtet. Zum Lager gehörten insgesamt 11 Männer, davon sind 7 zur Jagd gegangen.

Produktionssektor Jagd insgesamt – Ertrag und Arbeit

	Ertrag (Fleisch)			*Arbeitsaufwand*		
Jäger	Ertrag kg	kcal	kJ	Jagdtage	Erfolgstage	%
1	149,7	449100	1880653	16	5	31
2	24,5	73500	307789	16	6	38
3	19,9	59700	250000	9	3	33
4	10,8	32400	135678	16	2	13
5	0,5	1500	6281	9	1	11
6	0,5	1500	6281	8	1	13
7	0	0	0	4	0	0
Summe	205,9	617700	2586683	78	18	
Ertrag/Tag	2,6	7919	143705			

Diese Daten (1979: 268, Tab. 9.8) kann man auch als Beitrag zur sogenannten Kalahari-Debatte (Literatur zum Einstieg cf. Kuper 1993) verstehen. In der Debatte ging es unter anderem - wenn man bestimmte Beiträge sehr wohlmeinend interpretiert - um die Frage, wie isoliert die Ju/'hoansi gelebt haben. Zu dem Fleisch, das die 6 Jäger des Lagers beschafft haben, kommen noch folgende Mengen hinzu. 2,7 kg von einem mit dem Gewehr geschossenen Warzenschwein ist der Beitrag eines Distriktbeamten. 1,8 kg Rindfleisch stammen von einem Viehposten der Pastoralisten. 5,4 kg Kudufleisch, mit dem Gewehr erlegt, stammen von jemandem, dessen Zugehörigkeit zu den Ju/'hoansi nicht eindeutig ist. Das sind rd. 5% der Menge, die die Jäger des Untersuchungslagers erbeutet haben. Der Rest stammt von Besuchern aus anderen Ju/'hoansi Lagern. Insgesamt kamen 16,3 kg Fleisch hinzu, oder 8% der Beute der Jäger des Lagers. Viel ist das wahrhaftig nicht. Die Ju/'hoansi lebten demnach, was das Fleisch anbetrifft, in diesem Zeitraum ziemlich ‚isoliert', d.h. Aussenkontakte spielten eine unerhebliche Rolle.

Wir sehen einen dramatischen Unterschied zwischen Mongongofrucht-Sammeln und Jagen. Die Nuss ist eine extrem zuverlässige Nahrungsquelle. Der Jagderfolg ist extrem ungewiss. Der Jäger, der das meiste Fleisch ins Lager brachte, hatte nur an 5 von 16 Tagen Erfolg. Jäger Nr. 2 hatte bezogen auf Tage das meiste Jagdglück an 6 von 16 Tagen, aber einen wesentlich niedrigeren Ertrag. Unterschiedliches Humankapital ist an den Unterschieden im Jagderfolg beteiligt gewesen (Lee 1979: 246). Aus der Tabelle kann man diesen Faktor allerdings nicht extrahieren.

Es fehlt nun noch der Aufwand, der in den Werkzeugen für die Jagd steckt. Lee hat auch dazu Daten gesammelt. Für Bogen, 15 Pfeile und Gift plus Behälter entsteht z. B. ein Aufwand von 4,7 Minuten pro Tag - ein nicht gerade großer Betrag. Mehr dazu siehe unten.

ARBEITSAUFWAND INSGESAMT UND PRODUKTIVITÄT

Lee hat nicht nur Daten für den Produktionssektor Jagd, sondern über sämtliche von den Ju/'hoansi geleistete Arbeit nach Geschlecht getrennt erhoben. Er hat dazu zunächst drei Kategorien von Arbeit gebildet:

- Nahrungsbeschaffung („subsistence work“)
- Herstellung, Reparatur und Wartung von Gebrauchsgegenständen wie Werkzeugen, Kleidung, Hütten etc. („in camp manufacture and maintenance“)
- Hausarbeit, hierzu gehört z. B. das zeitaufwendige Knacken der Mongongonüsse, Feuer machen und in Gang halten, Holz holen.

Arbeitsaufwand – Nahrungsbeschaffung

	Personentage			
	Insgesamt	*Jagen*	*Sammeln*	*Arbeitswoche (Tage)*
Männer	267	83	21,5	2,7
Frauen	295	0	87,5	2,1
Alle Erwachsenen	562	83	109,0	2,4

Die Arbeitswoche erhält man, wenn man zunächst errechnet, welcher Bruchteil der „Insgesamt“-Tage auf das Jagen und Sammeln kommen, und dann ermittelt, wie viele Tage von 7 Wochentagen diesem Bruchteil entsprechen. Beispiel 1. Zeile: ((83+21,5)/267))*7 = 2,7

Diese Tabelle enthält eine mittlerweile berühmt gewordene und viel zitierte Zahl. In der extremsten Variante wird die Zahl folgendermaßen wiedergegeben: Wildbeuter müssen (nur 2,4) Tage in der Woche oder auch 2 bis 3 Stunden pro Tag arbeiten.

Die 2 bis 3 Stunden ergeben sich, wenn man den Arbeitstag eines Erwachsenen mit 7 Stunden und eine Woche mit 7 Tagen ansetzt. Lee arbeitet mit einem Arbeitstag von 8 Stunden für Männer und 6 Stunden für Frauen. (Lee 1979: 278)

In dieser Form ist die Aussage durch nichts gedeckt, allenfalls könnte man anführen, dass Lee die Tabellenspalte, in der die Zahl steht, mit „work week“

überschreibt. Auf Wildbeuter schlechthin bezieht sich das Ergebnis keineswegs, sondern auf die Ju/'hoansi. Es handelt sich auch nicht um Arbeit schlechthin, sondern nur um Nahrungsbeschaffungsarbeit. Die Zahl ist das Ergebnis einer Erhebung von vier Wochen Dauer im Juli/August 1964. Das heißt, dass es sowohl günstigere als auch ungünstigere Zeiten im Jahr gibt. Lee sagt selbst ausdrücklich und unmissverständlich, dass die Daten eine eng umgrenzte Bedeutung haben: „These results [s.o.] alone cannot be considered representative of !Kung groups in general or even of the Dobe group at other times of the year" (1979: 254). Die Tabelle zeigt darüber hinaus klar, dass die Männer bei der Nahrungsbeschaffung mehr Arbeit leisten als die Frauen. In diesem Fall können wir auch die Arbeitsproduktivität feststellen.

Arbeitsproduktivität - Nahrungsbeschaffung

Arbeitsaufwand (Tage)	*Männer*	*Frauen*
Jagdtage (Tj)	83	0
Sammeltage (Ts)	21,5	94,5
Insgesamt (T)	104,5	94,5
Ertrag (Kalorien)		
Jagd (Kj)	600.000	0
Sammeln (Ks)	260.000	1.140.000
Insgesamt(K)	860.000	1.140.000
Produktivität (Kalorien/Tag)		
Jagd (Kj/Tj)	7.229	0
Sammeln (Ks/Ts)	12.093	12.063
Insgesamt (K/T)	8.230	12.063

Offenkundig erreichen die Frauen mit ihrer Arbeit eine höhere Produktivität als die Männer. Die Männer arbeiten zwar mehr als die Frauen, aber die Frauen erzielen in der gleichen Zeit(-Einheit, i. e. pro Tag) einen höheren Ertrag. Man könnte das auch so formulieren: Die Frauen arbeiten effizienter als die Männer. Produktionsprozess A ist generell dann *effizienter* als Produktionsprozess B, wenn das Verhältnis von Output zu Input für den Prozess A größer ist als für den Prozess B. Man sieht sofort, woher der Effizienzunterschied kommt. Im Sammeln sind die Männer so effizient wie die Frauen. Es ist die Jagd, die für den Effizienzunterschied sorgt. Pro Tag erbringt das Jagen nur 60% des Ertrags, der mit Sammeln zu erzielen ist.

Effizienz wird in der Bildungssprache oft gleichgesetzt mit Effektivität. Die Bedeutung von Effizienz ist aber in der Ökonomik im oben wieder gegebenen Sinn festgelegt. Dann bleibt noch die zweite Bedeutung von Effektivität übrig, nämlich Grad der Zielerreichung. Beispiel: Das Ziel sei, ein Getreidefeld möglichst vollständig abzuernten. Zur Wahl stehen zwei Werkzeuge, das Fingermesser, mit dem die Halme gezielt abgeschnitten werden und die Sense. Das Fingermesser ist eindeutig effektiver als die Sense bezogen auf das Ziel; die Getreidekörner werden vollständiger geerntet, aber die Arbeitseffizienz ist niedriger als bei der Sense. Kurz: Effizienz heißt bei uns, möglichst viel mit möglichst wenig zu erreichen, Effektivität, ein Ziel möglichst weitgehend zu erreichen.

Mit den Daten können wir auch eine grobe Überschlagsrechnung zur Produktivität des Landes anstellen. Die Rechnung kann offenkundig nur Anhaltspunkte für die Größenordnungen geben, um die es hier geht. Der Ertrag pro Hektar liegt demnach in der Größenordnung von 500 bis 1000 Kalorien. Die kleine Splittergruppe, die Lee mit seiner Erhebung nicht erfasst hat, hat keinen merklichen Einfluss auf dieses Ergebnis.

Produktivität des Landes
(grobe Überschlagsrechnung)

Ertrag (kcal) in 28 Tagen	Ertrag in einem Jahr
2.000.000	(x13=) 26.000.000

Fläche der Territorien		
qkm	ha	Ertrag pro ha u. Jahr
von 300	30.000	867
bis 600	60.000	433

Für die Schätzung des Arbeitsaufwands bei der Gebrauchsgüterproduktion und -wartung ist Lee folgendermaßen vorgegangen. Er hat ein Inventar der Gebrauchsgüter zusammengestellt. Männer stellen 31 Güterarten her, Frauen 11. Dass das Inventar alles andere als umfangreich ist, verwundert nicht. Immerhin müssen die Ju/'hoansi all ihre Habe selbst von Lager zu Lager *tragen*.

Für jede Güterart hat Lee dann ermittelt, wie lange es dauert, um das Gut herzustellen, wie lange das Gut hält (die Lebensdauer), wie oft es gewartet (z. B. repariert) werden muss, und wie lange die Wartungsarbeit dauert. Wenn von einer Güterart mehr als ein Stück benötigt wird – zu einem Bogen gehören z. B. ca. 15 Pfeile – werden die Herstellungs- und Wartungsdaten gleich für die benötigte Menge angegeben. Aus diesen vier Angaben hat er dann die Kosten pro Gut und Tag errechnet. Bei Güterarten wie Kochtöpfe und Äxte, die die Ju/'hoansi nicht selbst herstellen, sondern eintauschen, ist Lee folgendermaßen vorgegangen. Er hat den Aufwand für die Herstellung von Straußeneiperlen eingesetzt. Das ist die ‚Währung', mit der die Ju/'hoansi diese Güter bezahlen. Die folgende Tabelle zeigt, wie diese Kalkulationen für einen Bogen aussehen.

Herstellungs- und Wartungskosten für einen Bogen

a	Herstellungsaufwand (Minuten)	900
b	Lebensdauer (Tage)	1825
c	*Herstellungskosten pro Lebensdauertag (a/b; Minuten)*	*0,5*
d	Wartungsaufwand (Minuten je Wartung)	10
e	Wartungsintervall (Tage)	5
f	*Wartungskosten (d/e; Minuten)*	*2*
g	*Kosten insgesamt (c+f; Minuten)*	*2,5*

Für die Herstellung eines Bogens braucht man also 900 Minuten. Der Bogen hält 1825 Tage, das sind 5 Jahre. Auf die 5 Jahre verteilt, ergibt das einen Herstellungsaufwand von 0,5 Minuten pro Tag. Die Wartung eines Bogens benötigt 10 Minuten, und sie fällt alle fünf Tage an. Das erhöht die Kosten des Bogens um 2 Minuten pro Tag, so dass die Kosten eines Bogens insgesamt mit 2,5 Minuten pro Tag zu Buche schlagen.

Die Schätzung des Aufwands für die Hausarbeit wird im Text nur angedeutet. Die folgende Tabelle zeigt, wie viel die Ju/'hoansi pro Woche insgesamt arbeiten. Die Arbeitszeit für die Nahrungsmittelproduktion ist hier in Stunden umgerechnet. Sie bezieht sich auf die oben besprochene Erhebung im Jahre 1964.

Wöchentliche Arbeitszeit (Stunden)

	Nahrungspr.	***G***ebrauchsgüter	***N+G***	Hausarbeit	Insgesamt
Männer	21,6	7,5	29,1	15,4	44,5
Frauen	12,6	5,1	17,7	22,4	40,1
F+M Mittel	17,1	6,3	23,4	18,9	42,3

Wie die Tabelle zeigt, arbeiten nach wie vor die Männer etwas mehr als die Frauen. Für die Produktion von Gebrauchsgegenständen und die Hausarbeit können wir keine Effizienzvergleiche anstellen, weil wir hier über keine einheitliche Währung für den Output verfügen. Aber auch so hat Lee die umfassendste Beschreibung der Produktionskomponenten einer Wildbeuterwirtschaft geliefert, wenn man unter Beschreibung mehr als nur die qualitative Erfassung der Produktionsprozesse versteht.

Bei der Erhebung und auch der Analyse der Daten zur Nahrungsmittelproduktion hatte Lee erhebliche Probleme zu bewältigen. Unter anderem ist während der 28-tägigen Erhebung ein ziemlich mächtiger Besucherstrom durch das untersuchte Lager gezogen, insgesamt waren es 204 zusätzliche Personentage (cf. 1979:261). Außerdem waren Mitglieder des Lagers zeitweilig abwesend im Umfang von 58 Personentagen. Die Besucher haben zwar auch gearbeitet, aber ersichtlich weniger. Welche Auswirkungen das auf die Arbeitszeitdaten hat, ist schwer zu sagen. Allerdings hat Lee darauf geachtet, dass nur sehr wenige der Produktionsdaten von dieser Ungewissheit betroffen sind. Die Arbeitszeitdaten lassen sich effizienter erheben (cf. Johnson & Sackett 1998). Darauf hat Lee selbst schon hingewiesen. Die Ertragsdaten zur Nahrungsmittelproduktion beziehen sich auf die gesamte Produktion des Lagers, auch auf die Beiträge der Besucher. Das betrifft auch die Fleischproduktion. Hier tritt eine Unklarheit auf. In den Tabellen 9.6 bis 9.8 jagen 7 Lagermitglieder insgesamt 78 Tage lang, in Tabelle 9.3 sind es 74 Tage, dazu kommen 9 Besucherjagdtage. Die gesamte im Text (1979: 262+270) besprochene Fleischproduktion entspricht aber ungefähr der Menge in Tabelle 9.6. Insgesamt sind die Analyseprozeduren aber ungewöhnlich transparent dargestellt.

Lee hat das Dobe-Gebiet nach 1964 noch öfters besucht. In seinem 1993 erschienenen Buch beschreibt er, wie dramatisch sich die Verhältnisse in der Zwischenzeit verändert hatten (Lee 1993: 153 ff.). Die Ju/'hoansi halten nun Rinder und Ziegen. Wildbeuterische Nahrung macht noch vielleicht („perhaps“) 30% aus, und das Dobe-Gebiet sieht nun folgendermaßen aus: „Two decades of cattle grazing have turned the Dobe pan into a dust-bowl. Gone are the rich groves of berry bushes; the goats have browsed them out" (op.cit.: 154) Ein konkurrierendes Produktionssystem (pastorale Produktion) hatte sich durchgesetzt. Es gibt die Verhältnisse nicht mehr, die Lee in den 60er und 70er Jahren des letzten Jahrhunderts untersucht hat.

GENERALISIERUNGEN

Dieser Abschnitt behandelt die Frage: Was lässt sich allgemein über die wildbeuterischen Produktionssysteme aussagen?

DIE PARADIESFRAGE

Die Ethnologie beschäftigt schon seit langem die Frage, welche Lebensbedingungen unter den Wildbeutern vorherrschten. Der Bibel zufolge lebten die Menschen zu Beginn ihres Erdendaseins im Paradies. Das hat uns auf den Namen Paradiesfrage gebracht.

Zur Zeit, als Lee seine Feldforschung vorbereitete, beantwortete man die Paradiesfrage folgendermaßen. Das Leben der Wildbeuter ist hart und kurz. Wildbeuter müssen viel arbeiten und erzielen nur einen mageren Ertrag. In den 60er Jahren wendete sich das Blatt. Danach galt die Ansicht, die Wildbeuter lebten in paradiesischen Verhältnissen. Einen wesentlichen Beitrag zu dieser Wende hat M. Sahlins mit einem Text geleistet, der den Titel ‚die ursprüngliche Wohlstandsgesellschaft' („the original affluent society") trägt (1972: 1-39). Der Titel spielt übrigens auf den Titel eines Buchs des Ökonomen John K. Galbraith an (‚The affluent society'), das 1958 erschienen ist und zu einem Bestseller wurde.(cf. Kaplan 2000)

Im Einzelnen sehen *heute* die konsensfähigen Antworten auf die Paradiesfrage wie folgt aus. Zum Kontrast geben wir auch die „ältere" d.h. die Vorgänger-Positionen wieder.

Ältere Position: Wildbeuter müssen für den Nahrungserwerb wenig Zeit aufbringen.

Heutige Position:

- Es gibt Wildbeuter, die zeitweilig nur 2 ½ Tage pro Woche und weniger an Arbeit für die Nahrungsproduktion aufbringen müssen (s.o.).
- Es gibt aber auch Wildbeuter, die 8 und mehr Stunden pro Tag arbeiten.

Ältere Position: Wildbeuter kennen keinen Hunger.

Heutige Position: Es gibt Wildbeuter, die unter Nahrungsmittelknappheit und Hungersnöten leiden vor allem in den arktischen und subarktischen Regionen. In den tropischen und gemäßigten Regionen ist die Versorgung mit Nahrungsmitteln bedeutend sicherer.

Ältere Position: Wildbeuter haben einfache Bedürfnisse.

Heutige Position: Die Bedürfnisse, die eine Wildbeutergruppe entwickelt, hängen ab vom ‚Angebot' der Umwelt. Es gab Wildbeutergruppen, die in festen Häusern leb(t)en und verschwenderische Feste feierten – z. B. die Indianer der Nordwestküste von Nordamerika und Indianergruppen in Nordkalifornien.

In der Literatur wird hin und wieder ein Zusammenhang von der Art hergestellt: Wer bescheidene Bedürfnisse hat, muss auch wenig arbeiten. Dabei wird aber übersehen, dass auch die Umweltbedingungen ein Wörtchen mitzureden haben.

DIE BEUTEWAHLTHEORIE

Es gibt viele Arten von Ressourcen, d.h. Arten von Tieren, Pflanzen und Fischen oder Produkten dieser Arten wie z. B. Honig, von denen sich die Wildbeuter ernähren könnten. Wie wählen die Wildbeuter unter diesen Ressourcenarten aus? Es gibt verschiedene Positionen zu dieser Frage.

Die *konstruktivistische Position* bekennt sich in ihrer extremen Variante zu folgender Aussage: Biologische, ökologische oder ökonomische Vorteile spielen keine Rolle (Sahlins 1976: 171). Die gemäßigteren Varianten gehen zwar ebenfalls davon aus, dass der Mensch (ziemlich) frei entscheiden kann, erkennen aber an, dass die drei genannten Faktoren die Entscheidungsfreiheit zumindest beschränken können.

Die *ökonomische (materialistische) Position* lässt sich so wiedergeben: Kosten-Nutzenerwägungen spielen eine ausschlaggebende Rolle, und zwar ist hier materieller Nutzen gemeint. Der Mensch entscheidet sich für die Arten, die zu den niedrigsten Kosten zu bekommen sind UND den höchsten Ertrag abwerfen.

Die Debatte um diese beiden Positionen wird von manchen Ethnologen als Grundsatzstreit betrieben. Welche der beiden Positionen zutrifft oder nicht, ist aber ersichtlich eine empirische Frage, und wie wir sehen werden, lässt (heute eher ließ) sich das Verhalten der Wildbeuter durchaus empirisch untersuchen.

Die einfachste Konstellation, in der das Problem auftritt, um das es hier geht, hat Deevewys in die folgende Frage gefasst: Warum jagen Wildbeuter Rotwild, statt Mäuse zu fangen, von denen es mehr gibt, nicht nur zahlenmäßig, sondern auch bezogen auf die Biomasse? (cf. Lee & DeVore 1968: 95)

Eine Antwort auf diese Frage gibt die Beutewahltheorie (e. prey choice; alternativer Name Diätvielfalt-Theorie e. diet breadth). Sie geht davon aus, dass sich die Wildbeuter von ökonomischen Gesichtspunkten leiten lassen. Wir werden zunächst die Grundgedanken der Theorie an einem stilisierten Beispiel erläutern. Die Theorie verlangt, dass wir im ersten Schritt den Effizienzrang der Jagd auf Mäuse bzw. Hirsche bestimmen (s. folgende Tabelle). Der Effizienzrang ergibt sich aus dem Ertrag pro Abfertigungszeiteinheit (so übersetzen wir das englische ‚handling time', möglichweise ist Hantierungszeit treffender). Abfertigungszeit bezieht sich auf die Arbeitsschritte wie das Erlegen, Ausnehmen, ins-Lager-Tragen der Beute. Nicht zur Abfertigungszeit gehört die Zeit, die verstreicht, bis der Wildbeuter auf seine Beute gestoßen ist, die Suchzeit. Die Suchzeit von der Abfertigungszeit abzutrennen, hat folgenden Grund. Je mehr Beute im Jagdgebiet vorhanden ist, desto kürzer ist die Suchzeit. Die Suchzeit hängt also ab von der Beutedichte im Jagdgebiet. Das gilt offenkundig nicht für die Abfertigungszeit. Ob viel oder wenig von einer Beuteart im Schweifgebiet vorhanden ist, die Abfertigungszeit pro kg Beuteart (pro kg Maus, pro kg Hirsch) bleibt (im Schnitt) die gleiche.

Rang Nr.	1	2
Ressource	Hirsch	Maus
Ertrag pro Abfertigungszeiteinheit (Kalorien)	2000	700

Laut Tabelle ist, Hirsche zu jagen, effizienter. Die Maus landet daher auf Rangplatz Nr. 2. Wir gehen nun von einem 8-stündigen Jagdtag aus. In dieser Zeit streifen die Jäger durch ihr Jagdgebiet und treffen zufällig auf Hirsche und Mäuse. Denkbar sind nun drei Fälle, wie der Ertrag des Jagdtages ausfällt.

Jagd auf	Fall 1	Fall 2	Fall 3
Hirsch allein (Ertrag)	4000	4000	4000
Hirsch und Maus (Ertrag)	5000	4000	3000

Fall 1 besagt: In den 8 Stunden erzielt ein Jäger zwar 4000 Kalorien, wenn er sich allein auf Hirsche konzentriert, nimmt er aber Mäuse hinzu erhöht sich der Ertrag auf 5000 Kalorien. In Fall 2 hingegen verändert sich am Ertrag nichts, wenn der Jäger auch Mäuse einbezieht. In Fall 3 lassen die Mäuse den Ertrag sinken. Wenn der Jäger sich von ökonomischen Erwägungen leiten lässt, wird er in Fall 3 nur Hirsche jagen, und in den beiden anderen Fällen auch Mäuse einbeziehen.

Bei drei Ressourcenarten würde man zusätzlich noch eine Zeile anfügen, in der nun auch die Erträge der Ressource vom 3. Effizienzrangplatz aufgeführt sein würde. Aus der Beutewahltheorie ergibt sich folgende allgemeine Prognose. Wenn sich Wildbeuter von ökonomischen Erwägungen leiten lassen, werden sie auf eine weitere Ressource NICHT zugreifen, wenn diese den Ertrag (bezogen auf den Aufwand) sinken lässt.

Ohne Effizienzrangordnung müsste man jeweils alle Kombinationen miteinander vergleichen. Mit der Effizienzrangordnung ist zudem dafür gesorgt, dass ab der Ressource, die den Ertrag sinken lässt, auch jede weitere Ressource mit noch niedrigerem Rang einen Ertragsrückgang zur Folge hat.

Die gerade vorgestellten Fälle eignen sich auch gut, um ein Währungsproblem in solchen Untersuchungen zu durchdenken. Es ist das Problem, ob Energie die geeignete Währung für den Ertrag ist. Bekanntlich bezieht der Mensch mehr als nur Energie aus der Nahrung. Energieträger sind Kohlenhydrate oder Fette, aber er braucht auch regelmäßig Zufuhr von z. B. Vitaminen und essentiellen Aminosäuren. Die Bedeutung des Währungsproblems kann man sich an Fall 3 vor Augen führen. Wenn das Hirschfleisch schon alle notwendigen Nahrungsbestandteile enthält, dann gibt es kein Währungsproblem, der Jäger kann sich auf Hirsche beschränken. Wenn das Hirschfleisch aber nicht alle notwendigen Bestandteile enthält und die Mäuse den Defizit ausgleichen können, müssen auch die Mäuse ‚gejagt' werden, obwohl laut Energiewährung Mäuse ignoriert werden sollten. Allgemein können wir sagen, ein Problem mit der Energiewährung tritt nicht auf, wenn in der gewählten Beute neben der Energie auch noch alle anderen notwendigen Nahrungsbestandteile in ausreichendem Maß enthalten sind. Wenn das nicht der Fall ist, wird es zu Entscheidungen kommen, die zwar theoriewidrig aussehen, aber tatsächlich auf eine ungeeignete Spezifikation der Währung zurückzuführen sind. Es ist nach diesen Überlegungen bei der Anwendung der Theorie forschungsökonomisch sinnvoll, nur im Fall von theoriewidrigem Verhalten die Angemessenheit der Währungsspezifikation zu überprüfen, und ansonsten die Energiewährung zu benutzen.

Die Beutewahltheorie geht, wie gesagt, davon aus, dass die Beute zufällig im Schweifgebiet verteilt ist. Die Wildbeuter stoßen mit einer bestimmten Wahrscheinlichkeit auf die verschiedenen Ressourcen und treffen dann die Entscheidung, ob die Ressource als Beute in Frage kommt.

Damit haben wir die Kerngedanken der Beutewahltheorie kennen gelernt (cf. Krebs & McCleery 1984). Aus der Theorie lässt sich offenkundig eine klare Prognose ableiten, wie die Beutewahl von Wildbeutern auszusehen hat, wenn sie sich von ökonomischen Gesichtspunkten leiten lassen. Ebenso klar ist, wie die theoriewidrigen Fälle aussehen.

Exemplarischer Fall

Gegenstand	Anwendung der Beutewahl-Theorie
Kultur	**Aché**
Lokalisierung	Ost-Paraguay
Untersuchungszeitraum	1980
Autoren	Hawkes, K. & Hill, K. & O'Connell, J. (1982)

Die untersuchte Gruppe besteht aus mehr als 130 Personen. Zum Zeitpunkt der Feldforschung lebte sie seit zwei Jahren auf einer Missionsstation. Sie hatte dort Feldbau gelernt, aber ein Teil der Gruppe zog noch regelmäßig zu Jagd- und Sammelzügen in den Dschungel. Die Daten beziehen sich auf 7 solcher Züge, die bis zu 14 Tage dauerten.

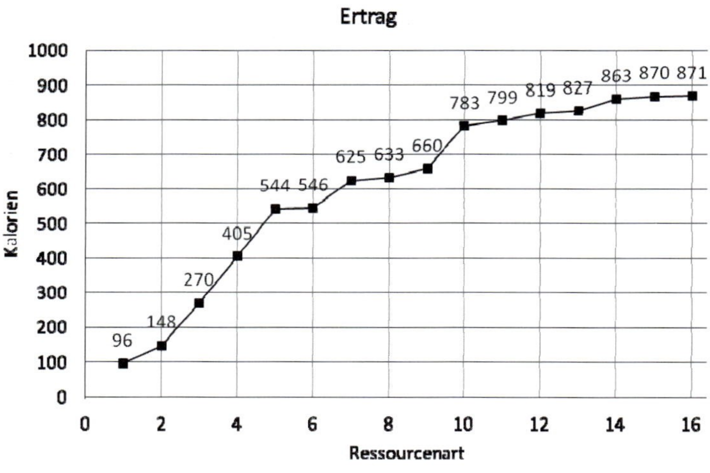

Die Ressourcenarten im Diagramm sind nach Effizienz geordnet. Nr. 1 ist die Art mit der höchsten Effizienz.

Das Diagramm ist folgendermaßen zu lesen. Wenn die Beute allein aus Ressourcenart 1 – es sind Halsbandpekaris, eine Nabelschweinart - bestünde, würde ein Ertrag von 96,2 Kalorien pro Stunde Jagdzug erzielt. Besteht die Beute aus

Ressource 1 und 2 (eine Rehart), erhöht sich der Ertrag auf 148,1 Kalorien usw. Wenn sich nun die Aché theoriekonform verhalten sollten, dann dürfte bei keiner der 16 gejagten bzw. gesammelten Ressourcenarten der Ertrag abnehmen. Die Daten stehen, wie man sieht, mit der Prognose in Einklang.

Manchen Ethnologen, die den Text von Hawkes, Hill und O'Connell lesen, dürfte eines sofort auffallen. Es ist fast nie darüber die Rede, was die Aché selbst über ihre Entscheidungen sagen. Das ist eine Folge der Beutewahltheorie. Es ist eine Theorie über das, was Menschen tun, nicht was sie sagen. Keine noch so ausgefeilte Befragungstechnik könnte die Daten liefern, die die Theorie verlangt. Damit löst sich allerdings nicht die Frage in Luft auf, wie die Menschen ihre Entscheidungen treffen, i. e. die Frage nach der Kognition der Beutewahl. Aber Sagen und Tun müssen sich eben keineswegs decken.

Es gibt eine Passage im Text (S. 391), die in sehr instruktiver Weise die Schwierigkeiten beleuchtet, mit denen man bei der Beantwortung der Kognitionsfrage rechnen muss. Es hat offenbar während der Jagdzüge mehrfach Diskussionen unter den Aché über die Frage gegeben, was die Vorteile der Jagd auf Affen seien. In der Effizienzrangreihe stehen die Affen an drittletzter Stelle (die letzten beiden Rangstufen unterscheiden sich offenkundig nur unerheblich). In den Diskussionen einigten sich die Aché darauf, dass man Affen *nicht* jagen solle, weil sie nicht fett seien. Gejagt wurden die Affen aber *trotzdem*. Allerdings gab es auch (seltene) Fälle, in denen die Gruppe auf Affen stieß, aber sie nicht weiter beachtete.

Der Aché-Fall unterscheidet sich in einem Punkt ziemlich dramatisch vom Ju/'hoansi-Fall. Während sich die Ju/'hoansi größtenteils, wie wir gesehen haben, vom Sammeln ernähren, ist das bei den Beutezügen der Aché genau umgekehrt, wie die folgende Tabelle zeigt.

Ressourcen Mittelwerte pro Tag u. Person		
	Kalorien	%
vom Tier	2900	80
von der Pflanze	710	20
Summe	3610	100

Damit widerspricht der Fall auch der Auffassung, dass bei Wildbeutern nur in den arktischen und subarktischen Regionen Nahrung tierischen Ursprungs überwiegt.

Es gibt eine weitere sehr viel umfangreichere Anwendung der Beutewahltheorie. Es ist die Arbeit von Eric A. Smith (1991) über eine Inuit (Eskimo) Gruppe, die an der Ostküste der Hudsonbai, Kanada, lebt. Der Fall ist sehr viel komplexer als der Aché-Fall. Die Inuit sind im Winter mit Schneemobilen unterwegs. Sie benutzen Gewehre. Hawks und Hill konnten die Aché (meistens) dazu überreden, ihre Gewehre nicht zu gebrauchen, bei Smith ging das nicht. Das ergibt Währungsprobleme. Die Inuit verkaufen darüber hinaus einen Teil ihrer Jagdbeute auf dem Markt. Aber ein weiterer Teil der Beutezüge dient allein Subsistenzzwecken und ist damit unmittelbar verwertbar für die Beutewahltheorie.

Smith musste auch feststellen, dass die Beutezüge sich sehr stark voneinander unterschieden. Er war daher gezwungen, Typen von Beutezügen zu bilden und die Beutewahltheorie getrennt auf die verschiedenen Typen anzuwenden. Ein Typ ist z. B. die Sommerjagd vom Kanu aus, ein anderer Frühjahrsjagd auf Enten.

Die Ergebnisse bestätigen mehrheitlich die Beutewahltheorie. Es gibt aber auch theoriewidrige Ergebnisse. Smith diskutiert diese Fälle in sehr umsichtiger Weise und kann, nach unserer Ansicht sehr überzeugend, zu einem größeren Teil die Ursachen für die Abweichungen auf besondere Umstände zurückführen.

Die konstruktivistische Position (s.o.) besagt, dass sich Wildbeuter gar nicht oder nur in Grenzen bei der Beutewahl an ökonomischen Kriterien orientieren. Generell trifft die Aussage, wie die eben vorgestellten Studien zeigen, nicht zu. Es gibt sehr wohl Wildbeuter, die sich in ihrem Verhalten an ökonomischen Kriterien orientieren. Die Studien stützen sicherlich nicht die entgegengesetzte Aussage, dass Wildbeuter sich immer und nur an ökonomischen Kriterien orientieren. Aber die folgende Aussage dürfte kaum zu bezweifeln sein: Je knapper die NahrungsmittelRessourcen sind, desto eher werden sich die Wildbeuter an ökonomischen Kriterien orientieren. Die Alternative ist Hungern und was danach kommt.

Die Beutewahltheorie gehört zu einer Familie von Theorien, die unter dem Namen „optimal foraging theory“ (Theorie optimaler Nahrungsbeschaffung) bekannt sind. Literatur dazu findet man in Winterhalder & Smith (1981) und Kelly (1995). Eine weitere Theorie der Familie behandelt die optimale Größe von Wildbeutergruppen (E.A. Smith). Die Patch-Use-Theorie bezieht sich auf die Suchstrategien von Wildbeutern (Winterhalder). Diese Theorien geben Antworten auf Optimierungsfragen (s.o. Kapitel Grundlagen der Produktion).

In der wirtschaftsethnologischen Literatur findet man den Vorschlag, eine strenge Trennung zwischen Wildbeutern mit spezialisierter und solchen mit generalisierter Wirtschaftsform vorzunehmen. Das Charakteristikum für die spezialisierte Wirtschaftsform ist die ‚Konzentration' auf eine oder wenige Ressourcenarten, z.B. Jagd auf eine oder wenige Wildarten. Die generalisierte Form bildet den Gegenpol. Ihr Charakteristikum ist die Nutzung vieler verschiedener Ressourcen. Für beide Formen kann man sicherlich Beispiele anführen. Es fragt sich aber, ob sich mit dieser Art von Begriffsbildung, wie beabsichtigt, die Gesamtheit der bekannten Fälle von wildbeuterischen Wirtschaftsformen sinnvoll ordnen lässt. Ein Einwand gegen die Trennung lässt sich aus theoretischer Sicht erkennen. Die Beutewahltheorie (s.o.) beansprucht, Bedingungen angeben zu können, wann Wildbeuter auf nur eine oder wenige Wildarten Jagd machen und wann auf viele plus die Varianten zwischen den beiden Extremen. Diese Theorie behandelt also die Wildbeuter, spezialisierte bis generalisierende, als Einheit, und das nicht ohne Erfolg, wie wir gesehen haben.

DIE BEUTEWAHLTHEORIE UND DIE FRAGE, WARUM DIE JU/'HOANSI JAGEN

Oben sind wir auf die Frage gestoßen, warum die Ju/'hoansi überhaupt noch jagen, wo doch das Jagen so viel ineffizienter ist als das Sammeln. Hawkes und O'Connell (1985) haben hierzu die Antwort angeboten, man solle die Zeit für das Knacken der Mongongonüsse mit in die Kalkulationen einbeziehen, denn dann würde der Effizienzunterschied verschwinden. Zur Beurteilung des Vorschlags sollten wir uns zunächst einmal klar machen, dass die Entscheidung – jagen oder nicht jagen – bei den Ju/'hoansi, *nicht* in den Anwendungsbereich der Beutewahltheorie fällt. Die Beutewahltheorie setzt, wie gesagt, voraus, dass sich die Wildbeuter im Schweifgebiet bewegen, dort Ressourcen begegnen und ihre Wahl treffen. Das ist offenkundig nicht die Entscheidungssituation bei den Ju/'hoansi. Die Jäger beschließen vielmehr im Lager, auf Jagd zu gehen. Die Frage, ob es nicht besser wäre, ganz aufs Jagen zu verzichten, bleibt uns auch dann noch erhalten, aber sie ist allgemein ökonomischer Natur. Es fehlt eben ein Gutteil der Rahmenbedingungen der Beutewahltheorie.

Nun zum Vorschlag von Hawkes und O'Connell. Dass der Jagd*erfolg* im Vergleich zum Sammeln sehr unsicher ist, ist ein ziemlich robustes Resultat. Lees Daten zum Jagd*ertrag* liefern hingegen keineswegs ein besonders robustes Resultat. Während der 28 Erhebungstage ist kein einziges Mal Großwild mit einem Gewicht von 100 kg und mehr erlegt worden. Lee aber schreibt, dass solche Tiere wahrscheinlich mehr als 50% des jährlichen Jagdertrags ausmachen. Diese Angabe revidiert das Bild beträchtlich. Die folgende Tabelle zeigt, wie sich die Ergebnisse verändern würden, wenn die Jäger des Lagers im Erhebungszeitraum doch ein Stück Großwild erbeutet hätten.

Ergebnisse ohne Großwild	
Sammeln,Kalorien pro Tag	12063
Jagd, Kalorien pro Tag (28 Tage)	7229
Ergebnisse mit erfolgreicher Jagd auf Großwild	
Kalorien pro Tag plus Hartebeest, weibl.	9246
Kalorien pro Tag plus Kudu m	11653
Kalorien pro Tag plus Eland m	14614
Kalorien pro Tag plus Giraffe m	25675

Rechengang für die neuen Werte: 3000 Kalorien pro kg Fleisch, minus 10% Schwund durch Kochen (Lee 1979: 270)

Von den drei Großwildarten Gemsbok, Hartebeest und Kudu, wovon ca. eines pro Monat erbeutet wird, würde der Jagdertrag minimal auf 76% des Sammelertrags steigen (weibliches Hartebeest) oder maximal ungefähr gleich groß werden (96%; männlicher Kudu). Ein Eland wird seltener als die drei Arten erbeutet. Auch wenn man nicht eine der noch rareren Giraffen einbezieht, gibt es keinen Anlass mehr, sich den Kopf darüber zu zerbrechen, weshalb die Ju/'hoansi auf die Jagd gehen. Es gibt einen klaren Anreiz. Damit ist auch der Grund für den Vorschlag von Hawkes und O'Connell abhanden gekommen, das Nüsse-Knacken mit in den Input einzurechnen.

Überlegen wir zum Schluss noch, wie wir das Instrumentarium eingesetzt haben, das wir im Kapitel Grundlagen der Produktion entwickelt haben. Die Produktionsfunktion diente uns als ‚Wegweiser' bei der Beschreibung des Produktionssystems. Dabei kam uns entgegen, dass Lee bei der Untersuchung des Produktionssystems selbst die Komponenten der klassischen Produktionsfunktion verwendet hat. Weiterhin haben wir uns mit der Produktivität der Produktionsformen Jagen und Sammeln auseinandergesetzt. Es ging im Wesentlichen um die Arbeitsproduktivität, aber wir haben auch eine grobe Abschätzung der Produktivität des Landes vorgenommen. Schließlich haben wir uns mit der Beutewahltheorie befasst, und dabei ging es zentral um die zweite der beiden Optimierungsfragen: Wie sieht der größtmögliche Ertrag bei einer gegebenen Kostensumme (Dauer eines Beutezugs) aus. Hinter dieser Frage steht klar erkennbar der seinen materiellen Nutzen maximierende Wirtschaftsakteur aus Teil I.

Literatur

Hawkes, K. & Hill, K. & O'Connell, J.
1982 Why hunters gather: Optimal foraging and the Aché of Eastern Paraguay. American Ethnologist 9: 379 - 398.
Hawkes, K. & O'Connell, J.
1981 Affluent hunters? Some comments in light of the Alyawara case. American Anthropologist 83: 622-626.
—
1985 Optimal foraging models and the case of the !Kung. American Anthropologist 87: 401-404.
Johnson, A. & Sackett, R.
1998 Direct Systematic Observation of Behavior. *In* Handbook of Methods in Cultural Anthropology. H.R. Bernard, ed. Pp. 301-331. Walnut Creek: AltaMira.
Kaplan, D.
2000 The darker side of the "original affluent society". Journal of Anthropological Research 56: 301-324.
Kelly, R.L.
1995 The foraging spectrum: Diversity in hunter-gatherer Lifeways. Washington: Smithonian Institution Press.
Krebs, J.R. & McCleery, R.H.
1984 Optimization in behavioural ecology. *In* Behavioural ecology: an evolutionary approach. J.R. Krebs and N.B. Davies, eds. Pp. 91 - 121. Oxford: Blackwell (2. edition).
Kuper, A.
1993 Review: Documenting the Great Kalahari Debate. Current Anthropology 34 (1): 108.
Lee, R.B.
1979 The !Kung San. Men, women, and work in a foraging society. Cambridge: Cambridge University Press.
—
1993 The Dobe Ju/'hoansi. Fort Worth: Harcourt Brace College Publishers (2. Aufl.).
Lee, R.B. & DeVore, I., eds.
1968 Man the Hunter. Cambridge, Mass: Harvard University Press.
Sahlins, M.D.
1972 Stone age economics. Chicago: Aldine-Atherton.
—
1976 Culture and practical reason. Chicago: University of Chicago Press.
Smith, E.A.
1991 Inujjuamuit Foraging Strategies: Evolutionary Ecology of an Arctic Hunting Economy. New York: Aldine de Gruyter.
Winterhalder, B.
1981 Optimal foraging strategies and hunter-gatherer research in anthropology: Theory and Models. *In* Hunter-gatherer foraging strategies. B. Winterhalder and E.A. Smith, eds. Pp. 13 - 35. Chicago: University of Chicago Press.

3 Produktionssysteme der Feldbauern (extensiver Bodenbau)

Unter Feldbau (e. horticulture) verstehen wir einen Bodenbau, bei dem weder Arbeit noch andere Produktionsfaktoren auf die Erhaltung oder Erhöhung der Tragkraft des Landes verwendet werden. Da unter solchen Bedingungen der Boden mit der Zeit erschöpft wird, sind Bracheperioden zur Regeneration nötig. Weitere Namen für Feldbau sind extensiver Bodenbau und Wanderfeldbau (e. shifting cultivation). Wanderfeldbau ist etwas missverständlich. Es sind in erster Linie die Felder, die ‚wandern'; dass die Menschen mitwandern, ist keineswegs technisch unbedingt nötig und findet auch oft nicht statt.

Eine mögliche Übersetzung von ‚horticulture' ist Gartenbau. Die Hauptbedeutung von Gartenbau ist im Deutschen aber Anbau einer bestimmten Gruppe von sogenannten ‚Kulturpflanzen', zu denen Obstbäume, Zierpflanzen und Gemüse gehören. Diese Bedeutung verträgt sich nicht so recht mit dem, was wir oben Feldbau genannt haben.

Der Feldbau ist vor ca. 10000 Jahren erstmals entstanden. Er hat die wildbeuterische Produktion verdrängt. Mit dem Feldbau ist ein höherer Flächenertrag (auf demselben Land) zu erzielen. Der höhere Flächenertrag erlaubt eine höhere Bevölkerungsdichte. Heute ist der Feldbau auf dem Rückzug. Er wird verdrängt durch den Ackerbau, mit dem man einen noch höheren Flächenertrag (auf demselben Land) erzielen kann.

Die Anzahl der Menschen, die gegenwärtig noch (zumindest teilweise) von diesem Produktionstyp leben, wird auf bis zu 250 Millionen geschätzt. Das klingt viel, ist aber nur etwas mehr als 4 % der Weltbevölkerung. Die Schätzungen beruhen zudem auf einer weiter gefassten Feldbaudefinition als unserer. Feldbau kommt vor in Afrika, Lateinamerika und Asien.

In Europa kannte man den neben dem Ackerbau betriebenen Feldbau noch Anfang des 20. Jahrhunderts in Deutschland (Siegerland, Schwarzwald, Eifel), Belgien und Frankreich mit einer Brachephase von 16 bis 20 Jahren. Hierzulande war der Produktionstyp bekannt unter den Namen Waldfeldwirtschaft und Haubergswirtschaft (Steinbrück 1923). Im Süden Nordfinnlands wurde am Anfang des letzten Jahrhunderts noch reiner Feldbau betrieben.

Es gibt eine Kontroverse über die ökologischen Konsequenzen des Feldbaus. Eine Fraktion sagt, Feldbau ruiniere das Ökosystem, und reduziere die Biodiversität (Artenvielfalt). Die andere Fraktion behauptet, das Gegenteil ist der Fall. Manche Regierungen verbieten die Produktionsweise, z. B. die thailändische.

EXEMPLARISCHER FALL

Gegenstand	Produktionssystem Feldbau (Subsistenzwirtschaft), plus Übergang von Steinwerkzeugen zu Eisenwerkzeugen
Kultur	**Siane**
Lokalisierung	Hochland von Papua-Neuguinea
Untersuchungszeitraum	1952/3
Autor	R.F. Salisbury (1962)

Wir haben die Studie wesentlich auch deswegen gewählt, weil sie Daten zum Übergang von Steinwerkzeugen zu Metallwerkzeugen zu bieten hat. Dieser Übergang stellt eine bedeutsame technische Revolution in der Menschheitsgeschichte dar.

Als 1933 Prospektoren durch das Siedlungsgebiet der Siane zogen, stellten sie fest, dass den Siane Metall unbekannt war. Die Siane arbeiteten mit Steinäxten. Zur Zeit von Salisburys Feldforschung hatten die Siane Stahläxte, aber die älteren Siane-Männer konnten Salisbury von der Zeit berichten, als sie noch mit Steinäxten arbeiteten.

In der Untersuchungsregion gibt es keine deutlichen Jahreszeiten, was mit der Nähe zum Äquator zusammenhängt. Es regnet fast täglich gegen Abend, Juni bis September weniger, Dezember bis März mehr. Für das Verständnis des Produktionssystems benötigen wir noch Kenntnisse über die Sozialorganisation. Es gibt patrilineare Clans. Die Männer eines Clans leben in Männerhäusern, die intern in Lineages organisiert sind. Alle drei Organisationseinheiten – Clans, Männerhäuser und Lineages – treten als Arbeitskollektive auf. Clans (Population ca. 200 Personen) sind die größte territoriale Einheit. Politisch waren die Clans früher autonom, zur Zeit von Salisbury aber nicht mehr. Australien hatte als Protektoratsmacht die Herrschaft über West-Neuginea übernommen.

Die Produktionsfaktoren des Feldbaus der Siane sehen folgendermaßen aus.

Produktionsfaktor Arbeit:

Arbeitsschritttabelle: Feldbau bei den Siane

	Arbeitsschritt	Arbeitsorganisation	Physisches Kapital	Dauer
1	*Vorbereitung des Bodens* Roden Zäune bauen Abbrennen des gerodeten Materials	Männer, kollektiv	Axt	1 Monat
2	*Pflanzen*	Frauen, individuell: Süßkartoffel, Taro; Männer, individuell (auf dem Feld der Frauen): Bananen, Zuckerrohr, Jams	Pflanzgut Grabstock	?
3	*Ernten/Jäten* bei Bedarf 3 Erntephasen	Frauen, individuell	Säcke	18 Monate*
4	*Brache*	-		15 Jahre

* 18 Monate lang nach dem Pflanzen; 1. Ernte nach 3-4 Monaten

Die Tabelle benötigt einige Erläuterungen:

Roden bedeutet hier sowohl die Beseitigung des Unterholzes als auch das Fällen von Bäumen (S. 45 f.). Nach dem Trocknen wird das Pflanzenmaterial verbrannt. Diesen Typ von Feldbau nennt man deshalb auch *Brandrodungsfeldbau* (e. slash-and-burn) oder Schwendbau (e. swidden).

Beim Brandrodungsfeldbau düngt die Asche den Boden. Damit wird mit dem Arbeitsgang des Rodens und Verbrennens doch auch etwas für die Erhöhung der Tragkraft des Bodens getan. Genau genommen müsste die Definition des Feldbaus deshalb erweitert werden, etwa so: Arbeit wird *nicht allein* zur Erhaltung und Erhöhung der Tragkraft des Bodens eingesetzt. Nun verträgt sich Brand-Roden problemlos mit der Definition von Feldbau; denn

Düngen ist ein zusätzlicher aber sicher nicht der alleinige Effekt oder Zweck von Brand-Roden.

Das *Pflanzen* sieht folgendermaßen aus. Im Tal machen die Frauen mit dem Grabstock einfach ein Loch in den Boden und legen Pflanzenteile in das Loch, bei der Süßkartoffel sind es die Ranken oder Stängel. Auf Hängen stecken die Frauen die Pflanzenteile in kleine Erdhügel von ca. 15 cm Höhe.

Die Bedeutung der Erdhügel ist unklar, möglicherweise sollen sie verhindern, dass die Setzlinge vom Regen weggeschwemmt werden.

Die *Zäune* haben folgenden Sinn. Die Siane halten Schweine, die frei herumlaufen. Die Zäune schützen die Felder vor den Schweinen. Wenn Männerhausgruppen bei den Siane auf aneinander angrenzenden Flächen Felder anlegen, bauen sie gemeinsam den Zaun um die gesamte Fläche. Die Ökonomik des kollektiven Zaunbaus wird sofort einsichtig, wenn man die folgenden beiden Vorgehensweisen vergleicht.

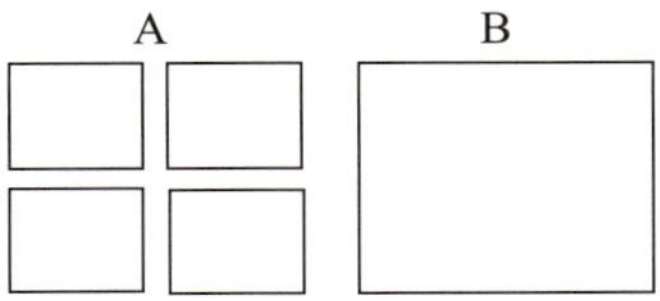

A – Jeder Mann baut um das Feldstück seiner Frau einen eigenen Zaun
B – Kollektiv baut um alle Felder einen Zaun.

Man sieht mit einem Blick, im Fall B können sich die Männer die Hälfte der Arbeit (gegenüber Fall A) sparen. Allerdings hat der kollektive Zaunbau einen abnehmenden Grenznutzen, wenn man von einem rechteckigen Feld ausgeht, das nur auf einer Schmalseite erweitert wird. Diese Geometrie passt zum Fall der Siane, weil sie die Felder in verhältnismäßig schmalen Tälern anlegen. Zaunbau ist weltweit eine übliche Lösung zum Schutz der Felder. Es gibt aber auch noch andere Lösungen.

Produktionsfaktor Land: Eigentumsrecht auf Land hat der Clan. Es ist gegründet auf die Fähigkeit des Clans, das Land zu verteidigen. Die Lineages und ihre männlichen Mitglieder scheinen nachgeordnete Rechte auf das für den Feldbau genutzte Land zu besitzen. Klare Landrechtsregeln scheint es nicht zu geben. Das mag damit zusammenhängen, dass Land nicht knapp ist (S. 63).

Felder der Größe von 1 acre (0,4047 ha) ernähren ca. 5 Personen – Erwachsene und Kinder – mit Feldfrüchten (S. 81). Wegen der kurzen Nutzungsdauer eines Feldes und der langen Brache brauchen die 5 Personen für die kontinuierliche Ernährung zusätzlich 10 acres. Es sind also insgesamt 11 acres (4,4517 ha) für die Ernährung von 5 Personen nötig.

Das gerodete Areal wird in Felder von gleicher Größe aufgeteilt. Jede (verheiratete) Frau erhält ein Feld. Die Siane achten hier also auf Gleichheit. Wie sich dieses Verteilungsprinzip mit unterschiedlichen Haushaltsgrößen verträgt, spricht Salisbury nicht an.

Produktionsfaktor (physisches) Kapital: Früher verwendeten die Siane, wie gesagt, für Arbeiten wie Roden und Zäunebauen Steinäxte, heute Stahläxte. Für das Roden und Zäunebauen brauchte man mit der Steinaxt 3 bis 5 mal mehr Zeit, sagen die Siane Männern. Wie wirkt sich die Einführung der Stahlaxt auf die Gesamtarbeitszeit der Männer aus? Salisbury hat dazu folgende Daten zusammengetragen.

Clanarbeit – mit Axt: roden, Zäune bauen; – ohne Axt: pflanzen

Einheit: Tage	Arbeit mit Axt	Abeit ohne Axt	Arbeitszeit total
Mit Stahlaxt	36,5	9,5	46
Mit Steinaxt	109,5	9,5	119

Mit Steinaxt 2,6 mal mehr Zeit

Lineagearbeit – mit Axt: roden, Zäune bauen, Häuser bauen, ohne Axt: pflanzen, Felder pflegen, jagen.

Einheit: Tage	Arbeit mit Axt	Arbeit ohne Axt	Arbeitszeit total
Mit Stahlaxt	11	24	35
Mit Steinaxt	33	24	57

Mit Steinaxt 1,6 mal mehr Zeit.

Die untersuchte Arbeit umfasst nicht alle Arbeit der Männer, aber doch einen substantiellen Teil davon. Auf jeden Fall ist aber alle Arbeit erfasst, die mit Feldbau zu tun hat. Für diese Arbeit kann man also zusammenfassend sagen: Die Arbeitszeit der Männer wurde um mehr als 38% und weniger als 62%, d.h. grob gesagt zwischen 1/3 und 2/3 durch die Einführung der Stahlaxt verkürzt. Daten, aus denen sich eine Aussage über den durchschnittlichen Zeitgewinn ableiten lässt, liefert Salisbury nicht.

Für die Beurteilung der Ökonomik des Übergangs zur Stahlaxt, müsste man noch die Kosten einer Stahlaxt im Vergleich zu den Kosten für eine Steinaxt kennen. Die Kosten ermittelt Salisbury aus dem Preis für die Stahl- resp. Stein-Axt unter Berücksichtigung ihrer Lebensdauer. Die Lebensdauer einer Stahlaxt setzt er mit 12 Jahren an, die einer Steinaxt mit 1 ½ Jahren. Den Axtstiel kann man ignorieren, da er in beiden Fällen 1 Jahr hält. Nach Salisburys Schätzung kosten Stahläxte nur halb soviel wie Steinäxte.

Die Stahläxte stammen aus moderner industrieller Fertigung. Die Siane kaufen sie gegen Geld. Den Geldwert hat Salisbury in Arbeitszeit (Tage) umgerechnet, indem er den Lohn für einen Tag Gelegenheitsarbeit zugrunde legte. Salisburys Rechengang lässt sich u.E. nur bruchstückhaft nachvollziehen.

Keiner der Ethnographen, die nach Salisbury im Hochland von Neuguinea gearbeitet haben, hat u. W. noch Steinäxte in Gebrauch angetroffen. Warum hat die Stahlaxt die Steinaxt so schnell und umfassend verdrängt? Aussagen der Betroffenen zu der Frage kennen wir nicht. Sie gibt es möglicherweise nicht. Wenn wir von Akteuren ausgehen, die ihren materiellen Nutzen im Auge haben, liegt die Erklärung klar zu Tage. Dank der Stahlaxt ist die Produktivität der Arbeit – es handelt sich genau gesagt um die Arbeit der Männer – gestiegen und zwar spürbar. Das war auch den älteren Siane-Männern sehr wohl bewusst. Zugleich kostete die Stahlaxt weniger als die Steinaxt, wodurch zugleich die Produktivität des Kapitals selbst zunahm. Es brachte einen substantiellen materiellen Nutzen, die Stahlaxt zu übernehmen.

Der materielle Nutzen einer neuen Technik, führt nicht immer und notwendig dazu, dass die Technik auch übernommen wird. Die Amische, eine mennonitische zu einem Großteil von Landwirtschaft lebende Glaubensgemeinschaft in den USA lehnen z. B. moderne Technik ab. Sie haben keine Traktoren, kein Telefon, keine Elektrizität. Unbedingt typisch ist diese Verhaltensweise für den Menschen nicht.

Die *Einführung der Stahlaxt* hatte *Konsequenzen*. Wie immer, wenn Menschen eine neue Technik nutzen, standen Entscheidungen an. Dass alles so bleibt, wie vor der Einführung der neuen Technik ist ausgeschlossen. In Fällen, wo die neue Technik die Produktivität der Arbeit erhöht, steht gegenüber früher mehr Zeit zur Verfügung. Wie haben die Siane-Männer die gewonnene Zeit verwendet? Salisbury ist dieser Frage nachgegangen. Seine Schätzungen kann man so zusammen fassen.

Deutlich *abgenommen* haben Lineagearbeit und Clanarbeit. Der Ertrag blieb gleich, aber man brauchte weniger Zeit, um ihn zu produzieren. Das ist zu erwarten, wenn es sich um Subsistenzproduktion handelt, und wenn der Ertrag schon vor der Einführung der Stahläxte als ausreichend angesehen wurde.

Zugenommen haben dagegen folgende Aktivitäten. Mehr Zeit wurde verwendet auf die Besuche bei Verwandten oder Freunden. Die Männer arbeiteten handwerklich mehr, wozu die Herstellung von Kopfschmuck, der mit Kaurischnecken besetzt ist, und die Herstellung von Gürteln gehört. Außerdem vermutet Salisbury, dass mehr Zeit auf das Zeremonialleben verwendet worden ist. Es gab aber auch Aktivitäten, die zur Zeit der Steinäxte noch gar nicht existierten. Die Siane mussten für die australische Regierung Arbeiten ausführen, Missionare nahmen ihre Zeit in Anspruch, und die Siane spielten nun auch Fußball (? „football").

EXEMPLARISCHER FALL

Gegenstand	Feldbauern mit spezialisierter Salzproduktion
Kultur	**Baruya**
Lokalisierung	Hochland von Neuguinea
Untersuchungszeitraum	1967-69 und weitere Aufenthalte
Autor	Maurice Godelier (1970; 1973; 1974; 1982; 1985)

Die Baruya bauen wie die Siane Süßkartoffeln an und halten Schweine. Puren Feldbau betreiben die Baruya aber nicht. Jams, der allerdings in der Ernährung eine untergeordnete Rolle spielt, bauen sie auf künstlich bewässerten Feldern an.

Wir stellen die Baruya deshalb hier vor, weil sie zusätzlich zum Bodenbau Salz produzieren mit dem erklärten Ziel, es an Nachbargruppen zu verhandeln. Produktion für den Handel ist auch in Wirtschaftssystemen, die im Wesentlichen subsistenzwirtschaftlich ausgerichtet sind, keine rare Ausnahme. Die Baruya produzieren Salz und verhandeln es, weil sie aus geographischen Gründen über bestimmte Güter nicht verfügen, nämlich

– Steine für die Herstellung von Steinäxten, es fehlt an geeignetem Gestein. Zu Godeliers Feldforschungszeit benutzten die Baruya allerdings keine Steinäxte mehr sondern Stahläxte.

– Baumbaststoffe z. B. für Umhänge, die die Funktion eines Mantels haben. Es wird zeitweilig sehr kühl in der Region.

Die Salzproduktion sieht in groben Zügen folgendermaßen aus. Das Salz wird aus einer Pflanze hergestellt, die auf feuchtem Boden gedeiht. Die Pflanze wächst von selbst nach. Für die Salzproduktion wird die Pflanze geschnitten, getrocknet und im Feuer verascht. Die Asche wird in Wasser aufgelöst und gefiltert. Das Filtrat wird in Siedeöfen zur Kristallisation gebracht. Ergebnis sind Salzbarren, die sorgfältig verpackt werden. Für das Sieden ist ein Siedemeister zuständig, der sein Wissen, das auch magische Bestandteile hat, an fähigen Nachwuchs weiter gibt und für seine Arbeit mit Salzbarren bezahlt wird.

Baruya – Godelier – Salzproduktion detailliert

Nr.	*Arbeitsschritt*	*Arbeiter* F – Frau	*Dauer* Tage	*Physisches Kapital*
1	Schneiden u. Auslegen der Halme	2 F	4	Messer ?, Halme
	Trocknen: 1–2 Wochen			
2	Brennholz bereit stellen	1 M	2	Stahlaxt
3	Holzstoß aufschichten	1 M	0,5	
4	Zusammentragen, aufschichten der Halme	10 F & M	5	?
5	Veraschung	1 M	0,5	
6	Bau der Überdachung für die Asche	1 M	1	Stahlaxt ?
	Ablagern: einige Monate			
7	Bau der Filter	?	?	Flaschenkürbisse
8	Reines Wasser bereitstellen, Filtern. Transport zum Siedeofen	1 M	2	Bambusrohre
9	Sieden der Salzlauge	1 M	3	Werkstatt des Siedemeisters mit Siedeofen
10	Verpacken der Salzbarren	> 1 M	3	Trockene Bananenblätter, Rindenstreifen

Die Baruya brauchen nach Godeliers Zeitangaben für 15 Salzbarren 21 Tage oder ca. 1½ Tage pro Barren. Es sind diese Barren, die die Baruya gegen Umhänge (und früher Steinäxte) eintauschen. Wir sehen hier einen Produktionsprozess, bei dem Humankapital eine Rolle spielt. Fast alle Arbeitsschritte kann zwar jeder Mann, jede Frau bei den Baruya durchführen. Für das Sieden gilt das aber nicht. Hier wird ein Mann mit speziellen Kenntnissen benötigt. Wir werden im Distributionsteil wieder auf den Fall der Baruya zurückkommen.

Übergang von Stein- zu Metallwerkzeugen Entwicklungssequenz
Es liegt auf der Hand, dass menschheitsgeschichtlich der Übergang von den Steinwerkzeugen zu den Stahlwerkzeugen wesentlich länger als bei den Siane gedauert hat. Es hat offenbar eine evolutionäre Serie von Stadien gegeben, die mit Kupfer beginnt, und zwar wurde das Kupfer zunächst zu Schmuck verarbeitet. Später kam als Material für Werkzeuge Bronze auf, eine im Vergleich zum Kupfer härtere Legierung des Kupfers mit Zinn. Danach folgte Eisen und zum Schluss der Stahl.

Den Siane standen als Ersatz für Steinäxte sofort Stahläxte von vergleichsweise hoher Qualität und niedrigem Preis zur Verfügung. Eisen war lange Zeit sehr teuer, und man ging deswegen sehr sparsam mit dem Material um.

Domestikation von Pflanzen durch die Feldbauern
Feldbauern gebrauchen in aller Regel domestizierte Pflanzen für den Anbau. Das sind Pflanzen, deren wilde Vorfahren die Feldbauern durch Züchtung an ihre Bedürfnisse angepasst haben. Dabei wurde auch die Produktivität dieser Art von physischem Kapital gesteigert. Die Menschen haben unabhängig voneinander in verschiedenen Regionen der Erde Pflanzen domestiziert. Im Vorderen Orient wurden die Getreidearten Weizen, Gerste domestiziert, in Süd- und Ostasien der Reis. In den feuchten Tropen waren es die Knollenfrüchte Jams (Afrika), Taro (Südostasien) und Süßkartoffeln (Mittelamerika).

LITERATUR

Godelier, M.

1970 "Monnaie de Sel" et circulation des marchandises chez les Baruya de Nouvelle-Guinée. Cahiers Vilfredo Pareto 21: 121-147.

—

1973 „Salzgeld" und Warenzirkulation bei den Baruya von Neuguinea. *In* Ökonomische Anthropologie. Pp. 207-240. Reinbek bei Hamburg: Rowohlt.

—

1974 Un domaine contesté: l'anthropologie économique. Paris: Mouton.

—

1982 La production des grands hommes: pouvoir et domination masculine chez les Baruya de Nouvelle-Guinée. Paris: Fayard.

—

1985 Die Produktion der Großen Männer. Frankfurt/Main: Campus Verlag.

Salisbury, R.F.

1962 From stone to steel. London: Cambridge University Press.

Steinbrück, K.

1923 Stichwort: Haubergswirtschaft. *In* Handwörterbuch der Staatswissenschaften. Jena.

4 Produktionssysteme der Ackerbauern (intensiver Bodenbau)

Unter Ackerbau oder intensiven Bodenbau verstehen wir einen Bodenbau, bei dem Arbeit und andere Produktionsfaktoren zur Erhaltung oder Steigerung der Produktivität des Bodens aufgewendet werden. Anders als die Feldbauern tun die Ackerbauern also gezielt etwas für die Produktivität des Landes. Indikatoren für Intensivierung sind der Gebrauch von Pflug (zum Auflockern des Bodens), Düngung und Bewässerung. Diese Indikatoren zeigen zuverlässig an, dass ein Fall von intensivem Bodenbau vorliegt. Aber es gibt auch Fälle von intensivem Bodenbau im eben definierten Sinn, die nicht von diesen Indikatoren angezeigt werden.

In der Wirtschaftsethnologie stützt sich eine gängige Definition von Ackerbau auf die genannten Indikatoren. Unsere Definition ist etwas enger und steht in direkter Verbindung mit der Intensivierungstheorie von Boserup (s. u.).

Im Vorderen Orient hat sich intensiver Bodenbau mit Bewässerungssystemen im Zeitraum von ca. 6000 – ca. 3200 v. Chr. herausgebildet (cf. Nissen 1990, Kap. III). Die Produktivität des Faktors Land ist höher als beim Feldbau. Dadurch können von derselben Fläche Land mehr Menschen leben; es wird, anders gesagt, eine höhere Bevölkerungsdichte als beim Feldbau möglich.

Auf den Flächen, auf denen Ackerbau betrieben wird, kann man selbstverständlich nicht zugleich Feldbau betreiben, aber es kann in derselben Region neben dem Ackerbau durchaus noch Feldbau geben, und das war lange Zeit gar nicht unüblich.

Die Intensivierungstheorie von Boserup

Warum sind die Menschen zum intensiven Ackerbau übergegangen? Für die Beantwortung dieser Frage hat Ester Boserup mit einer Theorie wesentliche Bausteine geliefert, die sie in ihrem Buch ‚The conditions of agricultural growth; the economics of agrarian change under population pressure' (2002; 1. Aufl. 1965) beschreibt. Der Untertitel der Arbeit enthält schon ein zentrales Element dieser Theorie: den Bevölkerungsdruck.

Die Hauptkomponenten der Theorie kann man in drei Aussagen zusammenfassen.

A (zentrale Aussage): Wo es zur Intensivierung des Bodenbaus gekommen ist, war Bevölkerungsdruck der entscheidende Faktor.

Diese Aussage ist ziemlich erläuterungs- und präzisierungsbedürftig.

Die Bedeutung von Intensivierung: Das Land wird häufiger genutzt als zuvor, d.h. die Brachephasen werden verkürzt. Außerdem können neue Anbautechniken wie z. B. Düngung und auch Werkzeuge eingeführt werden, die die Tragkraft des Bodens erhalten oder steigern.

Die Bedeutung von Bevölkerungsdruck: Der Terminus bezeichnet ein ungünstiges Verhältnis von **B**evölkerungsgröße zu verfügbarer Menge von **R**essourcen (B/R). In der Intensivierungstheorie ist Land die entscheidende Ressource. Es können aber auch andere Ressourcen zu Bevölkerungsdruck führen wie z. B. Wasser. Auch wenn man nur *eine* Art von Ressourcen betrachtet, gibt es mehrere Möglichkeiten der Entstehung von Bevölkerungsdruck. Naheliegend ist diese Möglichkeit: Die Bevölkerung nimmt zu, aber die Ressourcenmenge bleibt gleich. Oder die Bevölkerungsgröße bleibt gleich, aber die Ressourcenmenge nimmt ab. Auch diese Situation hat es verschiedentlich in der Menschheitsgeschichte gegeben, z. B. bei Klimaverschlechterungen. Oder die Menge der Ressourcen wächst langsamer als die Zahl der Menschen. Das ist noch in vielen Entwicklungsländern der Fall. Man sieht, Bevölkerungswachstum muss nicht in jedem Fall zu Bevölkerungsdruck führen, jedenfalls nicht kurzfristig, und Bevölkerungsdruck kann auch ohne Bevölkerungswachstum zustande kommen.

Die Ressource (landwirtschaftlich nutzbares) Land kann übrigens durchaus auch vermehrt werden; und sie wurde vermehrt, in dem man z. B. dem Meer

Land abrang oder Sümpfe trocken legte. Umgekehrt kann sie aber auch schrumpfen, z. B. durch Erosion.

Der Zusammenhang zwischen Bevölkerungsdruck und Intensivierung des Bodenbaus: In Boserups Theorie ist der Bevölkerungsdruck eine notwendige, aber keine hinreichende Bedingung (cf. Beckermann 2003: 155); denn Bevölkerungsdruck führt nicht immer zum Übergang. Aber wo es zum Übergang gekommen ist, war Bevölkerungsdruck vorhanden – oder Druck von politischen Institutionen (siehe Boserup 1965: 41; Chu 1998, Kap. 13). Das bedeutet zugleich, dass wir nicht alle wesentlichen Faktoren kennen, die am Übergang beteiligt sind. Aus der Theorie kann man demnach keine Entstehungsprognosen ableiten, wohl aber eignet sie sich durchaus für partielle Erklärungen.

Die Rolle der politischen Institutionen: Boserup verweist auf Fälle, bei denen es politische Institutionen waren, z. B. Feudalherren, die die Intensivierung erzwangen. Es führt also noch ein zweiter Pfad zur Intensivierung. Bevölkerungsdruck und von politischen Institutionen ausgeübter Zwang können auch gleichzeitig vorliegen.

Obwohl der Fokus der Theorie auf dem Bevölkerungsdruck liegt (siehe den Untertitel von Boserups Buch), lautet die zentrale Aussage vollständig demnach so:

A (vollständig): Wo es zur Intensivierung gekommen ist, waren die entscheidenden Faktoren Bevölkerungsdruck oder politische Institutionen.

B: Durch die Intensivierung steigt die Produktivität des Produktionsfaktors Land.

Die Steigerung der Produktivität des Landes hat zwei Effekte:

Effekt wenn Bevölkerungsdruck vorliegt: Der gestiegene Flächenertrag fängt den Bevölkerungsdruck auf. Es können nun mehr Münder pro (landwirtschaftlich genutzter) Flächeneinheit versorgt werden.

Effekt wenn politische Institutionen Zwang ausüben: Die politischen Institutionen können aus ihren Territorien mehr Ertrag ziehen.

C: Durch die Intensivierung sinkt die Produktivität des Produktionsfaktors Arbeit.

Die Bedeutung des Rückgangs der Arbeitsproduktivität: Boserup drückt das an manchen Stellen des Buches vorsichtig aber doch eindeutig genug aus. Hier ist ein Beispiel: "the complex changes which are taking place when primitive communities change over to a system of shorter fallow are more likely to raise labour costs per unit of output than to reduce them" (Boserup, 1965: 117). An anderer Stelle formuliert Boserup beherzter: Im „typischen“ Fall reduziere die Intensivierung den Output pro Arbeitsstunde (S. 43). Warum Boserup so vorsichtig formuliert, werden wir später untersuchen. Uns interessiert vorerst die Frage, welche Rolle der Rückgang der Arbeitsproduktivität in der Theorie spielt. Für ihre Beantwortung stellen wir ein Gedankenexperiment an. Wir gehen davon aus, dass die Arbeitsproduktivität durch Intensivierung nicht ab-, sondern zunimmt. Das heißt, man müsste mit der intensiven Methode weniger arbeiten als mit der extensiven, um den gleichen Ertrag zu erzielen. In diesem Fall werden Bevölkerungsdruck oder Zwang durch eine politische Institution nicht mehr benötigt um die Intensivierung zu motivieren – wenn wir von Akteuren ausgehen, die ihren (materiellen) Nutzen bedenken. Wenn Druck und Zwang keine Rolle mehr spielen, wird die Theorie gegenstandslos. Ein ähnlicher Effekt entstünde, wenn Ertrag und Arbeitsproduktivität in gleichem Maße zunähmen. Der Rückgang der Arbeitsproduktivität verknüpft demnach in wesentlicher Weise die Intensivierung mit dem Bevölkerungsrückgang und mit dem Zwang.

Zeitliche Begrenzung des Rückgangs der Arbeitsproduktivität: Die Komponente C findet man immer in der Zeit des Übergangs vor (s.o. Boserups Hinweise auf die „primitive communities“). Später kann die Arbeitsproduktivität durchaus zunehmen, und sie ist in der Tat immer wieder gestiegen und zwar mächtig. Menschheitsgeschichtlich gesehen ist das sogar ein sehr zentraler Entwicklungsfaktor. Ohne den ungeheuren Anstieg der Arbeitsproduktivität wären wir bis heute zu 70 bis 80 Prozent in der Landwirtschaft tätig. Der Anstieg lässt sich zu einem guten Teil zurückführen auf physisches Kapital in Form von Zugtieren/Traktoren, in Form von (künstlichem Dünger), in Form von Pflügen, Eggen, Mähmaschinen etc. und in Form von Züchtungen immer ertragreicherer Sorten von Saat- und Pflanzgut.

Die Theorie geht von folgender Konstellation (zu Beginn des jeweiligen Übergangs) aus: Es liegt Bevölkerungsdruck oder Druck durch eine politische Instanz vor, und es gibt keine Importe von ertragreicheren Pflanzensorten oder arbeitssparenden Landwirtschaftstechniken. Die Theorie wurde nicht konzipiert, um die Übernahme (Diffusion) von moderne(re)n intensiven Anbaumethoden zu erklären.

Den zweiten ebenfalls sehr bedeutsamen menschheitsgeschichtlichen Entwicklungsfaktor sollte man dabei nicht aus den Augen verlieren: Die Intensivierung hat auf jeden Fall eine Steigerung des Flächenertrags zur Folge. Die folgenden beiden Graphiken illustrieren diesen Prozess, der auch eine gewichtige Rolle bei der Erhöhung der Bevölkerungsdichte spielt.

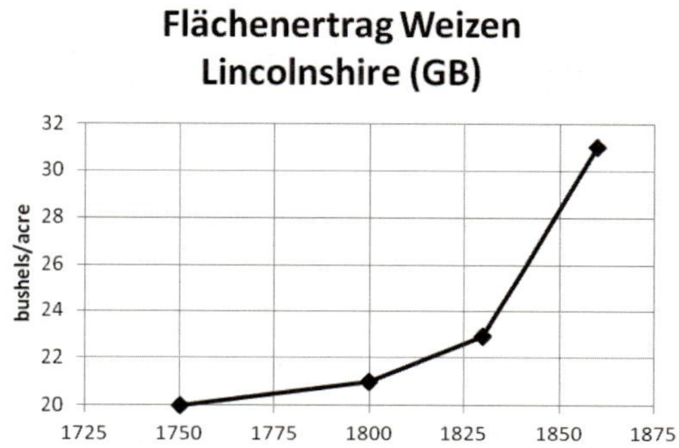

aus Overton (1996) Tabelle 3.5 c

In der englischen Grafschaft Lincolnshire ist, wie man sieht, in ungefähr einem Jahrhundert der Flächenertrag um mehr als 50% gesteigert worden. Die die folgende Graphik zeigt, dass einige Zeit später in Korea der Flächenertrag in weniger als einem halben Jahrhundert um mehr als das Doppelte zugenommen hat.

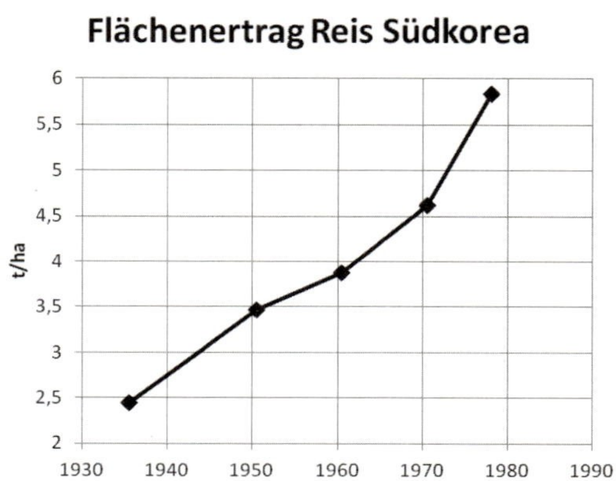

aus Barker & Herdt & Rose (1985) Tabelle 4.13

Unter den Wirtschaftsethnologen, die sich mit der Boserupschen Theorie befasst haben, besteht weitgehend Konsens, dass die Theorie zutrifft. Anderer Ansicht ist Hunt (2000), ein amerikanischer Wirtschaftsethnologe. Seiner Ansicht nach trifft Komponente C, also der Rückgang der Arbeitsproduktivität, nicht zu. Er stützt seine Ansicht auf folgende Argumente.

1. Hunt behauptet, die Befürworter des Modells stützten sich, wenn überhaupt, nur auf dürftige Daten. Damit hat er recht. Boserup selbst hat schon betont, dass es keine ‚harten' empirischen Daten zur Arbeitsproduktivität vor und nach dem Übergang gäbe (S. 28). Idealerweise bräuchte man Daten über die Arbeitsproduktivität in ein und derselben Region vor und nach dem Übergang. Die Daten können auch aus zwei verschiedenen Regionen stammen, die aus der Zeit vor dem Übergang aus der einen Region und aus der Zeit nach dem Übergang aus der anderen. Dann aber kann es erforderlich sein, dass in den verglichenen Regionen annähernd die gleichen Bedingungen vorliegen, also annähernd gleiches Klima, gleiche Bodenqualität, gleiche Pflanzenvarietäten etc. Solche Bedingungen sind in der Praxis kaum zu finden. Auch auf diesem Weg kommt man deswegen kaum an direkte Belege für die Entwicklung der Arbeitsproduktivität. Indirekte Belege (s.u.) bringt Boserup hingegen in großer Zahl.

2. Hunt hat empirische Studien über Produktionssysteme aufgespürt und analysiert, in denen intensiver Reisanbau (Nassreis, drei Fälle) ohne moderne Techniken wie z. B. Traktor, künstlicher Dünger etc. oder extensiver Reisanbau (Trockenreis, vier Fälle) betrieben wird. Das Ergebnis der Analyse lautet: Beim intensiven Reisanbau ist die Arbeitsproduktivität *höher* als beim extensiven. Nach Hunts Ansicht haben die Fälle widerlegende Bedeutung für Boserups Theorie. Diese Interpretation werden wir uns nun genauer ansehen.

Die folgenden beiden Tabellen zeigen Hunts Belege.

Trockenreisanbau

Fall	***Dayak***	***Iban***	***Lisu***	***Shan***
Land	Sarawak	Sarawak	Thailand	Thailand
Erhebung	1949–51	1949–51	1968–70	1976–77
d/ha	252	172	135,5	220
l/ha	2864	1518	2059	2767
kg/ha	1776	941	1240	1384
kg/d/ha	7,0	5,5	9,2	6,3

Nassreisanbau

Fall		*Bang Chan*	*Ban Ping*	*Shan*
Land		Thailand	Thailand	Thailand
Erhebung		1949–54	1960	1976–77
d/ha		90,6	99	111
l/ha		5357	5637	5143
kg/ha		2946	3099	2571
kg/d/ha		32,5	31,3	23,2

Aus Hunt (2000: 268 ff.) Tabellen III (Trockenreisanbau) und IV. Der Flächenertrag (kg/ha) bei den Lisu müsste Durrenberger (1979b: 140f.) zufolge u.E. 2060 kg (also Hunts l/ha-Wert) betragen. Weil für das Messen der Getreidemengen meist Volumenmaße verwendet werden (Korb, Kerosin-Kanister) sind die Mengen auch in Liter [l] angegeben. ‚d' steht für Tag.

Was sagen uns diese Daten? Repräsentieren sie die typischen Konstellationen beim Übergang vom Trockenreisanbau zum Nassreisanbau? Wohl kaum. Wir können uns sicher sein, dass in den Daten ein paar Jahrtausende sowohl pflanzenzüchterische als auch landwirtschaftstechnische Verbesserungsanstrengungen für den Nass- wie Trockenreisanbau enthalten sind – wenn auch mit Sicherheit nicht in für Nass- und Trockenreis gleichem Maße. Darüber hinaus weiß Hunt, dass bei seinen Fällen mit Nassreisanbau von Zugtieren gezogene Pflüge eingesetzt werden, während ihm bei seinen Trockenreisfällen dieser Aspekt entgangen zu sein scheint. Aus technischer Sicht sind bei Trockenreisanbau Pflüge und Zugtiere keineswegs unbedingt zu erwarten, im Gegenteil. Wie in den Fällen von Trockenreisanbau das Roden in die Arbeitszeit eingerechnet wurde, ist unklar. Bei den Lisu und sicherlich nicht nur bei dieser Gruppe kann gerodetes Land für einige Jahre für den Bodenbau genutzt werden („a few years before … productivity declines" (Durrenberger 1979b: 140)). Die Arbeit für eine Rodungsaktion müsste also auf mehrere Anbauzyklen umgerechnet werden, darüber schweigt sich der Ethnograph (und auch Hunt) aber aus. Eine überzeugende Widerlegung der Boserupschen Theorie müsste wohl schon etwas anders aussehen. Es sieht danach aus, dass gerade der Reisanbau einen besonders komplexen Intensivierungsprozess durchlaufen hat und deshalb besonders wenig geeignet ist für die Überprüfung der Intensivierungstheorie. Trotz alledem: Wer an der Überprüfung dieser Theorie interessiert ist, den lehrt Hunts Arbeit eine ganze Menge.

Sehen wir uns nun noch kurz an, wie man die Theorie für eine (partielle) Erklärung einsetzt. Zu erklären ist, warum es in einer Kultur zur Intensivierung in der

Landwirtschaft gekommen ist, und die landwirtschaftlichen Flächen nun häufiger genutzt werden, d.h. die Brache kürzer geworden ist. Für die Erklärung mit der Theorie von Boserup muss gezeigt werden, dass idealerweise folgende Bedingungen vorgelegen haben. Wir gehen dabei von dem empirisch typischen Fall aus, dass Haushalte/Familien die Produktionseinheiten sind.

	A1	Der Bevölkerungsdruck hat zugenommen. Das landwirtschaftliche verfügbare Land hat pro Haushaltsmitglied abgenommen.
	A2	Die Arbeitsproduktivität hat abgenommen.
	A3	Der Ertrag der landwirtschaftlich genutzten Fläche hat zugenommen.
Oder	B1	Eine politische Institution hat die Intensivierung erzwungen.
	B2&B3	Es treffen die Punkte A2 und A3 zu.

Für A2 sollten wir, wie gesagt, eher indirekte als direkte Belege (direkte Belege wären z. B. Daten über Arbeitstage pro Ertragseinheit) erwarten.

Dieselbe Theorie lässt sich auch für die Umkehrung der Entwicklungsrichtung verwenden: Desintensivierung. Das Land wird weniger häufig als zuvor genutzt. Dann waren folgende Bedingungen erfüllt.

	*A1	Der Bevölkerungsdruck hat abgenommen. Das landwirtschaftliche verfügbare Land hat pro Haushaltsmitglied zugenommen.
	*A2	Die Arbeitsproduktivität hat zugenommen.
	*A3	Der Ertrag der landwirtschaftlich genutzten Fläche hat abgenommen.
Oder	*B1	Die relevante politische Institution hat an Macht verloren.
	*B2&*B3	Es treffen die Punkte *A2 und *A3 zu.

Boserup hat eine größere Zahl von Desintensivierungsfällen zusammengetragen, so z. B. als Folge der Pestepidemien im europäischen Mittelalter oder wenn Siedler aus Regionen mit hoher Bevölkerungsdichte in Gebiete mit niedriger Bevölkerungsdichte eindrangen. Es fehlen aber erneut in ihrer Studie direkte Daten zu *A2, die könnte es aber vielleicht doch geben.

Zum Schluss dieses Abschnitts sehen wir uns einen Fall von Bodenbau an, der dramatisch weniger intensiv ist als der Bodenbau, den man heute z. B. durchgängig in Deutschland betreibt. Trotzdem entspricht er unserer Definition von intensivem und nicht der Definition von extensivem Bodenbau. Das Anschauungsmaterial liefern uns Malinowskis Trobriander, die auf Inseln nördlich der Ostspitze von Neuguinea leben. Sie bauen hauptsächlich Jams, eine Knollenfrucht, an. Die Brache ist ziemlich kurz, ca. drei bis vier Jahre (Malinowski 1978 [1935]: 58). In so kurzer Zeit können sich nur Büsche und Sträucher entwickeln. Auch kann sich der Boden nicht so gut regenerieren wie bei längerer Brache. Die Pflanztechnik sieht denn auch deutlich anders aus, als wir sie bei den Feldbauern kennen gelernt haben. Für jede Jamspflanze wird auf einem Flächenstück von 25 bis 30 cm Durchmesser der Boden mit dem Grabstock 50 cm [sic] tief aufgelockert (op. cit.: 133). Die Erdschollen werden zerkleinert und Steine und Wurzeln entfernt. Das ist eindeutig eine Intensivierungsmaßnahme, die die Tragkraft des Bodens erhöht. In den Anbauwerkzeugen hingegen besteht in diesem Fall offenkundig kein Unterschied gegenüber den Feldbauern. Der Bodenbau der Trobriander entspricht demnach der Definition von Ackerbau. Gegenüber einer extensiven Technik, bei der man nach längerer Brache den Jamssetzling nur in ein Loch steckt und es wieder zuschüttet, ist der Arbeitsaufwand deutlich größer. Allerdings haben Feldbauern dann auch wieder alte ‚dicke' Bäume wenigstens teilweise zu beseitigen.

INTENSIVER BODENBAU MIT REIS

Reis war 2001 weltweit nach Mais die wichtigste Nahrungspflanze (FAO) und er ist Grundnahrungsmittel für ca. die Hälfte der Menschheit (Bray 1994[1986]: 8). Die Reispflanzen wachsen auf Feldern, die unter Wasser stehen. Im Wasser befinden sich natürlich vorkommende Organismen. Sie binden Stickstoff, den der Reis zum Wachsen braucht (op.cit.: 13). Der Boden wird nicht wie beim Feldbau mit der Zeit nährstoffärmer, sondern er wird bei dauerndem Gebrauch sogar fruchtbarer. (op.cit.: 28) Der wilde Vorfahre des heutigen Nassreises war eine Sumpfpflanze.

Die Arbeitsschritte beim Nassreisanbau sehen im Überblick folgendermaßen aus.

Nassreisproduktion – Arbeitsschritte

1	Saatbeetherstellung	Dämme um das Saatbeet anlegen Boden vorbereiten Bewässern Säen
2	Vorbereitungen für das Pflanzen	Dämme um den Acker anlegen Kanäle pflegen Boden vorbereiten Bewässern
3	Pflanzen	Reis aus dem Saatbeet pflanzen
4	Pflanzenpflege	Unkraut jäten Schädlinge bekämpfen
5	Ernte	Reis schneiden Nach Hause transportieren

Die Ernte wird weiter verarbeitet in den Arbeitsschritten Trocknen, Dreschen, (Schälen, Polieren).

EXEMPLARISCHER FALL

Gegenstand	Intensive Reisproduktion (nicht-kleinbäuerliche Subsistenzwirtschaft)
Kultur	**Ifugao**
Lokalisierung	Nord-Luzon (Philippinen)
Autoren	Barton, R.F (1919); Conklin, H.C. et al. (1980)

Heute gibt es unseres Wissens keine Kulturen mehr, die intensiven Reisanbau als (weitgehend) reine Subsistenzwirtschaft betreiben. Hat die Wirtschaftsethnologie überhaupt Beschreibungen von solchen Fällen zu bieten? Sie hat. Bei den Ifugao lebte jedenfalls Anfang des 20. Jahrhunderts noch (fast) jeder Haushalt vom Bodenbau. Darüber hinaus verfügen die Ifugao über das schönste Produktionssystem seiner Art, und sie haben deswegen Berühmtheit erlangt. Es sind die

Reisterrassen, die die Bewunderung erregen. Barton fasste seine Bewunderung Anfang des letzten Jahrhunderts in folgende Worte:

> It may safely be said that the Ifugaos have constructed the most extensive and the most admirable terraces for rice culture to be found anywhere in the world. (1919: 9)

Die Bewunderung hält bis heute an. Die Unesco hat mittlerweile die Terrassen zum Weltkulturerbe erklärt.

Die Ifugao waren bis Anfang des 20. Jh. de facto noch politisch unabhängig. Sie betrieben ein hochintensives Bodenbausystem. In der folgenden Tabelle vergleichen wir den Flächenertrag bei den Siane mit dem Ertrag bei den Ifugao.

Ertrag Reisfelder der Ifugao vs gemischt bebaute Felder der Siane*

(Ertrag pro Jahr)

	Ifugao Ernte		Siane Ernte
	kg Reis/ha pro Jahr	= kcal/ha	% d. Ifugao Ertrags
Max	6130	22.374.500	3,5
Mittel	2427	8.858.550	8,8
Min	1860	6.789.000	11,5

1 kg Reis = 3650 kcal/kg, Ifugao-Daten Conklin 1980
Siane* Ernte: 782.578 cal pro Jahr und Hektar (inklusive Brachland)
* siehe letztes Kapitel (Feldbau)

Wie die Tabelle zeigt, erzielen die Siane mit ihrer feldbäuerlichen Produktionstechnik auf einem Hektar nur 4 bis 12 Prozent des Ertrages, den die Ifugao aus einem Hektar ziehen.

Der Kontrastfall zu den politisch autonomen Kulturen mit intensivem Bodenbau, in denen (fast) jeder Haushalt vom Bodenbau lebt, sind die *kleinbäuerlichen Kulturen* (e. peasants). Sie gibt es heute noch. Kroeber hat (1948: 284) eine viel zitierte und verwendete Definition von Kleinbauern geliefert. Sie besteht aus folgenden Komponenten.

Kleinbauern
- stehen mit Marktorten in Verbindung
- sind Teil („class segment“) einer größeren Bevölkerung
- bilden eine Subkultur („part culture“)
- sind nicht isoliert
- sind nicht (politisch) autonom
- sind nicht autark („self-sufficient“, im Stande sein, sich selbst mit allem Nötigen zu versorgen)

Die Definitionskomponenten müssen alle zugleich vorliegen.

EXEMPLARISCHER FALL

Gegenstände	Reisanbau (kleinbäuerliche Kultur, keine Subsistenzwirtschaft)
Kultur	**Javanisches Dorf**
Lokalisierung	Java, Indonesien
Untersuchungszeitraum	1978/9, 18 Monate
Autor	Thomas Schweizer (1989)

Es handelt sich um eine außerordentlich detaillierte Studie eines kleinbäuerlichen Reisproduktionssystems, die methodisch überragend ist. Wie sich zeigen wird, liegen alle kroeberschen Definitionskomponenten für eine bäuerliche Kulturen vor.

Es gibt klar erkennbar *keine (politische) Autonomie*. Im Dorf leben 7 Staatsbeamte, unter anderem ein Steuerbeamter, ein Bewässerungsbeamter und ein Landwirtschaftsbeamter. Die Beamten erhalten ihre Weisungen aus der Kreishauptstadt. Eigentumsrechte an Land werden von einem staatlichen Grundbuchamt überwacht. Die fehlende Autonomie hatte auch, wie wir gleich sehen werden, einen Einfluss auf die Intensität des Bodenbaus.

1979 wurde generell eine sehr intensive Art des Reisanbaus praktiziert. Verwendet wurden neue Reissorten, mit denen die Bauern 5 Ernten in 2 Jahren erzielten. 10 Jahre davor war noch eine weniger intensive Methode üblich, mit der nur 4 Ernten in 2 Jahren zu erreichen waren. Der Übergang lässt sich zu einem größeren Teil mit der Intensivierungstheorie erklären. Es sind folgende Bedingungen erfüllt.

Bedingung B1 – Zwang einer politischen Institution: Schon 1969 verpflichtete der indonesische Staat jedes Dorf (auf Java) 20 ha mit einer neuen Hochertragsreissorte zu bepflanzen und 1978 verfügte der Staat, dass nur noch die neuen Reissorten eingesetzt werden durften.

Bedingung A1 – Bevölkerungsdruck nimmt zu. Zwischen 1957 und 1979 ist die Dorfbevölkerung um fast 40% gewachsen (entspricht 1,5% jährlichem Wachstum) bei gleich bleibender Anbaufläche. Es waren nach Schweizer zunächst die kinderreichen Bauern, die freiwillig die intensivere Form übernahmen (1980: 132). Die Erhöhung des Bevölkerungsdrucks war auf der Haushaltsebene spürbar geworden.

A2 – Abnahme der Arbeitsproduktivität. Wieder einmal liegen zu dieser Frage keine direkten empirischen Belege vor. Wir können sicher sein, dass der absolute Arbeitsaufwand gestiegen ist, aber das reicht nicht.

A3 – Zunahme des Ertrags. Wir können mit Sicherheit sagen, dass der Flächenertrag durch die Intensivierung zugenommen hat. Schweizer bringt Archivdaten, die den Anstieg der mittleren jährlichen Erntefläche belegen.

Zeitraum	Erntefläche (ha; Jahresmittel pro Monat)
1966–1970	11,2
1976–1978	14,0

Wie die Tabelle zeigt, ist die Erntefläche erwartungsgemäß um 25% gestiegen, und damit wird auch die geerntete Reismenge gestiegen sein. Allerdings sind die Bauern nicht alleine an der Erntemenge, sondern in hohem Maße auch am Marktpreis des Reises interessiert.

Schließlich war noch ein weiterer Effekt am Werk, der nicht in Boserups Theorie vorkommt. Er brachte auch die Bauern mit wenigen Kindern dazu, die intensivere Anbauform zu übernehmen. Durch den nahezu permanenten Bodenbau vermehrten sich die Schädlinge in einer Weise, dass es zu riskant wurde, noch die traditionellen Sorten anzubauen. Die Übernahme der intensiveren Anbauform durch einen *Teil* der Bauern hat die Übernahme der Anbauform durch *alle anderen* Bauern erzwungen. Das nennt man in der Ökonomik einen externen Effekt – Auswirkungen einer Handlung auf Unbeteiligte.

Dass die Bauern *nicht autark* sind, belegt die folgende Graphik.

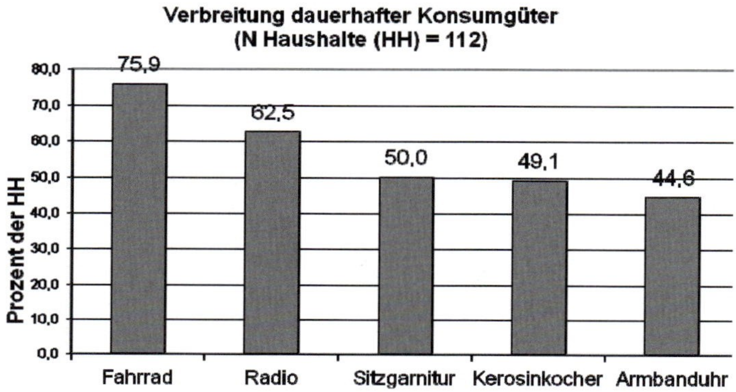

nach Schweizer 1989 S. 653

Die Bauern haben eine *eigene Subkultur*. Ein Beleg dafür ist das Ernteopfer vor Beginn der Ernte, für das laut Schweizer gilt: „Kein Bauer wird auf dieses Opfer verzichten“ (S. 299). Die Bäuerin geht begleitet von 20 bis 30 Kindern zum Feld, das abgeerntet werden soll. Opfergaben werden am Feld niedergelegt. Koransprüche werden rezitiert. Am Schluss gibt es ein Essen. Der Kostenpunkt der Ernte ist meistens 1000 Rupien (S. 300). Das ist ungefähr so viel, wie Lohnarbeiterinnen für das Bepflanzen eines Reisfeldes erhalten (S. 289). Die Zeremonie ist klar erkennbar ein Bestandteil des Reisproduktionsprozesses. Die Kosten gehören zu den Produktionskosten. Die Überzeugungen, warum man das Opfer durchführt, variieren. Manche Bauern sagen: Das Opfer erhöht den Ertrag und sorgt dafür, dass der Reisvorrat länger hält. Andere sagen: Es hat keinen Einfluss auf den Ertrag, aber es ist so üblich. Sie betrachten das Opfer also als eine Art von Traditionspflege.

Dass auch alle anderen Definitionskomponenten von Bauernkultur zutreffen, geht aus der folgenden Beschreibung implizit hervor.

Reisproduktion: Produktionsfaktoren und Ertrag

Arbeit: Produktionseinheit ist der Haushalt. Es gibt unterschiedliche Formen der Arbeitsorganisation. Eine grundlegende Unterscheidung ist die zwischen bezahlter und unbezahlter Arbeit. Die Unterscheidung hat aus der Sicht der Reisbauern einen Einfluss auf den Ertrag, und zwar stellt ihre Ertragsrechnung nur solche Transaktionen in Rechnung, bei denen Geld fließt. Bezahlte Arbeit schmälert danach den Ertrag. Ein Beispiel für bezahlte Arbeit ist das Jäten. 40% des Jätens wird so erledigt. Aber manche Haushalte erledigen die Jätearbeit vollständig selbst (unbezahlte Arbeit). Ein weiteres Beispiel ist die Ernte. Es gibt die Eigenernte und die Tebasan-Ernte. Letzteres bedeutet Verkauf der reifen Ernte auf dem Halm an Händler. Die Händler organisieren die Arbeit der Ernte und bezahlen die Erntearbeiterinnen. Das Ernten liegt in den Händen von Frauen. Erntearbeiterin ist ein Beruf im Dorf. Hinzu kommen Bäuerinnen von kleinen Höfen in Zeiten, wenn es auf dem Hof wenig zu tun gibt.

Häufigkeit der Ernteformen 1979		
	Anzahl Felder	Prozent
Eigenernte	38	48,1
Tebasan-Ernte	35	44,3
Sowohl Eigen- als auch Tebasan-Ernte	6	7,6
Summe	79	100,0

Ein Haushalt entscheidet sich für die Tebasan-Ernte, wenn er Geld braucht z. B. für Pachtzahlung, Kredittilgung oder den Kauf eines Fahrrads. Für die Eigenernte entscheidet er sich, wenn der Reisvorrat des Haushalts zur Neige geht. Wie sieht der Entscheidungsprozess aus? Entscheidet der Familienrat; trifft der Bauer die Entscheidung allein …? Die Norm ist: Bis der Reis auf dem Halm reif ist, trifft der Bauer die Entscheidungen, danach die Bäuerin. Über die Frage Eigenernte oder Tebasan-Ernte trifft also die Bäurin die Entscheidung. Aber der Bauer schließt den Vertrag mit dem Aufkäufer. (S. 209)

Physisches Kapital: Es besteht aus Hacke, Pflug, Sprühpumpe für die Schädlingsbekämpfung, Wasserbüffel für das Pflügen, plus kleineren Geräten wie Sichel, Erntemesser, Dünger, Schädlingsbekämpfungsmittel, Bewässerungsanlagen.

Land: Es gibt folgende Institutionen. Die Felder befinden sich (weitgehend) in Privateigentum. Sie unterscheiden sich nur geringfügig in der Größe (S. 129), aber die Bauern besitzen unterschiedlich viele Felder. Landtransaktionen bestehen im Verkaufen, Vererben; darüber hinaus gibt es fünf verschiedene Formen des Verpachtens, u. a. Pacht gegen Geld, Pacht gegen die Hälfte der Ernte. Das oben genannte Grundbuchamt ist eine der Institutionen, die die genannten Rechte schützt.

Input-Output Rechnung: Als Währungen haben wir bislang Zeit und Energie verwendet. Diese Währungen könnten wir (begrenzt) auch auf Schweizers Daten anwenden. Die Reisbauern und entsprechend auch Schweizer selbst benutzen die Geldwährung (Rupiah).

Input-Output Rechnung
Durchschnittswerte (Sichtweise der javanischen Bauern)

	Eigenes Feld	*Geldpacht*	*Weitere Pachtformen:*
Output			
a- Ernteertrag	54.280	54.280	
Input			Halbpacht
b- Lohnausgaben	–7.500	–7.500	Halbpacht mit Geld
c- Materialausgaben	–8.000	–8.000	Drittelpacht
d- Pachtgeld	–	–20.000	Viertelpacht
Einkommen a–(b+c+d)	38.780	18.780	

Rupiah pro Flächeneinheit; Sichtweise der javanischen Bauern: Unbezahlte Arbeit (von Haushaltsmitgliedern) geht nicht in die Kostenkalkulation ein. Die Arbeit der Haushaltsmitglieder ist zwar auch nicht kostenlos, aber der Haushalt zahlt nicht für die geleistete Arbeit.

Wie die nächste Tabelle zeigt, verbergen sich hinter den Durchschnitten extreme Unterschiede in den Haushaltseinkünften.

Einkünfte
Bester und schlechtester Fall in der ersten Anbauperiode

Haushalt ID	1. Anbauperiode 1979	2. Anbauperiode 1979
1	263.358	86.550
10	–44.323	53,370

in Rupiahs; ID - Identifikationsnummer

Haushalt 10 hatte in der 1. Anbauperiode 1979 die Ernte durch Zikadenbefall verloren. Daher wird ein Verlust (–) in dieser Periode ausgewiesen. Der Haushalt mit den höchsten Einkünften in der ersten Anbauperiode, kam in der zweiten Periode nur auf einen mehr als dreimal geringeren Ertrag, und hatte damit auch nicht mehr den höchsten Ertrag. Man sieht: Es gibt nicht DEN typischen Reisbauern des Untersuchungsdorfes, sondern eine Vielzahl von unterschiedlichen Produktionsstrategien und damit auch von Produktionsfunktionen.

Wie bei den Ju/'hoansi haben wir es mit einem Unüberschaubarkeitsproblem zu tun. Dieses Problem ist durchaus nicht selten bei ethnologischen Feldforschungen. Lees Lösung bestand darin, sich auf die Untersuchung der Produktionsfunktion zu konzentrieren, die den höchsten Ertrag brachte (Mongongonuss) und beim Rest summarisch vorzugehen. Er beschränkte sich auf die dominanten Produktionsfunktionen. Schweizer hat sich dafür entschieden, das *Instrumentarium der Statistik* einzusetzen. Diese Lösung des Unüberschaubarkeitsproblems empfiehlt sich in Fällen, in denen keine klaren Dominanzen in der Vielfalt zu erkennen sind.

Auch in seiner statistischen Analyse geht es Schweizer um die Grundfrage, welche Inputfaktoren haben in welcher Höhe Einfluss auf den Ernteertrag. Das statistische Instrumentarium wird dazu eingesetzt, die Stärke des Einflusses (oder Effekts) der in Frage kommenden Vielzahl von Faktoren zu bestimmen.

Schweizer benutzt das Instrument der Regressionsanalyse. Es ist das ‚Arbeitspferd' in der Ökonomik. Die Kerngedanke der Regressionsanalyse steckt in der folgenden linearen Gleichung.

$$Y = X_1 b_1 + X_2 b_2 \ldots X_n b_n + a$$

Die Kürzel bedeuten Folgendes:

Y – abhängige Variable, in unserem Fall bezeichnet Y den Ernteertrag.

X_1, X_2 ... unabhängige Variable, das sind die verschiedenen Produktionsfaktoren.

a... ist eine *Konstante.*

b_1, b_2 ... Koeffizienten. Die Koeffizienten geben darüber Auskunft, wie hoch der Einfluss bzw. wie stark der Effekt der jeweiligen Variable, in unserem Fall der Effekt der verschiedenen Produktionsfaktoren ist. Das Ziel der Regressionsanalyse ist es, die Größe dieser Koeffizienten zu schätzen. In standardisierter Form heißen die Koeffizienten *Beta*-Werte. Sie können ein positives oder auch ein negatives Vorzeichen tragen. Je größer ein positiver (negativer) Betawert ausfällt, desto stärker ist die Variable an der Vergrößerung (Verringerung) des Ertrags beteiligt.

Weiterhin will man bei der statistischen Analyse wissen, ob der Effekt nur dem Zufall zu verdanken ist oder nicht. In der Sprache der Statistik lautet die Frage: Ist der Effekt signifikant (nicht zufällig) oder nicht? Hochgradig sicher zu sein, dass der Effekt kein Zufallsprodukt ist, ist kostspielig, weil man dazu ziemlich große Mengen von Daten braucht. Deshalb begnügt man sich meist mit geringeren Sicherheitsniveaus. Wir werden es mit zwei Sicherheitsniveaus zu tun haben: Die Sicherheit beträgt mindestens 90% (*), bzw. mindestens 95% (**).

Schließlich ist für die Beurteilung einer Regressionsanalyse noch folgende Maßzahl von Bedeutung:

R^2 – Determinationskoeffizient (Bestimmheitsmaß). Die Maßzahl gibt an, wie gut die Übereinstimmung zwischen Regressionsergebnis und Daten ist. $R^2 = 1$ bedeutet perfekte Übereinstimmung, 0 keinerlei Übereinstimmung.

Schweizers bestes Regressionsergebnis hat ein R^2 von 0,635 **. Es gibt eine mehr als mittlere Übereinstimmung zwischen den Daten und der Regressionsgeraden, und dieses Ergebnis ist hochsignifikant, also (fast) nicht dem Zufall zuzuschreiben.

Auf die abhängigen Variablen Ernteertrag haben folgende Variablen einen signifikanten Einfluss.

Unabhängige Variable	Beta (Stärke und Richtung des Einflusses)	Signifikanz	Faktor
Ernteschäden	– 0,745	**	Umwelt
Urea (Stickstoffdünger)	0,324	**	Phys. Kapital
Hacken	0,256	**	Arbeit
Schulbildung	0,198	**	Humankapital
Zweites Jäten	– 0,168	*	Arbeit / Umwelt s.u.
TS (Phosphatdünger)	0,158	*	Phys. Kapital

Wie man sieht, hat Schweizer neben den Produktionsfaktoren auch noch andere Einflussfaktoren in die Analyse einbezogen. Nicht überraschend ist, dass die *Ernteschäden* (z. B. durch Zikaden) einen negativen Effekt auf den Ernteertrag haben. Weniger einsichtig ist, dass die Ernteschäden von allen Faktoren den höchsten Effekt haben. Dieses Ergebnis spiegelt aber eine Grunderfahrung in der Landwirtschaft wieder, wonach noch so viel Fleiß und Sorgfalt nichts nützt, wenn die Natur nicht mitspielt, und die Natur spielt bei den javanischen Reisbauern offenbar öfters und in sehr durchschlagender Weise nicht mit. Der schwache negative Effekt des *zweiten Jätens* erklärt sich so: Bei starkem Unkrautbefall ist vermehrtes Jäten nötig, das aber die Ertragsminderung nicht ausgleichen kann, daher negativer Effekt.

Die Bauern lockern unterschiedlich intensiv mit *Hacken* den Boden auf. Mehr Hacken hat einen deutlichen positiven Effekt. Fleiß und Sorgfalt bringt durchaus etwas. Aber noch stärker ist der (positive) Effekt des Düngens. Auch das Humankapital hat einen signifikanten Effekt. Bauern mit Schulbildung erzielen einen signifikant höheren Ertrag.

Moderne Produktionssysteme sind häufig sehr komplex, was aber, wie wir gesehen haben, auch für ältere Systeme gelten kann. Es gibt dann eine Vielzahl von alternativen Produktionsformen. Schweizers Arbeit ist vorbildlich, weil sie (u. a.) gekonnt diese Komplexität mit dem Instrumentarium der statistischen Analyse durchschaubar gemacht hat. Das heißt hier, es ist Schweizer gelungen die zentralen Faktoren, die den Ernteertrag bestimmen, zu identifizieren.

Sind die javanischen Bauern bei der Reisproduktion Nutzenmaximierer? Schweizer hat sich in seiner Studie diese Frage gestellt. Er kommt zu dem Ergebnis: Die untersuchten javanischen Bauern sind „bestrebt, auf ihren Feldern einen möglichst hohen Ertrag zu erzielen“(S. 451). Sie sind Nutzenmaximierer. Jedenfalls gilt das für die meisten ihrer Produktionsentscheidungen.

Aber es gibt Ausnahmen: die Entlohnung der Erntearbeiterinnen bei der Eigenernte. Hier wird ein Naturallohn gezahlt – in Reis. Die Erntearbeiterinnen lehnten das Angebot ab, in Geld bezahlt zu werden. Der Naturallohn muss großzügig sein, das ist eine kulturelle Norm. Hier gilt das Prinzip der Nutzenmaximierung (von den Farmern aus gesehen) *nicht.*

Das Verhältnis von Bauer zu Erntearbeiterin wird vielmehr folgendermaßen aufgefasst. „Sie helfen sich gegenseitig“ (wörtlich von Schweizer aus dem Indonesischen übersetzte Aussage). Es ist von ‚helfen‘ die Rede. Das ist etwas anderes, als wenn Arbeit gegen Lohn getauscht wird. Einen sehr klaren Beleg dafür, dass hier ein anderes Prinzip waltet, liefert der Vergleich mit der Tebasan-Ernte. Bei dieser Ernteform werden die Erntearbeiterinnen mit Geld entlohnt. Und dieser Lohn fällt deutlich niedriger aus als die Vergütung bei der Eigenernte. Bei Erntehilfe und Erntearbeit gelten unterschiedliche Werte.

Bis hierher haben wir ausschließlich die Reisproduktion des javanischen Dorfes angesehen. Nun ist es aber keineswegs so, dass alle Dorfbewohner vom Reisanbau leben. Wie die folgende Graphik zeigt, ist die relative Mehrheit der Haushaltsvorstände noch im landwirtschaftlichen Sektor tätig, aber die absolute Mehrheit bezieht den größeren Teil des Lebensunterhalts aus anderen Einkommensquellen.

Hauptberufe der Haushaltsvorstände (n = 112)

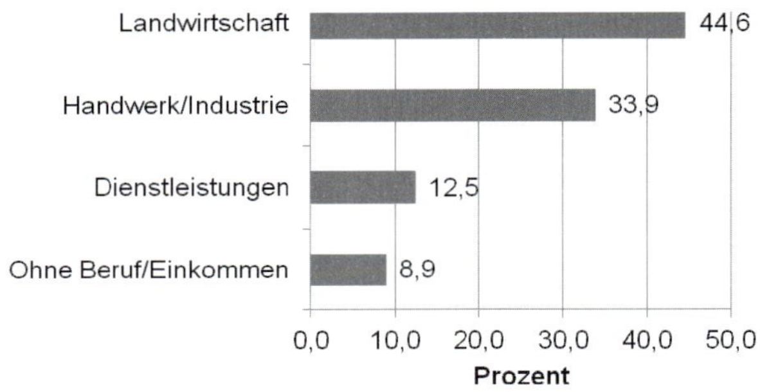

Es sind folgende Hauptfaktoren, die diese Verteilung erklären.

- Landbesitz: rd. 40% der Haushalte besitzt überhaupt kein Ackerland und ein weiteres Viertel besitzt weniger als 0,25 ha Ackerland, also sehr wenig.
- Erbrecht: Es gilt eine Erstgeborenen-Regel (Primogenitur-Regel); der älteste Sohn erbt das ganze Ackerland. Alle anderen überlebenden Söhne werden Landlose.
- Bevölkerungswachstum: Wie wir gesehen haben, ist die Dorfbevölkerung in den 20 Jahren vor Schweizers Feldforschung kräftig (um 40%) gewachsen. Das ist der *Motor* der Entwicklung hin zu immer mehr landlosen Haushalten.
- Die verfügbare Ackerlandfläche des Dorfes blieb über die Zeit gleich.

Die wirtschaftliche Entwicklung, wie wir sie das javanische Dorf von Schweizer nachgezeichnet haben, war in ähnlicher Weise im letzten Jahrhundert weltweit zu beobachten, und sie hält bis heute an. Die vorhandene Anbaufläche ist konstant, die Bevölkerung wächst kräftig, und mehr und mehr Haushalte werden aus der Landwirtschaft herausgedrückt. Der Motor dieser Entwicklung ist das Bevölkerungswachstum. Wie stark die Weltbevölkerung im letzten Jahrhundert zugenommen hat und auch in diesem Jahrhundert noch zunimmt, zeigt das folgende Diagramm.

Weltbevölkerungsentwicklung, Schätzungen und Projektionen

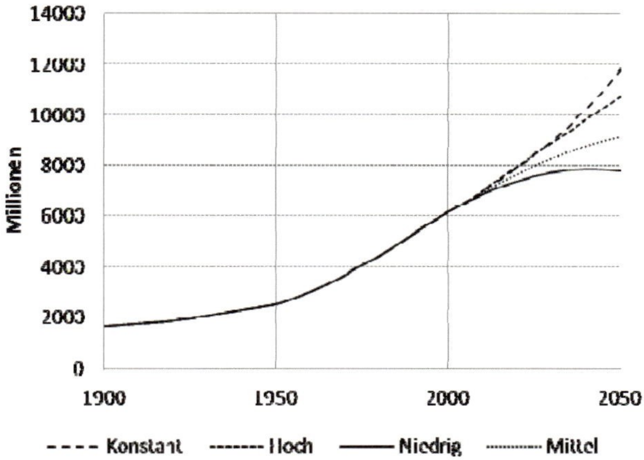

Quellen: Bis 1940 UN Population Division (1999) danach UN Population Division (2006)

Die Daten, die dem Diagramm zugrunde liegen, stellen einerseits Schätzungen dar. Ein Gutteil der Länder verfügt nicht über einigermaßen zuverlässige Bevölkerungszahlen (auch Deutschland nicht). Andrerseits handelt es sich um Bevölkerungsprojektionen (Hochrechnungen), die auf Annahmen beruhen. Ob sie zutreffen ist ungewiss. Daher zeigt die Graphik einen ganzen Fächer von Projektionen. Sollte sich das aktuelle Bevölkerungswachstum unvermindert fortsetzen (Variante „konstant“) dann würde die Weltbevölkerung bis 2050 auf nahezu 12 Milliarden anwachsen. Das ist der unwahrscheinlichste Fall. Aber selbst in der „niedrigen“ Variante würde die Weltbevölkerung noch um mehr als eine Milliarde Menschen zunehmen.

Im vergangenen Jahrhundert ist die Weltbevölkerung von unter 2 Milliarden auf über 6 Milliarden gewachsen. Ermöglicht wurde das Wachstum durch die Intensivierung des Bodenbaus. Mit den Methoden des Feldbaus oder gar mit Wildbeuterei, hätten sich die gewaltigen Mengen von Menschen unmöglich ernähren lassen. Die Kurven lassen erwarten, dass die Intensivierung des Bodenbaus wohl noch eine Weile weitergehen wird.

DIE PRODUKTIONSFUNKTION DES HIRSEANBAUS BEI DEN TURU

Die Fragen des Abschnitts lauten: Wie ‚füllt' man die (klassische) Produktionsfunktion mit empirischen Daten und wie geht man bei der Analyse vor. Geeignete empirische Daten hat der amerikanische Wirtschaftsethnologe Harold K. Schneider (1925-1987) bei den Turu gesammelt. Wir wollen die Analyse soweit vorführen, dass es keine Schwierigkeiten mehr bereiten sollte, einen Analysegang von der Datenerhebung bis zur Interpretation der Ergebnisse selbst durchzuführen.

Exemplarischer Fall

Kultur	**Turu**
Lokalisierung	Tansania, Singida Distrikt
Untersuchungszeitraum	1959/60, 15 Monate
Autor	Schneider (1968; 1970); Massell (1968)

Die Turu zählten 1957 195.000 Personen (Schneider 1970: 8). Die Landwirtschaft lag vor der Ankunft der Deutschen (ab 1884) nicht in den Händen einer kleinbäuerlichen Subkultur. Jedes Dorf bildete vielmehr eine politisch autonome Einheit, und dabei ist es auch noch lange danach geblieben. Zu Schneiders Zeit verfolgen die Turu die beiden Produktionsziele, genügend Nahrungsmittel zu produzieren und in den Besitz von möglichst vielen Rindern zu gelangen. Hauptnahrungsmittel ist Hirse. An Vieh halten die Turu neben den Rindern auch Ziegen und Schafe.

Schneiders Daten beziehen sich auf die Hirseproduktion. Deshalb müssen wir uns zunächst etwas genauer mit dem System der Hirseproduktion befassen. Ferner werden wir uns, bevor wir zur Datenanalyse selbst übergehen, auch noch mit den Daten, ihrer Qualität und Repräsentativität auseinandersetzen.

Der Bodenbau ist intensiv und die Hirse kann und wird deshalb Jahr für Jahr auf denselben Feldern angebaut. Die Aussaat sieht wie beim Feldbau aus. Mit einer Hacke oder einem paddelähnlichen Holzwerkzeug macht man ein Loch in den Boden. Dorthinein wirft man 20 Hirsekörner und schüttet dann mit einer Fußbewegung wieder Erde in das Loch. Die entscheidende aber auch einzige Intensivierungstechnik besteht im Düngen. Der Dünger stammt vom Dung des Viehs. Den Dung, der sich im Viehkral angesammelt hat, schaufelt man in einen Behälter, trägt ihn auf dem Kopf zu den Feldern, und verteilt ihn zwischen den Hirsepflanzen. Allerdings fehlt es auf manchen Höfen an Vieh für diesen Zweck. Den Mangel kann man beheben, indem man sich Vieh leiht. Wer nicht als völlig unzuverlässig gilt, wird auch Vieh geliehen bekommen. Die Viehleihe kostet nichts.

Züchterische Auslese der Hirse findet nach jeder Ernte statt. Es sind die größten Hirsekolben, die für die nächste Aussaat aussortiert werden („the biggest heads with the biggest seeds are removed, to be threshed separately for the following year's planting" (1970: 25)).

Die Feldarbeit verrichten im Wesentlichen die Frauen. Wenn Männer mit mehr als einer Frau verheiratet sind, führt das zu Höfen, die aus mehr als einem Haushalt bestehen. Aber auch in diesem Fall ist jede Frau für die Produktion ihres eigenen Hirsebedarfs zuständig.

Die Daten entsprechen in folgender Weise den Komponenten der klassischen Produktionsfunktion.

Ertrag (E)		*Arbeit (A)*		*Land (L)*		*Kapital (physisches) (K)*
Hirse	=	Frauen	*	Felder	*	Dung
Debe		Anzahl/Hof		Acres		Anzahl Ziegen

Der Hirseertrag ist in Debe einem lokalen Gewichtsmaß angegeben (1 Debe = 40 pound; 1 pound = 0,4536 kg). Die Anzahl der Arbeitskräfte entspricht der Anzahl der weiblichen Haushaltsvorstände auf dem jeweiligen Hof. Die zur Verfügung stehende Feldfläche ist in Acres angegeben (1 acre = 0,40469 ha). Als Indikator für die Düngermenge hat Schneider das Vieh in den Kralen gezählt. Das Zählergebnis ist in Ziegeneinheiten (=Schafe) angegeben, wobei Kühen und Bullen jeweils 5 Ziegen entsprechen und Kälbern 2 Ziegen. Die Höhe der Erträge hat Schneider in Gesprächen mit den Eigentümern ermittelt. Die Erträge hält er nicht für Daten, über die Informanten unbedingt verlässliche Auskünfte geben.

Die Daten erfassen ziemlich vollständig („most homesteads" (Schneider 1968: 430)) die Verhältnisse in einem Dorf. Es ist ein Dorf von üblicher Größe. Der Wohlstand variiert allerdings im Siedlungsgebiet der Turu. Es gibt Gegenden mit einem dramatisch höheren Wohlstand. Das Dorf ist demnach nicht repräsentativ für *die* Turu-Dörfer.

Die Daten sind in der folgenden Tabelle aufgeführt.[2]

Nr.	Dünger	Acres	Frauen	Hirse		Nr.	Dünger	Acres	Frauen	Hirse
1	187	4,1	4	189		16	69	2,6	1	75
2	177	4,7	3	95		17	69	6,7	3	58
3	148	6,4	3	335		18	61	2,3	1	36
4	130	5	3	150		19	56	4,2	1	76
5	130	4,6	1	57		20	54	4	1	125
6	127	6,8	5	195		21	54	4	1	45
7	113	3,5	2	205		22	51	6,1	3	90
8	98	5,2	2	72		23	50	2,7	1	37
9	90	3,1	3	90		24	41	2,6	1	35
10	87	2,6	1	75		25	39	4,1	2	41
11	85	8,8	4	163		26	35	1,8	1	40
12	82	2,6	1	53		27	34	2	2	61
13	79	2,7	1	96		28	34	3	2	49
14	71	4,3	2	95		29	17	3,3	1	40
15	70	2	3	55		∑	2338	115,8	59	2733

Die Aufgabe besteht nun darin, aus diesen Daten mit Hilfe einer Regressionsanalyse die Koeffizienten einer Cobb-Douglas-Funktion zu extrahieren und zu interpretieren. Zur Rekapitulation: Die gewünschte Cobb-Douglas-Funktion sieht folgendermaßen aus:

$E = A^{k1} * L^{k2} * K^{k3} * s$ (s. o. Kapitel über Grundlagen der Produktion).

Um die Regressionsanalyse sachgemäß einsetzen zu können, müssen wir noch einiges klären, z. B. ob bestimmte Anwendungsbedingungen erfüllt sind. Gesucht sind die drei Expo-

[2] Wir haben hier Massells (1968: 447) geringfügig korrigierten Datensatz verwendet, den Schneider gekannt und wohl gebilligt hat. Ich bedanke mich bei Richard Tol, Professor der Ökonomik, für seine freundliche Hilfestellung. Massell hat Schneiders Daten mit einer Regressionsanalyse studiert. Unsere und Massels Ergebnisse stimmten weitgehend überein, nur bei den Konstanten kommt Massell systematisch auf andere Werte. Herr Tol bestätigte mir, dass es sich dabei nicht um eine tiefere Einsicht der Ökonomik handelt.

nenten k1, k2 und k3, s ist eine Konstante. Diese Koeffizienten wollen wir mit Hilfe der linearen Regressionsanalyse ermitteln. Das geht so selbstverständlich nicht, denn die Cobb-Douglas-Funktion ist ersichtlich nicht linear. Wir können aber die Daten linearisieren, indem wir sie in den natürlichen Logarithmus umwandeln. Dann haben wir wieder lineare Verhältnisse:

$ln\text{E} = ln\text{A}*\text{k}1 + ln\text{L}*\text{k}2 + ln\text{K}*\text{lk}3 + ln\text{s}$

Darüber hinaus sollte die Anwendungsbedingung erfüllt sein, dass die unabhängigen Variablen selbst wiederum möglichst weitgehend voneinander unabhängig sind, oder im Jargon der Statistik gesprochen, dass die Multikollinearität möglichst gering ist (eine Grenze für die zumutbare Multikollinearität gibt es nicht). Das bedeutet, eine Änderung im Wert einer unabhängigen Variablen darf nicht systematisch eine Änderung des Wertes einer anderen unabhängigen Variablen zur Folge haben. Wenn die Turu z. B. überzeugt wären, dass ein Feld pro Acre 20 Einheiten Dünger braucht und sich streng an diese Einsicht hielten, wäre die Düngermenge nicht unabhängig, sondern im Gegenteil strikt abhängig von der Größe der Felder. Es gibt einen rechentechnischen Grund für die Unabhängigkeitsbedingung. Außerdem verdecken sich bei Abhängigkeit die Effekte der unabhängigen Variablen. Man weiß z. B. nicht, sieht man nun den Effekt des Düngers oder der Feldgröße. Es gibt auch völlig unabhängig davon, ob man eine Regressionsanalyse vor hat oder nicht, Sinn, zu ergründen (das beginnt schon im Feld) wie stark die verschiedenen unabhängigen Variablen miteinander verbunden sind. Ein einfaches Verfahren besteht darin, alle unabhängigen Variablen miteinander zu korrelieren. Hier ist das Ergebnis der Korrelation:

	Kapital	*Land*	*Arbeit*
Kapital	1		
Land	0,390	1	
Arbeit	0,551	0,661	1

(Korrelationskoeffizient: Pearson)

Ein Wert von 1 (oder –1) bedeutet, die beiden Variablen sind strikt voneinander abhängig, ein Wert von 0, die Variablen sind voneinander völlig unabhängig. Wie die Tabelle zeigt, besteht zwischen der Größe der landwirtschaftlich genutzten Fläche (acres) und der Anzahl der Frauen auf den Höfen die stärkste Abhängigkeit (0,661), weniger abhängig voneinander sind Frauen und Dünger, und am wenigsten Acres und Dünger. Dass Arbeit und Land miteinander hoch korreliert sind, gibt ethnographisch unmittelbar Sinn. Da jede Ehefrau ihren Haushalt selbst mit Hirse versorgt, gilt für einen polygynen Turu-Mann, je mehr Frauen er hat, desto mehr Land benötigt er. Es gibt auch Indizien, dass ein Mann, der mehrere Frauen heiraten will, auch Mittel und Wege findet, an das nötige Land heranzukommen. Die Umkehrung gilt wohl eher nicht.

Wir gehen nun zur Regressionsanalyse selbst über. Dabei müssen wir eine grundlegende Frage in der Regressionsanalyse beantworten, nämlich die Frage nach dem besten Modell. Die folgende Tabelle zeigt, dass es insgesamt 7 Modelle gibt; d.h. der Datensatz lässt sich mit 7 verschiedenen möglichen Modellen beschreiben. Allerdings sind nicht alle gleich gut.

Fall	Land	Arbeit	Dünger	R^2
1	x	x	x	0,6168
2		x	x	0,5855
3	x		x	0,5808
4			x	0,4882
5	x	x		0,4477
6		x		0,3728
7	x			0,3362

Wie gut das jeweilige Modell die Daten ‚widerspiegelt', gibt der R^2-Wert an, das sogenannte Bestimmtheitsmaß (oder Determinationskoeffizient, s.o.). Am höchsten ist das Bestimmtheitsmaß in Fall 1, der aber die beiden miteinander hoch korrelierten Variablen Land und Arbeit enthält. Eine dieser beiden Variablen haben wir in den Fällen 2 und 3 weggelassen. Viel geht dadurch nicht verloren, R^2 sinkt nur um 0,03. Es zeigt sich, dass eine der beiden Variablen in Fall 1 weitgehend überflüssig ist. Die beiden Fälle unterscheiden sich schon deutlicher von Fall 4. Das beste Modell stellt demnach Fall 2 dar oder auch Fall 3. Der Unterschied ist unbedeutend.

Als nächstes sehen wir uns die Analyseergebnisse zu den Modellen 1 bis 3 im Detail an.

	Fall	1	2	3	Österreich 1954/5
1	Bestimmtheitsmaß	0,6168	0,5808	0,5855	
2	Konstante	1,5488	1,1601	1,7030	1,8459
3	Physisches Kapital	0,5235	0,5984	0,5727	0,5972
4	Land	0,3301	0,4987		0,1399
5	Arbeit	0,2671		0,3859	0,2880
6	Summe 3-5	1,1207	1,0971	0,9586	1,0250

Wir betrachten zunächst Zeile 6. Die Summe der Koeffizienten gibt Auskunft über die Art der Skalenerträge. Die Werte liegen in der Nähe von 1, und das bedeutet, wir haben es mit ungefähr konstanten Skalenerträgen zu tun. Danach erwirtschaftet ein Hof, der aus zwei Haushalten besteht, im Schnitt nicht mehr als zwei Höfe, die nur aus einem Haushalt bestehen. Durch Zusammenlegen von Haushalten nimmt die wirtschaftliche Potenz (i. e. Ertrag/Haushalt) der Höfe nicht zu. Dazu passt die oben erwähnte Regel, wonach alle Haushalte eines Hofs üblicherweise für sich selbst wirtschaften..

Die letzte Spalte zeigt die Produktionsfunktion der österreichischen Landwirtschaft aus dem Jahre 1954/5 (cf. Hartung & Elpelt 1986: 79). Auch hier wurden die Faktoren der klassischen Produktionsfunktion benutzt. Physisches Kapital umfasst nun selbstverständlich mehr als Dünger, und Arbeit bezieht sich auf Arbeitstage und nicht auf Arbeitskräfte. Wie man sieht, haben wir es auch in Österreich mit konstanten Skalenerträgen zu tun.

Die Koeffizienten kann man auch so gebrauchen:

$$\text{Hirse} = \text{Dünger}^{0,5727} * \text{Frauen}^{0,3859} * e^{1,703}$$
$$81,74 = 70^{0,5727} * 2^{0,3859} * e^{1,703}$$

Man kann aus gegebenen Mengen von Arbeit und Dünger errechnen, wie hoch der Ertrag (im Mittel) ist. So könnte man auch überprüfen, ob bei einer Verdoppelung des Inputs sich tatsächlich der Output ebenfalls verdoppelt. (Beim Nachrechnen, wird man feststellen, dass es zu keiner exakten Verdoppelung kommt, da die Summe der Koeffizienten bei uns nicht exakt gleich 1 ist). Und es ließe sich noch vieles mehr berechnen. Schneider hat sogar Preise in Schilling zu bieten für Hirse, für Land, für Arbeit, nur sind das keine Preise, die einem Pachtzins oder einem Arbeitslohn entsprechen würde. Fürs Üben reicht das. Aussagen ableiten, die es verdienen ernst genommen zu werden, kann man daraus u.E. nicht.

Bei der Regressionsanalyse ist ‚im Ernstfall' einiges mehr zu berücksichtigen, als wir es getan haben. Man orientiere sich dabei an einem guten Lehrbuch für multivariate Statistik, wie z. B. an Backhaus et al. (2003).

Die Turu sind wirtschaftsethnologisch ein hochinteressanter Fall. Aber es ist auch ein sehr schwieriger Fall. Oben haben wir z. B. erwähnt, dass man sich bei Bedarf Vieh als Düngerlieferant auch leihen kann. Zugleich schreibt aber Schneider, es sei selten genug Dünger da (Schneider 1970: 23). Wie passt das zusammen? Der Turu-Fall ist nicht nur hoch interessant, sondern auch hoch komplex. Er verlangt ausdauerndes und intensives Nachdenken. Didaktisch ist das nicht unbedingt eine günstige Eigenschaft.

DIE ZWEIFACHE PRODUKTIVITÄTSSTEIGERUNG IM INTENSIVIERUNGSPROZESS

In den Intensivierungsphasen finden, wie wir uns vor Augen geführt haben, Produktivitätssteigerungen in zweierlei Hinsicht statt – es nahmen zu die Produktivität des Landes und der Arbeit. Genauer formuliert muss es heißen, es haben Menschen nachgedacht und gehandelt und mit ihrem Denken und Tun die Produktivität in zweierlei Hinsicht mit Absicht gesteigert. Diese zweifache Produktivitätssteigerung ist es auch, die zu den gewaltigen menschheitsgeschichtlichen Umwälzungen in den Wirtschaftssystemen geführt hat. Diese Denkanstrengungen und Leistungen des Menschen kann man interpretieren als eine über Tausende von Jahren fortgeführte erfolgreiche Arbeit an zwei Optimierungsaufgaben.

Um den Prozess des Durchdenkens überschaubar zu halten, gehen wir von folgendem einfachen und stilisierten Szenarium aus. In einer Region betreiben Haushalte Subsistenzwirtschaft und extensiven Bodenbau. Land ist nicht knapp. Ein Haushalt hat im Durchschnitt den Bedarf von 100 Einheiten Getreide im Jahr. Die Haushaltsgröße halten wir konstant. Für die Produktion dieser Menge benötigt er 25 ha und eine Arbeitsleistung von etwas mehr als 180 (genauer 181,14) Tagen. Den Zusammenhang fassen wir mit der folgenden, mittlerweile wohl schon ziemlich vertrauten Cobb-Douglas-Produktionsfunktion.

$E = Ti * A^a * L^b$

E – steht für Ertrag, L für Land, A für Arbeit. Ti, die technische Konstante, steht für das Produktionsniveau. Steigt das Produktionsniveau, nimmt bei gleicher Fläche und Arbeitsleistung der Ertrag zu. Den Exponenten haben wir folgende Werte gegeben a = 0,7 und b = 0,3. Ti haben wir mit 1 angesetzt.

Nun wächst die Bevölkerung in der Region. Es entsteht Bevölkerungsdruck. Das bedeutet, Land wird knapp. Der Durchschnittshaushalt hat nun nicht mehr 25 ha zur Verfügung, sondern nur noch 20 ha, also deutlich weniger. Dass Land knapper wird, zeigt sich zunächst ausschließlich in einer Verkürzung der Brache und als Folge in der Verringerung der Fruchtbarkeit des Bodens; die Felder selbst werden noch nicht kleiner. Der Mensch steht damit vor einer Entscheidung. Entweder er arbeitet so viel wie bisher und nimmt in Kauf, dass er nun auch deutlich weniger als die bisherigen 100 Getreideeinheiten zur Verfügung hat, und zeitweilig Hunger leidet, oder er ist bereit mehr zu arbeiten und bekommt dafür die gewohnte Getreidemenge. Wir gehen von dem menschheitsgeschichtlich häufigen Fall aus, dass die Haushalte sich entschieden haben, um den gewohnten Bedarf zu produzieren, entsprechend mehr zu arbeiten. Wie viel Arbeit dazu nötig ist, können wir ermitteln, wenn wir unsere Gleichung nach A (für Arbeit) auflösen und den Ertrag auf 100 Einheiten fixieren (symbolisch ***E***)

$A = (\boldsymbol{E}/(Ti*L^b))^{1/a}$

Wenn der Durchschnittshaushalt nur noch 20 statt 25 ha zur Verfügung hat, dann muss er laut Formel 200 (genauer 199,32) Tage statt bislang etwas mehr als 180 Tage arbeiten (Ti ist weiterhin auf 1 festgelegt). Wenn die Bevölkerung immer weiter zunimmt, muss auch der Haushalt mehr und mehr Arbeit einsetzen, um den benötigten Bedarf von 100 Getreideeinheiten zu produzieren.

In der folgenden Graphik gibt die Kurve T0 diesen Entwicklungsprozess wieder. Diese Kurve visualisiert die eine der beiden Arten der Produktivitätssteigerung: die Zunahme der Produktivität des Landes bei gleichbleibendem Ertragsziel. Die Kurve hat einen kontinuierlichen Verlauf; vorstellbar und wohl auch nicht unrealistisch wäre auch ein diskreter Verlauf, ein Produktivitätszuwachs in Sprüngen. Jeder Punkt auf der Kurve T0 stellt eine Kombination von Arbeit und Land dar, die den gleichen Ertrag hervorbringt. Man nennt das eine Isoquantenkurve (iso – griechisch für gleich, quantitas – lateinisch für Menge).

Doppelte Produktivitätssteigerung, Isoquantendarstellung

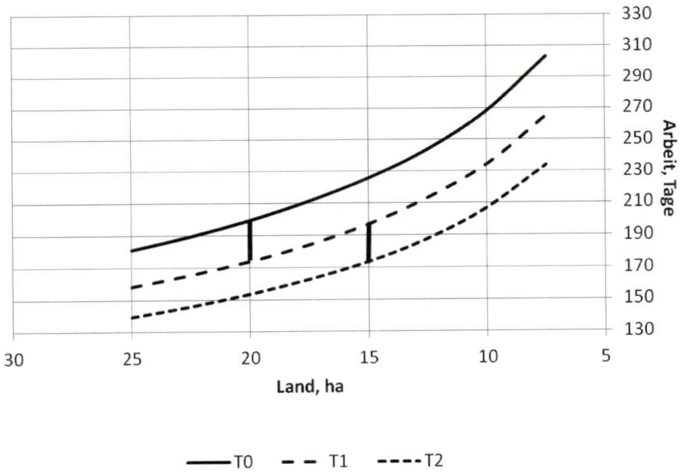

Menschheitsgeschichtlich ist es bekanntlich nicht nur zu einer Erhöhung der Produktivität des Landes gekommen, von der Boserups Intensivierungstheorie handelt. Der Mensch hat auch Mittel und Wege ersonnen, um die Arbeitsproduktivität zu steigern und zwar dramatisch. Diesen Zuwachs in Arbeitsproduktivität haben wir ebenfalls in der Graphik dargestellt, wobei weiterhin der Bedarf bei 100 Einheiten Getreide pro Jahr liegt, d.h. alle drei Kurven sind Isoquantenkurven, und das Quantum ist in allen drei Kurven gleich.

Den Zuwachs der Arbeitsproduktivität haben wir mit einer Erhöhung der technischen Konstanten erreicht, den wir in der Kurve T1 von 1,0 auf 1,1 und in T2 auf 1,2 hinauf gesetzt haben. Technisch wäre so ein Sprung (möglicherweise ist ein kontinuierlicher Anstieg realistischer) z. B. durch die Züchtung ertragreicherer Getreidesorten zu realisieren. Die dicke schwarze senkrechte Linie, die die beiden Kurven T0 und T1 bei 20 Hektar miteinander verbindet, zeigt einen derartigen Zuwachs in der Arbeitsproduktivität. Auf der Kurve T2 gibt es bei 15 Hektar einen Punkt, der zeigt, dass auf diesem Produktionsniveau in etwas mehr als 170 (genauer 173,78) Tagen der Bedarf von 100 Getreideeinheiten erwirtschaftet werden kann. Mit so wenig Arbeit konnte man auf dem technischen Produktionsniveau von T0 100 Einheiten unmöglich produzieren.

Wir sagten eingangs, unser Szenarium sei einfach und stilisiert. Es ist dies auch aus folgendem Grund. Die ganze Zeit haben wir angenommen, dass die Haushalte weiterhin Subsistenzwirtschaft betreiben. Das trifft menschheitsgeschichtlich selbstverständlich nur für einen Teil der Zeit zu. Man sieht, es gibt eine Menge Möglichkeiten, das Modell weiter zu entwickeln.

ZWEI KURZE HINWEISE

Machakos heißt ein Distrikt in Kenia. Er ist Siedlungsgebiet der Akamba und hat große Berühmtheit erlangt als Fall eines Übergangs vom extensiven zum intensiven Bodenbau. Um 1950 war der Distrikt ein Notstandsgebiet. Er war übervölkert. Bevölkerungswachstum unter Beibehaltung extensiver Bodenbaumethoden hatte zu Bodenerosion geführt. Seitdem hat sich viel verändert. Die Akamba haben das Ackerland terrassiert. Die Erosion hörte auf. Die Bevölkerung verdreifachte sich, aber zugleich verdreifachte sich auch der pro Kopf Ertrag des Landes. Eine ethnographische Beschreibung des Falles gibt es u.W. nicht. (cf. Tiffen & Mortimore & Gichuki 1994; Zaal & Oostendorp 2002)

Generalisierungen über kleinbäuerliche Kulturen. Die ethnologische Forschung hat längere Zeit die Frage beschäftigt, ob es typische Züge kleinbäuerlicher Kulturen gibt. Eine positive Antwort glaubte George M. Foster (u. a. 1965) auf diese Frage gefunden zu haben. Seiner Idee hat er den Namen ,the image of the limited good' gegeben. Der Grundgedanke finden sich in dem folgenden Zitat.

> Peasant economies ... are not productive. In the average village there is only a finite amount of wealth produced, and no amount of extra work will significantly change the figure. (297)

Die Höhe des erreichbaren Wohlstands in einem Bauerndorf ist also begrenzt. Das ist das ,limited good'. Diese Begrenzung hat zwei Konsequenzen.
Konsequenz 1: Wenn ein Bauernhaushalt seinen Ertrag erhöhen will, kann er das nur auf Kosten der anderen Haushalte tun. Jeder weiß das („the image").
Konsequenz 2: Bauern haben bestimmte typische Verhaltensweisen. Sie

- sind nicht bereit zu kooperieren („refusal to cooperate")
- misstrauen und verdächtigen einander („distrust and suspicion")
- klatschen unerbittlich und hart („gossip unrelenting and harsh")

Die ,Image-of-the-Limited-Good' Idee gilt mittlerweile als nicht zutreffend. Zwar gibt es kleinbäuerliche Kulturen, die dieser Idee entsprechen, aber es gibt eben auch durchaus kleinbäuerliche Wirtschaften, die Ertragszuwächse kennen, die nicht auf Kosten der anderen erreicht wurden. Schweizers javanische Reisbauern sind ein derartiger Fall. Der Kerngedanke der Idee gilt nicht generell. Es gibt ein weiteres Argument gegen die Idee. Die typischen bäuerlichen Verhaltensweisen (siehe Konsequenz 2) würden sich auch in nicht-bäuerlichen z. B. auch in städtischen Kulturen finden. Das Argument wäre nur stichhaltig, wenn Foster behauptet hätte, Konsequenz 2 gäbe es nur in bäuerlichen Kulturen. Das trifft aber u.W. nicht zu.

LITERATUR

Backhaus, K., et al.
2003 Multivariate Analysemethoden. Berlin: Springer (10. Aufl.).
Barker, R. & Herdt, R.W. & Rose, B.
1985 The rice economy of Asia. Washington, D.C.: Resources of the Future.
Barton, R.F.
1919 Ifugao law. University of California Publications in American Archaeology and Ethnology 15 (1): 1-186.
Boserup, E.
1965 The conditions of agricultural growth; the economics of agrarian change under population pressure. London,: G. Allen & Unwin.
—
2002 The conditions of agricultural growth; the economics of agrarian change under population pressure. London Earthscan Publications (Reprint).
Beckermann, A.
2003 Einführung in die Logik. Berlin: de Gruyter.
Bray, F.
1994[1986] Rice economies. London: Blackwell.
Chu, C.Y.C.
1998 Population Dynamics: A new economic approach. New York: Oxford University Press.
Conklin, H.C., et al.
1980 Ethnographic atlas of Ifugao: a study of environment, culture, and society in Northern Luzon. New Haven: Yale University Press.
Durrenberger, E.P.
1979b Rice production in a Lisu village. Journal of Southeast Asian Studies 10: 139-145.
Foster, G.M.
1965 Peasant society and the Image of Limited Good. American Anthropologist 67: 293-314.
Hartung, J. & Elpelt, B.
1986 Multivariate Statistik. München: Oldenburg.
Hunt, R.C.
2000 Labor productivity and agricultural development: Boserup revisited. Human Ecology 28 (2): 251-277.
Kroeber, A.
1948 Anthropology. New York: Harcourt Brace.
Malinowski, B.
1978 [1935] Coral gardens and their magic. New York: Dover Publications.
Massell, B.F.
1968 Economic variations on a theme by Schneider. *In* Economic Anthropology. E.E. LeClair and H.K. Schneider, eds. Pp. 445-451. New York: Holt, Rinehart and Winston.
Nissen, H.J.
1990 Grundzüge einer Geschichte der Frühzeit der Vorderen Orients. Darmstadt: Wissenschaftliche Buchgesellschaft (2. Auflage).
Overton, M.
1996 Agricultural revolution in England. Cambridge: Cambridge University Press.

Schneider, H.K.
1968 Economics in East African aboriginal societies. *In* Economic anthropology. E.E. LeClair and H.K. Schneider, eds. Pp. 426-445. New York: Holt, Rinehart and Winston.
—
1970 The Wahi Wanyaturu; economics in an African society. Chicago,: Aldine Pub. Co.
Schweizer, T.
1980 Konsumverhalten im ländlichen Java. Sociologus 30: 123-152.
—
1989 Reisanbau in einem javanischen Dorf : Eine Fallstudie zu Theorie und Methodik der Wirtschaftsethnologie. Köln: Böhlau.
Tiffen, M. & Mortimore, M. & Gichuki, F.
1994 More people, less erosion. Environmental recovery in Kenya. Chichester: Wiley.
UN Population Division
1999 The World at Six Billion.
—
2006 World Population Prospects. The 2005 Revision.
Zaal, F. & Oostendorp, R.H.
2002 Explaining a miracle: intensification and the transition towards sustainable small-scale agriculture in dryland Machakos and Kitui districs, Kenya. World Development 30 (7): 1271-1287.

5 Produktionssysteme der Pastoralisten

Andere Namen für Pastoralisten (lat. pastor – Hirte, pastio – Weide) sind Viehhalter, Viehzüchter und Herdenhalter. Die Wirtschaftsbasis sind Herden, die auf Weiden gehalten werden. Der Pastoralismus entstand ungefähr zur gleichen Zeit wie der Bodenbau, also vor rd. 10.000 Jahren.

Pastoralisten findet man heute vor allem in ariden Gebieten mit einem durchschnittlichen Jahresniederschlag von 50 bis 500 mm. Zu den ariden Gebieten rechnet man auch solche mit noch geringeren Niederschlägen. Dort ist aber für Pastoralisten nur selten etwas zu holen. Typisch für das aride Klima ist die ausgeprägte dreifache Variabilität der Niederschläge, nämlich in der Zeit, in der Fläche und in der Intensität. Die Niederschläge schwanken stark von Jahr zu Jahr, und sie fallen auch in der Fläche unterschiedlich aus, so dass auch in guten Jahren ein flickenteppichartiges Muster von üppigen bis mageren Weiden entsteht. Schließlich gibt es nicht nur sanften Nieselregen, sondern u. a. auch sintflutartige Wolkenbrüche. In wenigen Stunden fällt dann so viel Regen wie üblicherweise in einem Monat. Bei solchen Regenfällen läuft das Wasser sehr schnell ab und es dringt nur wenig davon in den Boden ein. Im schlimmsten Fall wird gar die Vegetation weggeschwemmt. Daher kann die Biomasseproduktion und damit die Futterproduktion auf den Weiden deutlich stärker schwanken als die Niederschlagsmengen.

Eine Anpassung an diese klimatische Variabilität ist die *nomadische* Residenzform der Pastoralisten. Das Wort „nomadisch" hat im Deutschen wie auch im Englischen zwei Bedeutungen. In der heute gängig(er)en Bedeutung bezeichnet es eine umherziehende Lebensweise. In diesem Sinn versteht die Zeitschrift ‚Nomadic peoples' das Wort, und so gebrauchen auch wir, wie gesagt, das Wort im vorliegenden Buch. Die griechische Wurzel des Wortes bedeutet Weide, und daher kommt die zweite Bedeutung des Wortes einer auf Herden und Weiden basierenden mobilen Lebensweise. Nomade kann also auch umherziehende Viehzüchter bedeuten. In der Ethnologie ist auch diese zweite Bedeutung noch gebräuchlich.

Ungefähr 1/3 der von Land bedeckten Erdoberfläche ist arid. Der Pastoralismus ist größtenteils die einzige landwirtschaftliche Nutzungsmöglichkeit dieser Gebiete.

Daten zum Produktionsfaktor Arbeit sind bei dieser Wirtschaftsform merkwürdigerweise außerordentlich selten (cf. Beck & Klute 1991). Das ist einer der Gründe weshalb wir auf eigene, teilweise unpublizierte Daten zurückgreifen.

EXEMPLARISCHER FALL

Gegenstand	Pastoralistisches Produktionssystem (keine Subsistenzproduktion)
Kultur	**Mahria**
Lokalisierung	Nord-Darfur, Sudan.
Untersuchungszeitraum	1980/1, 1 1/2 Jahre
Autoren	H. Lang u. U. Holter (1996)

Das Herdentier der Mahria ist das Kamel; manchmal kommen noch ein paar Ziegen hinzu, Schafe fehlen fast ganz. Im Jahresmittel regnet es 200 bis 250 mm. Der Regen fällt im Sommer von August bis September oder Oktober. Er ‚wandert' von Süden nach Norden. Offenes Wasser gibt es nur zur Regenzeit. Danach muss das Wasser aus Brunnen geschöpft werden, die in trockene Flussbetten (Wadis) gegraben werden.

Die Mahria ziehen zu Beginn der Regenzeit nach Süden, dem Regen entgegen, und danach nach Norden, dem Regen folgend. Nach dem Ende der Regenzeit geht es zurück nach Süden in die Reichweite der permanenten Brunnen. Bis Februar wandern traditionell die Haushalte (Zelte) mit den Herden. Danach, in der heißen trockenen Jahreszeit, lassen sich die Haushalte in der Nähe der permanenten Brunnen nieder, und die Hirten ziehen allein mit den Herden von Weide zu Weide. Es ist eine Tendenz zur Sesshaftigkeit zu beobachten. Immer mehr Haushalte bleiben das ganze Jahr über in der Nähe der permanenten Brunnen.

Das Hauptnahrungsmittel der Mahria ist Hirse – d.h. nicht die Produkte ihrer Herden. Die Kamele werden auf Märkten verkauft, und auf Märkten wird auch die Hirse gekauft. Der aktuelle Hirsepreis auf den verschiedenen Märkten ist ein wichtiges Gesprächsthema, wenn sich Mahria begegnen. Dass Pastoralisten sich *nicht* hauptsächlich von den Produkten ihrer Herden ernähren, ist der dominante Fall.

Produktionsfaktor Arbeit:

Generell hat die Arbeit der Pastoralisten eine völlig andere Rhythmik als die der Feldbauern und Ackerbauern. Beim Bodenbau hatten wir es mit einer Sequenz von verschiedenen Arbeitsschritten zu tun, die sich über Wochen oder Monate hinziehen (Sähen/Pflanzen bis Ernten). Anfang und Ende der Sequenz sind klar markiert. Bei den Pastoralisten gibt es das nicht. Die folgende Tabelle gibt Auskunft über die täglich anfallende Hirtenarbeit. Die Daten haben wir im Januar 1981 an vier Tagen erhoben. Beobachtet wurden zwei Herden, die jeweils von einem Hirten gehütet wurden. Beide Hirten waren Söhne der Herdeneigentümer.

Tägliche Hirtenarbeit bei den Mahria

Beginn	06:30
Melken	10–15 min
Entfernen der Kniefesseln	5–10 min
Treiben der Herde zur Weide	30 min
Hüten	9 1/2 h
Zurücktreiben	1 h
Melken	–
Anlegen der Kniefesseln	10–15 min

Der Arbeitstag dauerte ca. 12 Stunden und diese Arbeit fällt mit wenigen Unterbrechungen (s.u.) Tag für Tag an. Die Kniefesseln legt man denjenigen Tieren an, die sich nachts sonst davonmachen würden. Hüten heißt, die Herde im Auge behalten und ab und an wieder zusammentreiben.

Arbeitsprozesse mit längerem Zeitintervall:

Tränken: Die untersuchten Herden wurden im Winter 1981 jeden 11. Tag getränkt. Der Arbeitsgang sieht folgendermaßen aus. Die Hirten treiben die Herde zum permanenten Brunnen (ein Tag), schöpfen dort Wasser aus dem Brunnen (je nach Größe der Herde bis zu einem Tag) und treiben die Herde wieder zurück. In der heißen Zeit ist das kürzeste Intervall 6 Tage (jeden 7. Tag wird getränkt). In der Regenzeit ist Tränken nicht nötig. Dafür wird Steinsalz zu einer

‚Lecke' pulverisiert. Es wird sonst brockenweise in das Wasser gegeben, das die Kamele trinken.

Umzug des Lagers: Solange die Haushalte in Zelten mit der Herde ziehen, wird das Lager ca. alle 20 Tage verlegt. Wenn die Hirten alleine mit den Herden unterwegs sind, ziehen sie alle drei bis fünf Tage um. Wie erklärt sich der Unterschied in den Umzugsintervallen? Zwei Faktoren sind hier am Werk. Der eine Faktor ergibt sich aus einem Grundsatz, den alle Pastoralisten befolgen. Tiere sollen nie mehr als unbedingt nötig gehen. Das Futter wird beim Gehen in Bewegung statt in Fleisch und teilweise Milch, die Produktionsziele, umgewandelt. Die Tiere sollten also einen möglichst kurzen Weg zur Weide haben. Der zweite Faktor ist der Aufwand beim Umzug. Die Habe eines Hirten besteht aus kaum mehr als einer Satteltasche (und seinem Inhalt), einer Zeltplane als Schlafunterlage und einer Decke plus Lebensmittelvorräten. Diese Habe ist schnell aufgepackt und verlagert. Bei den Haushalten ist der Aufwand wesentlich größer. Die Zelte (inklusive Hausrat) müssen abgebaut, auf Kamelen an den neuen Ort transportiert und wieder aufgebaut werden. Ein Hirtenlager kann dem genannten Grundsatz der Pastoralisten demgemäß mühelos strenger befolgen.

Aus dieser Erklärung ergeben sich weitere Fragen. Warum lässt man z. B. die Herden nicht ganzjährig allein mit den Hirten ziehen? Die Mahria geben darauf unterschiedliche Antworten. Das ist nicht verwunderlich, denn ein Teil der Haushalte zieht, wie gesagt, schon überhaupt nicht mehr mit den Herden, ein anderer Teil noch immer. Die Kultur der Mahria befindet sich im Umbruch.

Steinsalz beschaffen in der Oase Bir al Atrun: Einmal im Jahr geht man zu der Oase in der Sahara und baut Steinsalz ab, das dort dicht an der Erdoberfläche ansteht. Die Unternehmung dauert ca. 30 Tage. Die Herden bleiben selbstverständlich im Süden und müssen weiterhin gehütet werden.

Unregelmäßig anfallende Arbeitsprozesse:

Trotz Kniefesseln und ständiger Überwachung bei Tag gehen immer wieder Tiere verloren, die dann gesucht werden müssen. In der Regenzeit gehen jeweils zwei Hirten auf die Suche nach Weidegründen. Das ist nötig, weil der Regen, wie gesagt, flickenteppichartig fällt, und die Weiden daher sehr unterschiedlich ausfallen.

Produktionsfaktor Physisches Kapital:

Dieses Kapital besteht hauptsächlich aus den Kamelen. Eine junge Familie braucht ca. 30 Tiere zum Überleben. Es gibt Familien die mehr als 100 Kamele besitzen, aber diese Familien sind selten.

Eine Herde setzt sich zusammen aus weiblichen Tieren, das ist die Hauptmasse, einem Deckhengst und weiteren männlichen Tieren zum Tragen von Lasten und zum Reiten. Die Herdenstruktur gibt ökonomisch Sinn. Es sind im Wesentlichen die weiblichen Tiere, von denen das Herdenwachstum abhängt. Demgemäß vermeidet man es, weibliche Tiere zu verkaufen, um Geld für Hirse und die anderen lebensnotwendigen Dinge zu bekommen, und verkauft stattdessen männliche Tiere.

Hinzukommen die Kniefesseln, die die Hirten selber herstellen. Abgeschnittene Enden von Petroleumfässern dienen als Tränke für die Kamele. Für das Melken und Wasserschöpfen benutzt man Emailleschüsseln, die auch als Essgeschirr verwendet werden. Außer den Tieren gibt es also nur wenig physisches Kapital.

Produktionsfaktor Land:

Was das Recht auf Weiden anbetrifft, so hat jedermann in Norddafur *freien Zugang* (e. free access) zu den Weiden. Als Prinzip gilt: Wer zuerst an einer Weide ankommt, hat das Recht, dort zu weiden. Wer später kommt, muss weiterziehen.

Wie kommt es zu dieser Rechtsform? Es gibt eine Erklärung, in der die Verteidigungskosten eine zentrale Rolle spielen. Wer über ein Territorium verfügen will, muss im Stande sein, Eindringlinge abzuwehren. Das kann unterschiedlich viel kosten. Diese Kosten sind abhängig von zwei Größen. Die eine Größe ist die Vorhersehbarkeit der Ressourcen. Wie gut lässt sich vorhersehen, ob es nach der nächsten Regenzeit gute Weiden oder schlechte geben wird, ist hier die Frage. Die andere Größe ist die durchschnittliche Ressourcenmenge selbst (Biomasse). Die Verteidigungskosten sind nun um so höher, je unvorhersehbarer die Ressourcen sind und je geringer die Ressourcenmenge ist. Sie werden schließlich untragbar hoch. (cf. Dyson-Hudson & Smith 1978)

Eine Illustration für dieses Erklärungsmodell liefern die Verhältnisse in Norddarfur in den 70er Jahren des letzten Jahrhunderts. Damals hat es dort eine schwere und längere Dürreperiode gegeben (die westliche Presse sprach damals von „der Sahelkastrophe"). Die Mahria waren deshalb alle für längere Zeit in den Süden Darfurs gezogen, was verheerende Folgen hatte. Sie verloren im Süden bis zu 80% ihrer Herden. Die Tiere hatten Probleme sich an die klimatischen und ökologischen Verhältnisse anzupassen. Im Norden aber fehlte es an Weide; der Wert des Landes war zu dieser Zeit gleich Null. Es gab nichts zu verteidigen. Die Dürren sind absolut unvorhersehbar. Wir haben keine Mahria getroffen, die sagten, sie kennten verlässliche Vorzeichen für gute oder schlechte Regenzeiten. Die vorhandene Ressourcenmenge im Norden ist bei 250 mm Niederschlägen pro Jahr niedrig, und selbst in besseren Regenjahren ist die Weide von Ort zu Ort unterschiedlich gut. Die Verteidigungskosten waren für die Mahria und die anderen Pastoralisten im Norden Darfurs zu hoch, und damit blieb als Alternative nur noch der freie Zugang. Die Präsenz eines starken Staates kann allerdings die Ökonomik des Schutzes eines Territoriums grundlegend verändern.

Die Mahria behalten Kamelstuten in der Herde, so lange noch eine Chance besteht, dass diese überhaupt noch Nachwuchs bekommen können. Diese Praxis reduziert die Produktivität des Landes. Sinn gibt sie für den einzelnen Herdenbesitzer aber durchaus. Das Futter, das die Kamele nicht fressen, nutzt ihrem Besitzer selbst nichts, sondern anderen. Für den Herdenbesitzer lohnt es sich damit durchaus, auch alte Kamelstuten, die nur noch selten kalben, in der Herde zu behalten. Wir werden diese Situationsklasse im Kapitel Produktionsstrategien (s. Trauerspiel der Allmende) noch genauer unter die Lupe nehmen.

Das physische Kapital Herden sorgt nicht nur für den spezifisch pastoralistischen Arbeitsrhythmus. Es erzeugt auch eine Ertragsdynamik, die sich grundlegend von der Ertragsdynamik bei den Bodenbauern unterscheidet. Nach einem Ernteausfall, z. B. wegen einer Dürre, kann ein Ackerbauer und auch ein Feldbauer im nächsten Anbauzyklus sofort wieder die gewohnte Ertragshöhe erzielen, vorausgesetzt, es ist genügend Saat- bzw. Pflanzgut übrig geblieben, was durchaus nicht unüblich ist. Für einen Pastoralisten, der durch eine Dürre einen Teil der Herde verloren hat - und wie wir gesehen haben, können die Verluste dramatisch hoch sein - sieht die Zukunft anders aus. Selbst wenn die nächste Regenzeit extrem gut sein sollte, wird dadurch die Herde nicht schlagartig wieder die alte Größe erreichen. Wie überleben Pastoralisten solche Ertragseinbrüche? Mit dieser Frage werden wir uns weiter unten noch auseinandersetzen.

Der nomadische Pastoralismus ist auf dem ‚Rückzug'. Die Tendenz zur Sesshaftigkeit hat sich nicht nur bei den Mahria verstärkt. Die Gründe kann man mit dem Wort ‚Modernisierung' (der Lebensweise) zusammenfassen. Die Mahria wollen u. a. Zugang zum Gesundheits- und Schulwesen. Das verträgt sich nicht mit nomadischer Lebensweise. Auch in den Motiven sind die Mahria kein Einzelfall.

Man kann auch beim Pastoralismus Intensivierungstendenzen beobachten. Klute beschreibt z. B. Pastoralisten, die ebenfalls (u. a.) Kamele halten. Sie wenden dabei aber sehr viel mehr Arbeit auf als die Mahria. Sie zwingen die Kamele Salzwasser zu trinken. Sie helfen bei der Kopulation nach. Das sind Maßnahmen, um den Ertrag zu erhöhen. Sie sollen in einem doppelten Sinn das Herdenwachstum steigern: mehr Tiere und mehr Gewicht pro Tier. (cf. Klute 1992)

Der moderne Pastoralismus in den ariden Gebieten ist die intensivste Form des Pastoralismus. Zu den Intensivierungsmaßnahmen gehören die Steigerung von Qualität und Quantität der Futterproduktion der Weiden, und die Verwendung von ertragreicheren Viehrassen z. B. Vieh, das Futter schneller in Fleisch umsetzt. Den Pastoralisten sind bei der Intensivierung allerdings engere Grenzen gesetzt als den Bodenbauern. Sie können nur sehr begrenzt den Reproduktionszyklus der Herdentiere beeinflussen, und eine ganze Reihe von technisch möglichen Intensivierungsmöglichkeiten rechnen sich nicht, so z. B. das künstliche Bewässern von Weiden.

Das Land ist bei diesem Produktionstyp in Privatbesitz. Der Produktionstyp ist im Übrigen ethnographisch noch wenig erforscht.

EXEMPLARISCHER FALL

Gegenstand	Pastoralismus mit Privatbesitz an Land
Kultur	**Rehobother Baster**
Lokalisierung	Zentral-Namibia
Untersuchungszeitraum	1995 ff., ca. 2 ½ Jahre
Autor	H. Lang (2005)

Das Klima ist ähnlich wie bei den Mahria. Die durchschnittliche jährliche Niederschlagsmenge liegt bei ca. 250 mm. Offenes Wasser gibt es nur zur Regenzeit von Februar bis etwa April. An Vieh werden gehalten Rinder, Schafe und Ziegen. Im Grunde ist das Bastergebiet ideales Kamelland.

Das Vieh verkaufen die Farmer hauptsächlich auf regelmäßig stattfindenden Auktionen oder an Viehhändler, die zu den Farmern kommen.

Die Baster hatten bis zur Unabhängigkeit Namibias ein eigenes Territorium und auch einige politische Autonomie.

Produktionsfaktor Land:

Die Baster haben sich 1870 in Rehoboth niedergelassen; davor hatten sie in der Kapprovinz (Südafrika) gelebt. Der Weidegrund war in Rehoboth zunächst kommunales Eigentum. Ab 1895 gingen die Baster aus freien Stücken zu Privateigentum an Weideland über (cf. Lang 1999). Jeder Baster konnte einen Antrag auf eine Farm stellen, und erhielt ein Flächenstück von ca. 7000 ha. Seit langem schon gibt es ein Grundbuchamt in Rehoboth. Farmen werden vererbt, verschenkt, verkauft und verpachtet. Die Farmgrößen variieren von 450 ha bis über 10000 ha. Mit einer Farm von minimal 2000 ha kann ein Haushalt seinen Lebensunterhalt bestreiten. Das ist der niedrigste von Bastern genannte Wert. Andere meinen, man brauche mindestens 4000 ha. Das namibische Landwirtschaftsministerium hat mit 7000 ha gerechnet.

Die Geschichte des Eigentumsrechts auf Weideland bei den Bastern (cf. Lang 1999) zeigt recht plastisch, dass das Recht auf Privateigentum sehr unterschiedlich ausgeformt werden kann. Noch in der ersten Hälfte des vorigen Jahrhunderts hatten die Farmen der Baster keine präzise vermessenen Grenzen, und man wusste, dass man an den Rändern der Farmgrundstücke die Weiden und damit auch ihre Nutzung nicht unbedingt klar und eindeutig, der einen oder anderen Farm zuordnen konnte. Ein Teil der Baster fand das auch gut so. Auch durften Basterfarmen nur an Baster verkauft werden. Das Verkaufsrecht galt also nur bedingt. Generell gilt: Es kann angemessener sein, Privateigentum als Typbegriff und nicht als Klassenbegriff einzusetzen.

Die Basterbevölkerung ist im letzten Jahrhundert stark gewachsen (Lang 1998). Die durchschnittliche jährliche Wachstumsrate lag bei 3,3%. Das entspricht einer Verdoppelungszeit von 21 Jahren. Das hatte Folgen für die Wirtschaftsweise der Baster. Die folgende kleine Tabelle zeigt den Prozentsatz der Basterhaushalte (kursiv und fett), die 1981 allein vom Farmen innerhalb der Grenzen des Basterterritorium hätten leben können:

	Farmgröße ha:	4000	7000
Haushaltsgröße min:	5,6 Personen	***7,8***	***4,4***
Haushaltsgröße max:	10,0 Personen	***13,9***	***7,9***
	(cf. Lang 1998)		

Da wir für 1981 keine Daten über die durchschnittliche Haushaltsgröße haben, benutzen wir zwei Werte, die das historisch belegte Minimum bzw. Maximum darstellen. Wie die Tabelle zeigt, konnten 1981 nur noch höchstens 13,9% der Haushalte allein vom Pastoralismus leben. Tatsächlich ist es aber zu einer anderen Entwicklung gekommen. Die große Mehrheit der Basterfarmer lebt nicht mehr allein vom Farmen, sondern ist Teilzeitfarmer und bezieht damit ihr Einkommen nur zu einem Teil aus dem Pastoralismus. Eine Tendenz zur Landwirtschaft als Teilzeitarbeit beobachtet man übrigens weltweit, und, wie man sieht, ist die Tendenz nicht nur auf den Bodenbau beschränkt. Wie kam es zu dieser Entwicklung?

Die Baster gebrauchten längere Zeit als Erbregel die so genannte Realteilung, d.h. die Farm wurde zu gleichen Teilen unter allen Erben (u. a. allen Kindern) aufgeteilt. Die Baster kannten zwar auch die Möglichkeit, eine Farm per Testament z. B. nur einem Erben zu vermachen, aber davon machten sie kaum Gebrauch. Das hohe Bevölkerungswachstum ist mit großen Familien verbunden. Die Folge war eine rapide zunehmende Zersplitterung der Farmen. Die Farmen wurden immer kleiner. Das ist ein Grund, weshalb Landwirtschaft heute hauptsächlich in Teilzeitarbeit praktiziert wird. Mittlerweile zeichnet sich aber ein Institutionenwandel ab. So wird von der Realteilung immer seltener uneingeschränkt Gebrauch gemacht. Eine sehr junge institutionelle Neuerung sind die sogenannten ‚close corporations'. Eigentümer der Farm sind nicht mehr Menschen von Fleisch und Blut, sondern eine Körperschaft, eine Rechtskonstruktion also, an der die Menschen Anteile besitzen. Damit ist die Zersplitterungsgefahr gebannt. Im Erbfall geht nicht die Farm selbst, sondern die Anteile an der Farm an neue Besitzer über.

Die Produktivität des Landes ist im heutigen Rehoboth anders als bei den Mahria eine Größe, die bewusst berücksichtigt wird. Die Farmer können ihre Weiden uneingeschränkt selbst nutzen. Sie können Weideflächen für später aufsparen, und brauchen nicht zu befürchten, dass Herden anderer sie abfressen. Die Intensität der Landnutzung ist auf den Viehfarmen denn auch sicherlich größer als bei den Pastoralisten mit freiem Zugang zur Weide, aber auch bei Kommunaleigentum. Die Intensivierung geht so weit, dass ein Farmer mit dem

Pflug sogenannte Konturwälle aufwerfen ließ, um damit das schnelle Abfließen des Regenwassers zu verhindern.

Physisches Kapital:

Auch hier ist wieder das Vieh ein wesentlicher Bestandteil des Kapitals. Auf den Farmen gibt es aber keine alten weiblichen Tiere mehr. Dass das den Ertrag schmälern würde, liegt nun unmittelbar auf der Hand (siehe oben).

Fast alle Farmen haben Drahtzäune rings um das Land. Innerhalb der Farm gibt es weitere Zäune zur Abtrennung von Weideflächen. Diese Flächen dienen dem Weidemanagement. Es gibt sogenannte Krale, das sind von massiven Zäunen, oft aus Metall, umgrenzte kleine Flächen zur Unterbringung der Herden für das Aussortieren, Impfen und Ähnliches.

Sehr teuer ist das physische Kapital, das nötig ist, um Wasser für die Tiere bereitzustellen. Das Wasser wird üblicherweise aus Bohrlöchern gepumpt. Diese Löcher bohren spezialisierte Firmen. Für die Förderung werden Wind- oder Dieselpumpen eingesetzt. Weiterhin braucht man ein Reservoir für das Wasser. Unter anderem hat man damit beim Ausfall der Pumpe eine Wasserreserve. Weiterhin sind Tränken für das Vieh nötig.

Mit diesen Wasserförderungsanlagen wird ebenfalls eine Intensivierung der Landnutzung und der Viehhaltung möglich. Anfangs hatten die Baster wie die Mahria nur Wasserlöcher in den Trockenflusstälern genutzt. Das hatte zur Folge, dass ein Teil der Weidefläche in der Trockenzeit außerhalb der Reichweite des Viehs lag. Dank der Bohrlöcher und manchmal kilometerlanger Rohrleitungen werden diese Weideflächen nun das ganze Jahr über nutzbar, jedenfalls prinzipiell. Außerdem kann man damit dem Grundsatz, die Tiere so wenig wie möglich zu bewegen, besser gerecht werden.

Es sind ferner Werkzeuge nötig, um die genannten Installationen in Stand zu halten. Die Tiere brauchen regelmäßig Salz. Sie müssen geimpft werden. Es sind Fahrzeuge nötig. Bei den armen Farmern sind das Esel plus Wagen, sonst Autos.

Arbeit:

Auf den meisten Basterfarmen hüten Hirten die Kleintiere (Schafe und Ziegen). Die Rinder gehen alleine auf die Weide. Um ein Bild von der Hirtenarbeit auf Farmen der Rehobother Baster zu erhalten, haben wir Anfang Juni 1996 einen Hirten mit ca. 400 Schafen und Ziegen einen Tag lang begleitet. Ziegen und

Schafe werden auf der Farm üblicherweise getrennt geweidet. An diesem Tag war ein Hirte ausgefallen. Der Hirte war ein bezahlter Farmarbeiter. Das Ergebnis zeigt die folgende Tabelle.

Beginn:	*07:45*
Melken/Jungziegen beim Säugen helfen/ Trennen der Jungtiere von den Müttern	1 h
Hütearbeit insgesamt	7 h
davon gegangen	*4 h*
Tränken	15 min
Herde zum Kraal treiben	1 h
Jungziegen zu ihren Müttern geben	20 min

Insgesamt waren es also 9½ Stunden Hirtenarbeit. Manchen Jungziegen muss man beim Säugen helfen, weil ein Teil der Ziegenmütter – bei Schafen ist das anders – ‚Rabenmütter' sind. Die Jungtiere werden von den Müttern getrennt, denn sie sollen nicht mit auf die Weide gehen. Während der 7 Stunden Hütearbeit sind wir rd. 4 Stunden gegangen, das entspricht nach unserer Schätzung ca. 16 bis 20 km. Der Hirte hielt jeweils für 2 bis 15 Minuten an und ging dann weiter. Die Herde kam mit. Der Besitzer war entsetzt, als er dieses Ergebnis sah. Der Hirte hatte den nun schon öfters angeführten zentralen Grundsatz der Pastoralisten, Tiere so wenig wie möglich zu bewegen, missachtet. Vielleicht hatte der Hirte zeigen wollen, wie gut er eine große Herde steuern kann. Das jedenfalls hat er in eindrucksvoller Weise demonstriert.

Wir sind übrigens den ganzen Tag keiner Menschenseele begegnet. Die Mahria Hirten waren zu mehreren auf der Weide, haben sich miteinander unterhalten, haben Spiele gespielt. Der Viehhirte bei den Bastern ist auf der Weide tagtäglich allein.

Auf einigen Farmen passen auch schon auf das Kleinvieh keine Hirten mehr auf. Die Arbeit mit den Tieren besteht hier vor allem darin, sie von Zeit zu Zeit auf eine andere Weidefläche zu treiben.

Arbeisprozesse mit längeren Intervallen: Regelmäßig anfallende Arbeit sind das Kontrollieren und Reparieren der Zäune, die Reinigung der Wasserreservoire, das Impfen der Tiere. Von Zeit zu Zeit müssen auch hier noch verloren gegangene Tiere gesucht werden.

DER PASTORALISTISCHE UMGANG MIT RISIKEN

Wie wir gesehen haben, sind die Mahria bei längeren und schweren Dürren nach Süden ausgewichen. Für die Basterfarmer gibt es solche Ausweichmöglichkeiten nicht. Die Risiken sind für die Basterfarmer deutlich größer als in Norddarfur, denn auch in besseren Jahren kommt es laufend vor, dass einige Farmen kaum Regen abbekommen. Wie wird das Problem gelöst? Wenn nur wenige Farmen kaum Regen bekommen haben, besteht eine Lösung darin, Weide zu pachten. Wenn es sich um schwere Dürren handelt, sieht der schlimmste Fall folgendermaßen aus: Die Weiden der Farm sind erschöpft, und es gibt keine Pachtmöglichkeiten. In diesem Fall bleibt nichts anderes übrig als die Tiere zu verkaufen. Wird diese Sachlage vielen Farmern zur gleichen Zeit klar, führt das zu niedrigen Viehpreisen.

Nach dem Ende der Regenzeit muss jeder Farmer ein Problem lösen, das sicherlich zu den schwierigsten auf den Viehfarmen gehört. Der Farmer muss die Tragkraft seiner Farm schätzen, d.h. er muss schätzen, wie viele Tiere er auf der vorhandenen Weide im anstehenden Jahr halten kann. Überschätzt er die Tragkraft und setzt zu viele Tiere auf die Weide, reicht sie nicht bis zur nächsten Regenzeit, oder er schädigt seine Weide durch Überweidung. Die Tragkraft des Landes wird dadurch für längere Zeit herabgesetzt. Unterschätzt der Farmer die Tragkraft und setzt zu wenige Tiere auf sein Land, nutzt er die Weide nicht optimal. Man sieht sofort, dass Besitzer großer Farmen es sich am ehesten leisten können, die Viehzahl zu unterschätzen. Eine praktikable, und das heißt auch finanziell erschwingliche Schätzmethode, kennen die Baster nicht. Weltweit ist das Farmen mit Vieh in ariden Gebieten noch immer ein riskantes Unternehmen. Ein Bankrott ist dabei nichts Ungewöhnliches.

EXEMPLARISCHER FALL

Gegenstand	Pastoralistische Produktionssysteme, das Risiko des Herdenverlusts und Soziales Kapital
Kultur	**Pokot**
Lokalisierung	Nordwest-Kenia
Untersuchungszeitraum	ab 1987 1 ½ Jahre plus weitere Aufenthalte
Autor	Bollig (1992; 2006)

Die Pokot halten Rinder, Kamele, Ziegen und Schafe. Diese Vielfalt der Arten von Herdentieren hängt damit zusammen, dass es in ihrem Siedlungsgebiet vier Klima- und Vegetationszonen in unterschiedlichen Höhenlagen gibt. Die Dornbuschsavanne wird z. B. als ganzjährige Weide nur für Ziegen und Kamele genutzt.

Nur die reicheren Familien besitzen Kamele. Die meisten Familien besitzen Rinder und Ziegen, wobei Rinder eine zentrale Rolle in der Pokotkultur spielen. Rinder werden zu rituellen Anlässen geschlachtet, wie z. B. bei Initiationsfesten oder Heilungsritualen; es können auch Ziegen oder Schafe sein, wenn die Familien arm sind.

In weiten Teilen des Pokotgebiets sind Familien für ihren Lebensunterhalt auf ihre Herden angewiesen. Genutzt werden Milch, Blut und das Fleisch. Daneben werden Tiere gegen Geld verkauft, um dafür Maismehl, Zucker und Tee zu kaufen. Geld wird auch benötigt, um Verwandten den Besuch einer Sekundarschule zu bezahlen, für Perlen, die Mädchen von ihren Vätern zu ihrer Initiation geschenkt bekommen, für Medizin und Waffen.

Es gibt einen Markt für Fleisch, auf dem die Pokot kastrierte männliche Tiere verkaufen. Junge noch nicht geschlechtsreife weibliche Tiere werden gegen ausgewachsene kastrierte männliche Tiere getauscht. In diesem Fall wollen die Abnehmer der weiblichen Tiere das Wachstumspotential ihrer Herden steigern, während die Abnehmer der kastrierten Tiere ein Produkt für den Fleischmarkt brauchen. Weitere Transaktionen von Tieren dienen dazu, Produktionsrisiken abzusichern und soziale Beziehungen zu knüpfen oder zu pflegen. Darauf werden wir weiter unten noch näher eingehen.

Das Risiko des Herdenverlusts:

Der Herdenbestand der Pokot ist durch eine Reihe von Risikofaktoren bedroht, die wir teilweise schon kennen. Es sind Dürren, Viehkrankheiten, Raubtiere und Raubzüge der Turkana, einer Nachbargruppe. Die jährlichen Niederschläge im Pokotgebiet erreichen ca. 600 mm im langjährigen Durchschnitt. Als Dürrejahre gelten Jahre mit einer Niederschlagsmenge von unter 500 mm. (Die lokale Definition von Dürrejahren ist naheliegenderweise relativ zu den üblichen Niederschlagsmengen). Dürren sind keine raren Ereignisse. Ungefähr ein Viertel von 41 Jahren waren nach Bolligs Daten Dürrejahre, was aber nicht heißt, dass Dürren mit vorhersehbarer Regelmäßigkeit eintreffen. Die Niederschläge im Pokotgebiet weisen oben erwähnte dreifache Variabilität auf. Auch die anderen Risikofaktoren sind so geartet, dass sie im typischen Fall nicht jede Pokotfamilie im gleichen Maß treffen. Die Folge ist, dass in Krisenjahren die eine Pokotfamilie ziemlich ungeschoren davonkommt, während eine andere Familie ziemlich schwere Verluste hinnehmen muss. Im Extremfall nehmen die Herden mancher Familien zu, während andere Familien einen Totalverlust erleiden.

Schließlich können noch die verschiedenen Herdentierarten unterschiedlich von der Krise betroffen sein. Die Dürre von 1990/1 z. B. nannten die Pokot eine ‚Rinderdürre'. Die verheerendste Wirkung entfaltete sie bei den Rindern. Es kam zu Verlusten von bis zu 77% der Tiere. Unter den Kamelen waren die Verluste geringer, während manche Haushalte beim Kleinvieh sogar einen Zuwachs verzeichneten (Bollig 2005: 118 f.).

Bevor wir uns mit den Konsequenzen der Herdenverluste auseinandersetzen, sollten wir uns (kurz) mit der Definition von Risiko befassen. In der Literatur findet man eine Reihe von Definitionen; gemeinsam sind ihnen wohl die folgenden Komponenten. Es handelt sich um Ereignisse, die in der Zukunft liegen. Die Betroffenen bewerten die Ereignisse selbst oder die Konsequenzen der Ereignisse negativ. Weiterhin tritt das Ereignis nicht mit Sicherheit ein. Für Ereignisse, die nicht mit Sicherheit eintreten, kennt der Mensch manchmal die Wahrscheinlichkeit. In der Entscheidungstheorie wird dieser Fall dann unter dem Namen Entscheidung unter Risiko behandelt, gemeint ist hier Risiko im engeren Sinn. Wenn die Wahrscheinlichkeit nicht bekannt ist, spricht man von Entscheidung unter Ungewissheit oder Unsicherheit (e. uncertainty). In der Literatur über Risikomanagement bzw. Risikominimierung bei Pastoralisten geht es wohl (fast) immer allein um Entscheidungen unter Ungewissheit.

Menschen gelten als ziemliche Versager, wenn sie unter Risiko im engeren Sinn Entscheidungen treffen müssen. Sie lassen sich in solchen Entscheidungssituationen anscheinend von einer ganzen Reihe von (scheinbar) irrelevanten Gesichtspunkten beeinflussen (cf. Eisenführ & Weber 2003: 359 ff.). Ein berühmtes Beispiel dafür ist das sogenannte Allais Paradox (nach Maurice Allais, der 1988 den Nobelpreis für Wirtschaftswissenschaften erhielt). Es zeigt sich, wenn man Versuchspersonen vor folgende Alternativen stellt.

Fall 1 *– Bitte entscheiden Sie sich zwischen:*

> **A:** Einer Chance, 4000 Euro mit der Wahrscheinlichkeit von 0,2 zu gewinnen (Erwartungswert 800 Euro)
>
> **B:** Einer Chance, 3000 Euro mit der Wahrscheinlichkeit von 0,25 zu gewinnen (Erwartungswert 750 Euro)

Fall 2 *– Bitte entscheiden Sie sich zwischen:*

> **C:** Einer Chance, 4000 Euro mit der Wahrscheinlichkeit von 0,8 zu gewinnen (Erwartungswert 3200 Euro)
>
> **D:** Einer Chance, mit Sicherheit 3000 Euro zu gewinnen.

Üblicherweise entscheiden sich die meisten Versuchspersonen im ersten Fall für A und im zweiten Fall für D. Nach der rationalen Entscheidungstheorie sind die beiden Entscheidungssituationen aber äquivalent, denn die Wahrscheinlichkeitsunterschiede sind in beiden Fällen exakt die Gleichen. Man sieht das sofort, wenn man die beiden Wahrscheinlichkeiten im ersten Fall mit 4 multipliziert; den Erwartungswert erhält man, wenn man den Gewinn mit der Wahrscheinlichkeit multipliziert (z. B. Alternative A: 4000*0,2=800). Daher müssten die Versuchspersonen sich im zweiten Fall für C und nicht für D entscheiden. Aus Sicht der Theorie sind die beiden Fälle nur unterschiedlich eingekleidet oder gerahmt (e. framing), während sie im Kern gleich sind. Die meisten Menschen sehen das offenbar anders. Das Rahmungskonzept wird in diesem Zusammenhang so gebraucht, dass es das Wahrscheinlichkeitskonzept als den konstanten Kern impliziert. Nach den empirischen Befunden zu urteilen, spricht nicht viel dafür, dass der Mensch von Natur aus oder aus anderen Gründen über ein theoriekonformes Wahrscheinlichkeitskonzept verfügt. Ökonomen und Psychologen haben das in Experimenten ad nauseam vorexerziert. Aber korrekt mit dem Konzept umzugehen, kann der Mensch zweifelsohne lernen.

Die Theorie der Entscheidung unter Ungewissheit verfügt über eine beachtliche Zahl von Entscheidungsregeln wie z. B. die Maximin-, Minimax, und die Maximax-Regel oder die Niehans-Savage Regel. Die Lösungen haben sehr unterschiedliche Meriten, was wohl mit der der Natur der Sache zusammenhängt. Eine Alternative zu diesen Lösungen besteht darin, in den Entscheidungssituationen verkappte Entscheidungen unter Risiko (im engeren Sinn) zu sehen (cf. Laux 2005: 106 ff.). Ohnehin fällt es manchen Entscheidungstheoretikern „schwer, in der Wirklichkeit Fälle zu sehen, in denen Entscheider überhaupt keine Wahrscheinlichkeitsvorstellungen besitzen“ (Eisenführ & Weber 2003: 259). Möglicherweise ist es aber genau umgekehrt. Menschen scheinen eine klare und eindeutige Vorstellung von Ungewissheit zu haben, aber nicht von Wahrscheinlichkeit. Wir werden weiter unten eine gut funktionierende Versicherungsinstitution vorstellen, zu deren Konstruktion die Menschen ein Wahrscheinlichkeitskonzept nicht genutzt und auch nicht gebraucht haben, eine Vorstellung von Ungewissheit hingegen schon.

Welche Konsequenzen haben nun die Herdenverluste für die betroffenen Haushalte? Dazu gehen wir von einer armen Familie aus, die sich mit ihrer Herde nur kärglich selbst versorgen kann. Dieser Haushalt verfügt, wie das für arme Familien typisch ist, hauptsächlich über Kleinvieh; Rinder hat sie kaum, Kamele keine. Entscheidend für die Konsequenzen der Herdenverluste ist das Herdenwachstum. Nach Dahl und Hjort (1976: 111 f.) liegt die jährliche Wachstumsrate von Ziegen in Ostafrika maximal bei 40%. Die Untergrenze liegt in der Gegend von 25%. Wir nehmen an, der arme Haushalt verfüge vor der Krise über eine Ziegenherde von 100 Tieren. Die Zahl wählen wir, weil man so die Ergebnisse zugleich als Prozentwerte verstehen kann. Weiterhin nehmen wir an, dass die Familie einen existenzbedrohenden Verlust von 75% der Tiere hinnehmen muss. Die Familie verfügt nach der Krise demnach nur noch über 25 Tiere. Wie lange braucht diese Herde, um wieder die alte Größe von 100 Tieren zu erreichen? Das folgende Diagramm zeigt das Ergebnis.

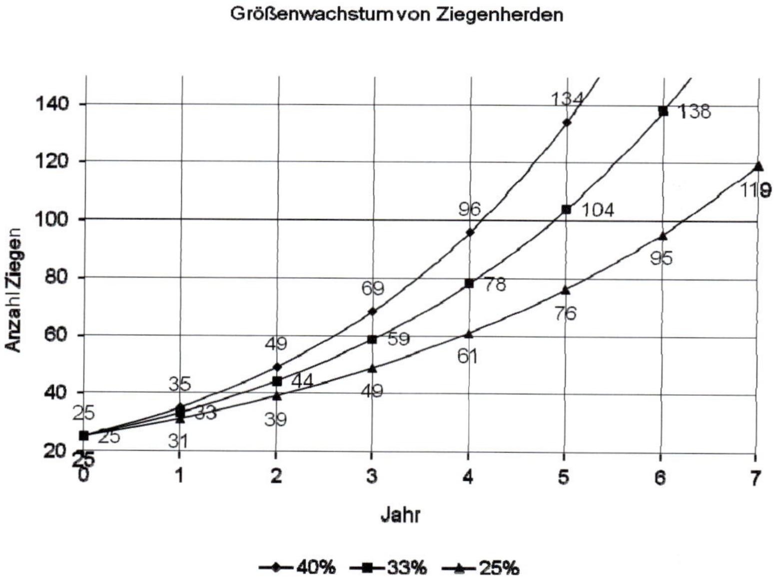

Wie das Diagramm zeigt, muss ein Haushalt im günstigsten Fall, d.h. bei einer Wachstumsrate von 40%, etwas mehr als 4 Jahre warten, bis seine Ziegenherde wieder die alte Größe erreicht. Im schlimmsten Fall, bei 25% Wachstum ist die Regenerationszeit größer als 6 Jahre. Man sieht auch, dass im günstigsten Fall die Ziegenherde des Haushalts nach zwei Jahren von 25 auf 49 Tiere zugenommen hat, was immer noch nur die Hälfte der Tiere ist, die der Haushalt vor der Krise besaß. Nach 3 Jahren sind etwas mehr als 2/3 der alten Herdengröße erreicht. Da der Haushalt schon vor der Krise nur das Notwendigste zum Leben hatte, würde er sich demnach auch noch nach drei Jahren – wenn er es überhaupt geschafft hat, solange zu überleben – in bitterer Not befinden. Bei geringeren Wachstumsraten hielte die Existenzbedrohung, wie man sieht, noch länger an.

Aus den Wachstumsraten errechnet man das Wachstum der Herdengröße P folgendermaßen. Po sei die Herdengröße im Jahre 0, Px die Herdengröße nach x Jahren. Den Prozentwert der Wachstumsrate dividiert man durch 100, das Ergebnis nennen wir r. Die Formel für die Berechnung von Px lautet dann:

$Px = Po * (1+r)^x$,

wobei * als Multiplikationszeichen zu lesen ist. Das ist die Formel für geometrisches Wachstum. Wie von Sparkonten bekannt, kommt es bei geometrischem Wachstum einmal am Ende des Zeitintervalls zur ‚Ausschüttung' des Zuwachses. In unserem Fall beträgt das Zeitintervall ein Jahr.

Ein exponentielles, d.h. kontinuierliches Wachstumsmodell wäre für Ziegen oft angemessener, da die Tragzeit ungefähr 5 Monate beträgt und Ziegen ab 40 Tagen nach der Geburt wieder trächtig werden können. Falls der Mensch nicht eingreift, bedeutet das, dass das ganze Jahr über Nachwuchs in einer Herde erwartet werden kann. Die Graphik entspricht dem Modell des exponentiellen Wachstums. Die Formel lautet $Px = Po * e^{x*r}$. 40% geometrisches Wachstum entspricht – konvertiert mit r (expon.) = ln(1 + r) – einem exponentiellen Wachstum von 34%, und 33% und 25% entsprechen 29% und 22%. Die drei Kurven in der Graphik repräsentieren, streng genommen, exponentielles Wachstum mit kontinuierlicher ‚Ausschüttung'.

Unsere Art, die Entwicklung der Herdengrößen zu betrachten, setzt darüber hinaus voraus, dass die Altersverteilung sich durch die Krise nicht verändert hat. Wenn aber beispielsweise bei den weiblichen Tieren, von denen das Wachstum hauptsächlich abhängt, bestimmte Altersklassen besonders stark dezimiert würden, könnte das erhebliche Folgen für die Wachstumsrate haben. In der oben erwähnten ‚Rinderdürre' starben überhäufig junge Tiere.

Die Wachstumsraten von Schafherden scheinen etwas niedriger zu sein als die von Ziegenherden. Rinder vermehren sich deutlich langsamer als Kleinvieh. Eine Faustregel lautet, dass Rinderherden ungefähr viermal langsamer wachsen als Kleinviehherden. Kamelherden wachsen noch langsamer als Rinderherden.

Hohe Herdenverluste können also Pokothaushalte in eine Existenzkrise bringen. Für reiche Haushalte, das heißt Haushalte mit großen Herden, gilt das nicht unbedingt, aber sie müssen immerhin Wohlstandseinbußen hinnehmen. Bei den Pokot hat sich die Erfahrung, dass Wohlstand schnell vergehen kann, in einem Sprichwort niedergeschlagen: ‚Mache dich nie über einen Armen lustig, morgen könntest Du selbst arm sein'. Generalisieren auf alle Pastoralistengruppen darf man diese Erfahrung allerdings nicht: Es gibt Pastoralisten, bei denen im gerade definierten Sinn reiche Haushalte bei Dürren geringere Verluste als arme Haushalte hinnehmen müssen (cf. Bollig 2006: 373).

Was geschieht aber mit den armen Pokothaushalten, die tatsächlich in eine Existenzkrise geraten sind? Hier gibt eine Fallschilderung von Bollig (2006:

292 f.) wertvolle Einblicke. Durch einen Turkana-Raubüberfall hatte ein Pokot-Mann namens Chadar im August 1992 fast alle seine Tiere verloren. Die Räuber hatten sämtliche Rinder und Ziegen mitgenommen. Übrig geblieben waren nur ein paar Schafe. Nach kaum mehr als einem Jahr, im September 1993, besaß Chadar aber schon wieder 60 Ziegen. Einen Teil der Tiere hatten Verwandte inklusive der Schwiegersöhne von Chadar gegeben; weitere Tiere kamen von Freunden. Die Gaben begannen schon bald nach dem Überfall einzutreffen. Unter den Gaben waren Milch gebende Ziegen mit ihren Jungen. Es waren aber auch Ziegenböcke darunter, die Chadar über Verkäufe in (weibliche) Ziegen umwandelte. Chadars nächstes Ziel war nun, wieder eine Rinderherde aufzubauen.

Wir verallgemeinern nun ein wenig. Pastoralistische Produktionssysteme sind, in ariden Gebieten jedenfalls, krisenanfällig. Chadars Fall zeigt, wie sich Haushalte gegen Krisen absichern können. Es sind die sozialen Netzwerke, die hier die Funktion einer Versicherung übernehmen. Die Versicherung kann offenkundig so gut funktionieren, dass die Krise nicht zu einer Existenzbedrohung wird.

Das Versicherungsnetzwerk von Chadar bestand zum Teil aus Verwandten. Dass Verwandte in der Not helfen, ist eine Universalie. Das heißt, diese Art der Versicherung kommt in (fast) jeder menschlichen Gesellschaft vor. Nur kann in manchen Fällen die eigene Verwandtschaft für Versicherungszwecke ziemlich ungeeignet sein. Es können beispielsweise nur wenige Verwandte sein und die Wenigen können auch noch alle arm sein, und daran mag sich überdies mit absichtsvollem Handeln nur wenig ändern lassen.

Die Pokot und andere ostafrikanische Pastoralisten verfügen nun über eine weitere Institution, in der der Einzelne absichtsvoll auf sein Versicherungsnetzwerk Einfluss nehmen kann – die Viehfreundschaften. Für diese Art von Beziehung haben die Pokot einen eigenen Namen (ghosyö).

Wie funktionieren Viehfreundschaften? Die Viehfreunde wählt man mit großem Bedacht. Folgende Attribute sind von Bedeutung. Ein Viehfreund sollte zuverlässig und geschickt im Umgang mit Herden sein. Als Partner bevorzugt man nicht verwandte oder entfernt verwandte Personen. Partner leben nur selten in derselben Gegend; Viehfreunde sind vielmehr räumlich meistens weit verstreut. Die Vorteile dieser Attribute für den Versicherungszweck liegen auf der Hand.

Eine solche Freundschaft initiiert man mit einer Viehtransaktion. Dabei kann ein Ochse oder auch ein Ziegenbock den Besitzer wechseln. Der Empfänger des Viehs ist nun verpflichtet, zu einem späteren Zeitpunkt Vieh von äquivalentem

Wert zurückzugeben, wobei der Geber das Recht hat, die Art des Äquivalentes zu bestimmen. Nach einigen Jahren, gelegentlich auch Jahrzehnten, geht der Geber zum Empfänger und fordert seine Gabe zurück. Der Empfänger kann auch selbst wiederum dem Viehfreund Vieh geben. Solche Transaktionen gelten nicht als Tilgung der Schuld, sie werden vielmehr als Vertrauensbeweis aufgefasst, als Vertiefung der Freundschaftsbeziehung.

Die Viehfreundschaften sind bei den Pokot eine gut funktionierende Institution. Zusammen mit den Verwandtschaftsbeziehungen bilden Viehfreundschaften eine effektive Versicherung gegen Existenzkrisen. Bolligs Informanten waren der Überzeugung, dass man auch nach einem Totalverlust der Herde innerhalb eines Jahres wieder über eine „passable Ziegenherde" verfügen kann (Bollig 1992: 308).

Die Institution der Viehfreundschaft bringt materiellen Nutzen. Sie trägt dazu bei, dass die Haushalte nach Viehverlusten schnell wieder ein überlebensnotwendiges Produktionsniveau erreichen. Der materielle Nutzen ist klar ersichtlich und substantiell, und der dazu nötige Aufwand ist der Inputseite der Produktionsfunktion zuzuschlagen. Den Faktor, dem dieser Aufwand in der Produktionsfunktion zugeordnet wird, haben wir schon kennen gelernt. Es ist der Faktor soziales Kapital.

Die Institution schafft aber, wie das bei gut funktionierenden Institutionen in Wirtschaftsystemen gar nicht so selten der Fall ist, noch einen weiteren Nutzen: Sie verschafft Prestige. Viehfreundschaften bringen Prestige für den Empfänger des Tieres. Pokot Männer rühmen sich gerne öffentlich ihrer Viehfreundschaften.

Anlässe für Transaktionen, die eine Viehfreundschaft begründen, sind Riten und andere Feierlichkeiten, bei denen Tiere geschlachtet werden. Der Spender eines solchen Tiers sucht sich für das Speeren (Schlachten) des Tiers sehr gezielt (s.o.) einen Teilnehmer an der Festlichkeit aus, der durch das Speeren zum Empfänger des Tiers und Viehfreund wird. Die Öffentlichkeit erfährt so, wer da zum Viehfreund erkoren wurde. Dass Viehfreunde Prestige bringen, zeigt sich auch darin, dass man sie in Preisliedern und in der politischen Rede aufzählt.

Eine Viehfreundschaft ist grundsätzlich eine asymmetrische soziale Beziehung. Diese Beziehungen bestehen aus einem Geber, der das Tier spendet, und einem Empfänger des Tiers, der durch die Spende verpflichtet wird, auf Wunsch des Spenders das Tier bzw. ein Äquivalent zurückzugeben. Der Empfänger eines Tiers ist, wie gesagt, keineswegs verpflichtet, dem Geber ebenfalls ein Tier zu spenden. Er kann vielmehr frei entscheiden, ob er das tun will oder auch nicht. Gründe für die Asymmetrie ergeben sich aus folgenden Überlegungen. In einem System mit obligatorischer ‚Gegenspende' kann es offenkundig keine freie Wahl des Adressaten der Gegenspende geben. Das behindert die Streuung von Partnern in räumlicher aber auch in anderer Hinsicht. Obligatorische Gegenspenden würden demnach die Effizienz dieser Institution bezogen auf den Versicherungszweck mindern.

Zum Schluss sei noch auf Folgendes explizit hingewiesen. Nirgendwo sind wir in der Beschreibung der Viehfreundschaften auf Anwendungen des Risikokonzepts im engeren Sinn gestoßen. Es gibt aber auch einen positiven Beleg dafür, dass die Institution ohne Kenntnis von Verlustwahrscheinlichkeiten auskommt. Den Beleg liefert eine Regel, der zufolge die Hilfe eines Viehfreundes nicht „eingeklagt" werden kann (M. Bollig mündliche Mitteilung, 2.10.07). Die Regel entschärft die Rückgabeverpflichtungen, die ohne Kenntnis der Wahrscheinlichkeit der Viehverluste üble Konsequenzen haben und einen Viehfreund sogar in den wirtschaftlichen Ruin treiben könnten.

Auch in den anderen Produktionssystemen, die wir kennen gelernt haben, kommen Existenzkrisen vor. Die Krisen beim Bodenbau haben aber in mancher Hinsicht günstigere Rahmenbedingungen. Eine dieser Bedingungen zeigt sich, wenn man sich beim Bodenbau das Verhältnis von Aussaat zu Ernte ansieht. Für Weizen lag dieses Verhältnis im europäischen Mittelalter noch längere Zeit bei 1 zu 2 oder 1 zu 3, das heißt, für ein Kilogramm Weizen erhielt man bei der Ernte 2 bis 3 kg zurück. Das sind in Wachstumsraten umgewandelt 100 bis 200 Prozent. Indianische Bauern haben durch Züchtung den Maisertrag in vorkolumbianischer Zeit schon auf mindestens 1 zu 30 gesteigert, was einer Wachstumsrate von gewaltigen 2900 Prozent entspricht (cf. Batten 1999: 101). Wir erinnern uns, in unserem exemplarischen Fall war das Herdentier, das am schnellsten zunahm die Ziege, die eine Wachstumsrate von höchstens 40% erreichte. Die ‚Regenerationszeit' bei Ernteschäden und -ausfällen ist demnach dramatisch günstiger als alles, was bei Pastoralisten möglich ist.

Man beachte auch, dass es der Menschheit kaum gelungen ist, die Wachstumsraten ihrer Herdentiere zu steigern, während sie die Wachstumsraten der für den Bodenbau genutzten Pflanzen durch gezielte Züchtung enorm gesteigert hat. Das bedeutet selbstverständlich nicht, dass Wirtschaftssysteme mit Bodenbau keine existenzbedrohenden Krisen kennen. Die gibt es sehr wohl. Aber die Erholung von der Krise kann schneller vonstatten gehen, und auch die Palette von Absicherungsmöglichkeiten ist breiter als bei den Pastoralisten. Es gibt z. B. Speicher für Saatgetreide, aber keine entsprechenden Viehspeicher.

Die Vegetarier-Frage

Die Frage lautet: Darf man Fleisch essen? Hier sind einige Hintergrunddaten zu dieser Frage: Deutschland hatte im Jahr 2000 eine Getreideproduktion von 44.800 Mio. Tonnen, davon wurden 31.924 Mio. Tonnen für Futterzwecke verbraucht. Bei der Umwandlung von Getreide in Fleisch geht Energie verloren. Um eine Kalorie Schweinefleisch zu erzeugen, braucht man

3 pflanzliche Kalorien, eine Kalorie Rindfleisch kostet 10 pflanzliche Kalorien. (cf. Brockhaus multimedial 2004, Stichwort: Veränderte Ernährungsgewohnheiten)

Es können demnach mehr Menschen von derselben Fläche ernährt werden, wenn sie das Getreide direkt essen. In den Industrieländern gibt es gar nicht wenige Menschen, die aus diesen Zusammenhängen die folgende Norm abgeleitet haben: In einer Welt, in der Menschen hungern, soll man sich vegetarisch ernähren. Aus der Sicht der heutigen Pastoralisten in den ariden Gebieten (!) ist das keine sinnvolle Option. Es gibt in aller Regel keine Alternative zur Nutzung des Landes mit Vieh. Fleisch aus der Produktion dieser Pastoralisten liefert keinen Grund für ein schlechtes Gewissen.

LITERATUR

Batten, D.C.
1999 Horse power: Wheat, oats, maize, and the supply of cities. Ancient Mesoamerica 10: 99-103.
Beck, K. & Klute, G.
1991 Hirtenarbeit in der Ethnologie. Zeitschrift für Ethnologie 116: 91-124.
Bollig, M.
1992 Die Krieger der gelben Gewehre. Münster: Lit Verlag.
—
2006 Risk management in a hazardous environment. A comparative study of two pastoral societies. New York: Springer.
Dahl, G. & Hjort, A.
1976 Having herds. Pastoral herd growth and houshold economy. Stockholm.
Dyson-Hudson, R. & Smith, E.A.
1978 Human Territoriality: an ecological reassessment. American Anthropologist 80: 21-41.
Eisenführ, F. & Weber, M.
2003 Rationales Entscheiden. Berlin: Springer (4. Aufl.).
Klute, G.
1992 Die schwerste Arbeit der Welt. Alltag von Tuareg-Nomaden. München.
Lang, H.
1998 The Population Development of the Rehoboth Basters. Anthropos 93: 381-391.
—
1999 The transition from communal to private land ownership in Rehoboth, Namibia. Zeitschrift für Ethnologie 124: 319-333.
—
2005 The farm system of the Rehoboth Basters (Namibia): The situation in 1999/2000. Zeitschrift für Ethnologie 130: 223-243.
Lang, H. & Holter, U.
1996 Arab camel nomads in the North West Sudan. The Northern Mahria from a census point of view. Anthropos 91: 19-32.
Laux, H.
2005 Entscheidungstheorie. Berlin: Springer (6. Aufl.).

6 Produktionsstrategien

Eine Strategie besteht aus einer bestimmten Vorgehensweise (Praktik oder Methodik), die mit einem oder mehreren Zielen verbunden ist. Mit den vier großen Produktionssystemen, die wir vorgestellt haben, verfolgen die Menschen das Generalziel, sich mit Nahrung zu versorgen. Im vorliegenden Kapitel werden wir uns mit Praktiken bei der Produktion befassen, mit denen die Menschen zusätzlich zu dem genannten Generalziel noch weitere Ziele verfolgen. Diese Ziele und Vorgehensweisen sind nicht an ein bestimmtes Produktionssystem gebunden. Im Einzelnen werden wir behandeln Unter- und Überproduktion und Vorgehensweisen, wenn bei der Produktion Kollektivgüter eine Rolle spielen. An der Benennung der drei Themen kann man noch nicht erkennen, dass es sich um Strategien handelt. Strategien werden erst erkennbar, wenn wir auch noch etwas über die dazugehörigen Ziele erfahren.

UNTERPRODUKTION

Die Rede von Unterproduktion (aber auch Überproduktion) scheint nur Sinn zu machen, wenn man über einen Normalitätsstandard verfügt. Bezogen auf diesen Standard kann man dann sagen, dass ein bestimmtes Produktionssystem unterproduziert (oder überproduziert). Ein allgemeiner Standard für die Produktionssysteme, die wir kennen gelernt haben, ist schwer vorstellbar. Wenn wir z. B. die intensivsten heute bekannten Bodenbausysteme als Standard wählten, würden alle übrigen Produktionssysteme, die wir kennen gelernt haben, Unterproduktion aufweisen. Der Informationsgewinn wäre mehr als dürftig. Was also meint die wirtschaftsethnologische Literatur mit Unterproduktion?

EXEMPLARISCHER FALL

Gegenstand	Produktionssystem mit Unterproduktion
Kultur	**Lisu**
Lokalisierung	Hochland Nord-Thailand, Südwest China, Birma (Myanmar)
Untersuchungszeitraum	1968/9
Autoren	Durrenberger, E.P. & Tannenbaum, N. (1992)

Die beiden Autoren liefern einen brauchbaren Begriff der Unterproduktion und dazu noch instruktives ethnographisches Anschauungsmaterial.

Die Lisu leben in faktisch weitgehend autonomen Dörfern. Sie bauen Trockenreis, Opium und Mais an, und sie halten Schweine. Den Reis essen sie selbst, den Mais verfüttern sie an die Schweine. Das Opium wird (für Geld) verkauft und vom Erlös kauft man Konsumgüter. Eine wichtige Rolle im Leben der Lisu spielen Feste und Heilungszeremonien. Die Feste und Zeremonien werden von den einzelnen Haushalten so ausgerichtet, dass der Aufwand für jeden Haushalt etwa gleich hoch ist (Norm). Auch sonst haben egalitäre Werte (i. e. Werte, die die Gleichheit der Menschen einfordern) im Wertesystem der Lisu einen hohen Rang. Diese Werte haben Konsequenzen für das Produktionsniveau der Haushalte. Es orientiert sich an dem, was die ökonomisch schwächsten Haushalte produzieren. Durrenberger und Tannenbaum präzisieren das folgendermaßen: Die Haushalte, die die größte Zahl von Konsumenten und zugleich die kleinste Zahl von Arbeitskräften haben, bestimmen das Produktionsniveau (pro Konsument). Diese Präzisierung wollen wir künftig als Definition von schwächster Produzent benutzen. Haushalte mit einem günstigeren Verhältnis von Konsumenten zu Arbeitskräften produzieren unter diesen Bedingungen demnach wesentlich weniger, als sie könnten.

Durch diese Regel entstehen im wirtschaftlichen Bereich egalitäre Verhältnisse, und das ist offenbar auch das Ziel der Regel. Das zeigt sich z. B., wenn man sich ansieht, was passiert, wenn Haushalte doch mehr produzieren, als die Norm vorsieht. Die beiden Autoren beschreiben eine derartige Episode. Der Haushalt eines Dorfoberhaupts und einige andere Haushalte produzierten deutlich mehr als die anderen. Sie wollten damit ihre Überlegenheit demonstrieren.

Die übrigen Dörfler bestanden aber auf egalitären Verhältnissen, packten ihre Sachen und zogen von dannen. (S. 84)

Die stärkeren Produzenten vermeiden, mehr zu produzieren als die schwächsten, sie vermeiden ‚Überproduktion'. So reden Durrenberger und Tannenbaum über das Produktionsverhalten der Lisu. Man kann aber ebenso (wenn man das Verhalten nicht bewertet) sagen, es herrscht Unterproduktion, da alle bis auf die schwächsten Produzenten weniger produzieren als sie könnten. Damit lässt sich *Unterproduktion im weiten Sinn* definieren als ein *Produktionsverhalten, das sich am Produktionsniveau der schwächsten Produzenten orientiert.*

Die Definition enthält als zentrale Komponente die schwächsten Produzenten. Durrenberger und Tannenbaum verstehen darunter, wie gesagt, diejenigen Haushalte, die den größten Konsumenten/Arbeiter-Quotienten aufweisen oder in ihren eigenen Worten: „Limits are set in terms of what the households in the worst position can produce. Consequently, the standard for work is set in terms of what households with the highest consumer/worker ratio can achieve" (: 83).

Diese Definition ist brauchbar, wenn es keine fixen Ausgaben gibt, die für alle Haushalte ungefähr gleich groß sind. Solche Ausgaben gibt es aber bei den Lisu. Bei der Ausrichtung der Feste müssen die Haushalte, wie zu sehen war, ungefähr den gleichen Aufwand betreiben („Lisu devote considerable resources to reciprocal feasting. ... To make publicly visible their ability to reciprocate further, households must have approximately equal numbers of pigs and amounts of consumer goods" (ibid. loc.)). Unter solchen Bedingungen ist aber die Definition des schwächsten Haushalts unzulänglich. Dann gewinnt nämlich auch die Größe des Haushalts resp. die absolute Zahl der Arbeiter im Haushalt ein eigenes Gewicht. Um das zu erkennen, sehen wir uns zwei Haushalte mit dem gleichen Konsumenten/Arbeiter-Quotienten, aber unterschiedlicher Mitgliederzahl an. Es ist unmittelbar einsichtig, dass in diesem Fall der kleinere Haushalt, also der Haushalt, der weniger Arbeiter aufweist, sich schwerer tut, oder unter Umständen es gar nicht schafft, den fixen Ausgabenposten für die Feste zu erwirtschaften, wenn sich das Produktionsniveau am Konsumenten/Arbeiter-Quotienten des größeren Haushalts orientiert. Unter der Bedingung von fixen, für alle Haushalte ungefähr gleichen Ausgabenposten muss die Definition von ‚schwächster Produzent' demnach lauten: Haushalt mit dem größten Konsumenten/Arbeiter-Quotienten und zugleich der kleinsten Mitgliederzahl. Andernfalls ist das Ziel der Strategie, ökonomische Gleichheit herzustellen, gefährdet.

Durrenberger und Tannenbaum gehen in ihrer Arbeit auch auf eine Grundfrage ein, die die Sozialwissenschaften schon seit langem beschäftigt, es ist die

Frage nach dem Zusammenhang zwischen Wirtschaftssystem und dem politischen System. Es ist ohne Zweifel richtig, dass Akteure wirtschaftliche Stärke in politische Macht gegenüber wirtschaftlich Schwächeren ummünzen können. Bei den Lisu finden wir nicht nur im wirtschaftlichen Bereich egalitäre Verhältnisse vor, sondern auch im politischen Bereich. Wir haben oben eine Episode geschildert, in der sich Lisu gegen den Versuch wehrten, wirtschaftliche Ungleichheit durchzusetzen. Es gibt auch Episoden, wo Lisu Dorfoberhäupter beseitigten, die sich autoritär zu gebärden versuchten.

Ein strikter, wechselseitiger und direkter Bedingungszusammenhang zwischen wirtschaftlicher Stärke und politischer Macht ist allerdings nicht zu erkennen. So trifft es nicht zu, dass Unterproduktion im weiteren Sinn und egalitäre politische Verhältnisse sich wechselseitig bedingen. Im Hochland von Neuguinea findet man z. B. eine größere Zahl von Kulturen, die keine Unterproduktion im weiteren Sinn kennen. Die politischen Führer, die durchgängig zu den starken Produzenten gehören, haben trotzdem keine Befehlsgewalt, sondern können nur versuchen, die anderen zu überzeugen. Nicht auszuschließen ist, dass es auch den umgekehrten Fall gibt: Kulturen mit Unterproduktion im weiteren Sinn und zugleich nicht-egalitären Verhältnissen.

Man hat zumindest postuliert, dass es auch in kleinbäuerlichen Wirtschaftssystemen Unterproduktion gibt (cf. Wolf 1957). Ebenso gibt es die These, dass bei Wildbeutern Unterproduktion vorkommt. Woodburn (1998: 60 f.) meint z. B., dass bei Wildbeutern strenge Normen, den Ertrag zu teilen, das Produktionsniveau absenken („do depress production"). Das impliziert, dass die Wildbeuter ohne den normativen Druck mehr produzieren würden. Zugleich meint er aber auch, dass der Ernährungszustand der Hadza (sein Hauptbeispiel) exzeptionell gut (loc. cit.) sei. Man fragt sich, welchen Sinn es unter diesen Umständen haben soll, mehr zu produzieren.

EXEMPLARISCHER FALL

Gegenstand Unterproduktion im engeren Sinn
Kultur **Bemba**
Lokalisierung Sambia
Untersuchungszeitraum 1930 – 1934, 1957 (über 30 Monate)
Autorin Audrey I. Richards (1969[1939])

Richards hat mit ihrer Studie ein bahnbrechendes, bis heute viel beachtetes Werk von großer ethnographischer Tiefe und Breite vorgelegt. Es ist die erste Arbeit in der Ethnologie, die in systematischer Weise Ernährungsweisen, Landbesitz und Arbeitszeit empirisch untersucht.

Die Bemba bauen Hirse an. Hirse ist das Hauptnahrungsmittel und liefert ungefähr 75% der Kalorien in der Ernährung. Es werden aber auch unter anderem Mais, Süßkartoffeln und Gemüse angebaut. Pro Jahr gibt es eine Anbauperiode, und jedes Jahr durchleben die Bemba eine mehrmonatige Hungerperiode. Von März bis Oktober sind genügend Nahrungsmittel vorhanden. Die Hirse reicht dann noch bis November oder vielleicht Dezember, dann beginnen die Hungermonate. Die Bemba müssen nun auf andere Nahrungsmittel zurückgreifen wie Kürbisse oder auf das, was der Busch hergibt z. B. Pilze und Raupen. In besonders schlechten Jahren kommt es vor, dass die Bemba zwei Tage hintereinander ohne Essen auskommen müssen („sat in the hut and drank water"). (S. 36)

An fehlendem Land liegt es nicht. Land ist nicht knapp. Es liegt an der aufgewendeten Arbeitsmenge. Richards hat systematisch Zeitbudgetdaten gesammelt in Form von Arbeitstagebüchern (work diaries), in der für jede Person festgehalten ist, was und wie viel sie am jeweiligen Tag getan hat. Sie vermerkt allerdings ausdrücklich, dass die Daten unvollständig seien. Das systematisch erhobene und sonstige Datenmaterial reicht Richards aber – zu Recht, wie wir meinen - für die Aussage, dass die Bemba nur sehr unregelmäßig in der Landwirtschaft arbeiten, und es auch nicht am Zeitmangel liegt, dass die Bemba so wenig produzieren.

Richards führt eine ganze Reihe von Gründen an, warum die Bemba nicht mehr arbeiten. Die Ausführungen beziehen sich hauptsächlich auf Männer und weniger die Frauen. Das lässt sich damit rechtfertigen, dass am Bodenbau zwar beide Geschlechter beteiligt sind, es aber reine Männerarbeit gibt (Roden, Zäune bauen), die von entscheidender Bedeutung für die Erntemenge ist. Wenn die Männer nicht genügend arbeiten, können die Frauen das nicht ausgleichen.

Zum einen spielt das Wertesystem eine gewichtige Rolle. Zu hungern ist nichts Besonderes für die Bemba („to have too little to eat is not a shocking situation to any of them“, S. 400). In der Landwirtschaft Ausgezeichnetes zu leisten, ist nichts was bewundert wird („agricultural excellence is really not a trait which is much admired“, S. 401). Im Gegenteil, eine Frau, die einen Tag lang besonders fleißig auf dem Feld gearbeitet hatte, wurde mit dem Kommentar bedacht: Sie hat den ganzen Tag in der Erde gewühlt wie ein Hund. Der Kommentar stammt von zwei jungen Männern. Kurzum, die Arbeit in der Landwirtschaft sehen Bemba-Männer als notwendiges Übel an.

Das Bild lässt sich etwas differenzierter zeichnen. Es sind vor allem die jungen Männer, die sich möglichst wenig an der Feldarbeit beteiligen. Die Bemba kennen wohl schon das Konzept des guten Gärtners, und ein guter Gärtner sein wird auch anerkannt (für Anerkennung benutzt Richards das Wort „approbation“ (S. 401). Auch kann ein Mann kein „großes Haus“ haben, ohne einigen Fleiß in der Landwirtschaft zu entwickeln. Von den Frauen sagt Richards, sie seien zeitweilig überarbeitet.

Zum anderen spielt in diesem Zusammenhang auch eine bestimmte Norm eine Rolle. Sie besagt, dass man nahen Verwandten von den eigenen Nahrungsmittelvorräten abgeben muss. Es bringt daher nicht unbedingt etwas, einen größeren Hirsevorrat anzulegen. (S. 208) Diese Norm kann man mit den folgenden Praktiken zusammen sehen. Zur Hirseernte verlassen die Haushalte das Dorf und kampieren verstreut in der Nähe ihrer Felder. Die Ernte ist reine Frauenarbeit. Die Hirse wird in Getreidespeichern im Dorf aufbewahrt. Es ist strikt verboten, in einen fremden Getreidespeicher zu sehen. Schon Kinder dürfen nicht in der Nähe der Getreidespeicher von Nachbarn spielen. „Getreidespeicher sind das privateste Versteck, über das ein Mann oder eine Frau verfügt“ (Getreidespeicher „are the most private hiding-places a man or a woman has“ (S. 189)). All das sind Praktiken, die offenbar die vorhandene Getreidemenge verschleiern und die Auswirkungen der Teilungsnorm abschwächen sollen.

Die Bewertung der Arbeit in der Landwirtschaft bringt Richards in Zusammenhang mit den Verhältnissen, unter denen die Bemba lebten, bevor die Europäer kamen. Damals waren die Bemba ein „Volk von Kriegern“. Die Kriege zielten darauf ab, Territorien zu erobern, Beute zu machen, Nachbargruppen zu Tributzahlungen zu zwingen oder zu Sklaven zu machen (S. 22). Zu dieser Zeit sollen die Bemba geprahlt haben, dass sie nicht wüssten, wie man mit einer Hacke umgeht, denn ihr einziger Beruf („trade“) sei der Krieg (S. 401). Zur Zeit der Feldforschung von Richards hatte die britische Kolonialadministration diese kriegerischen Aktivitäten unterbunden. Nun mussten die Bemba an die Administration Steuern zahlen. Hier zeigen sich wohl Auswirkungen von Verhältnissen in der Vergangenheit auf die Gegenwart, und zwar von Verhältnissen, die es schon seit längerem nicht mehr gibt. Solche Wirkungszusammenhänge nennt man in der Ökonomik Pfadabhängigkeit (e. path dependency).

Die Unterproduktion bei den Bemba ergibt sich demnach aus einer Gleichgültigkeit oder Indifferenz gegenüber der landwirtschaftlichen Arbeit und zugleich einer Gleichgültigkeit gegenüber den Folgen des geringen Ertrags. Im Kontrast zu den Lisu demonstriert das Beispiel der Bemba, wie man Unterproduktion im engeren Sinn definieren kann. Es handelt sich um ein vermeidbares Produktionsverhalten, das die Menschen in Hungersnot und andere Notlagen bringt.

ÜBERPRODUKTION

Überproduktion soll heißen, es wird *so viel produziert, dass ein Teil der Produktion ungenutzt verkommt.* Als exemplarischen Fall für diese Art von Überproduktion haben wir eine der bekanntesten ethnischen Gruppen der Ethnologie gewählt.

EXEMPLARISCHER FALL

Gegenstand	Überproduktion
Kultur	**Trobriander**
Lokalisierung	Inselgruppe im NO der Ostspitze von Neuguinea
Untersuchungszeitraum	1914 – 1918 insgesamt 3 Jahre
Autor	Bronislaw Malinowski (1961 [1922]; 1978 [1935])

Die Inselgruppe, auf der die Trobriander leben, hat eine Landfläche von 440 qkm (Hamburg hat über 700 qkm). Die Populationsgröße liegt bei ca. 15.000. Die Trobriander sind Ackerbauern. Angebaut wird Jams [Yams], das Hauptnahrungsmittel, aber auch Taro und Süßkartoffeln. Es wird so viel angebaut, dass ein größerer Teil der Ernte verrottet.

Um die Eigenschaften dieses landwirtschaftlichen Produktionssystems beschreiben zu können, müssen wir zunächst etwas ausholen. Die Trobriander leben in Dörfern, die von landwirtschaftlich nutzbarem Land umgeben sind. Im einfachsten Fall gehören alle Männer, die im Dorf leben einer matrilinearen Abstammungsgruppe an, das heißt, sie führen sich in mütterlicher Linie auf eine gemeinsame Vorfahrin zurück.

Alle Männer sind Bauern. Das gilt für den Gemeinen wie für den höchstrangigen Häuptling. Die Abstammungsgruppe ist exogam. Die Männer sind mit Frauen verheiratet, die von außerhalb des Dorfes kommen, und die verheirateten Schwestern der Männer leben nicht im Dorf.

Männer sind in Malinowkis drastischen, aber treffenden Worten ‚tote Äste am matrilinearen Stammbaum'. Sie können ihre Mitgliedschaft in der Abstammungsgruppe nicht an ihre Kinder weiter geben. Auch das Land, das sie bestellen, können sie nicht an ihre Söhne weitergeben. Das Land geht vielmehr an die Söhne ihrer Schwestern.

Von großer Bedeutung, wie sich gleich zeigen wird, ist, dass Männer zwar Verpflichtungen haben gegenüber ihrer eigenen Familie, d.h. gegenüber ihrer/en eigenen Frau/en und Kindern, aber auch massive Verpflichtungen gegenüber ihren Schwestern und deren Familien. Eine der Verpflichtungen besteht für die Männer darin, ungefähr die Hälfte ihrer Jams-Ernte dem Haushalt ihrer Schwestern zu übergeben. Auch das ist wiederum der einfachste Fall. So gibt es selbstverständlich auch Männer, die keine Schwestern haben, und solche mit vielen.

Dieser Transfer der Ernte ist ein längerer Prozess. Nach der Ernte bauen die Männer auf ihren Feldern zunächst Schattendächer. Unter diesen Dächern wird die Jams-Ernte für jedermann gut sichtbar ausgestellt, wobei der Teil der Ernte, der an die Schwester geht, gesäubert und kunstvoll zu einem konisch geformten Haufen aufgeschichtet wird. Auf den abgeernteten Feldern findet eine regelrechte Leistungsschau statt. Es geht darum, die Ernte möglichst prächtig zu präsentieren. Später werden diese Haufen mit einigem Pomp zum Haus der Schwester getragen und dort für jedermann sichtbar erneut kunstvoll aufgeschichtet. Von da gelangt die Ernte dann schließlich in den Speicher des Haushalts der Schwester.

Das unten stehende Bild zeigt so einen Speicher. Man sieht sofort, diese Vorratshäuser sind keine schlichten funktionalen Gebäude zur Unterbringung der Ernte. Zwischen den Balken des Speichers sind die Wurzelknollen gut sichtbar. Jedermann kann sich ein Bild davon machen, wie viel im Speicher ist. Es gibt allerdings auch Speicher, in die man nicht hineinsehen kann.

Jams-Vorratshäuser auf den Trobriand Inseln
Foto: Hans Fischer (1981)

Der Bodenbau ist also in einen Wettstreit eingebunden. Bewertungsmaßstab ist dabei nicht nur die Erntemenge, sondern auch Ästhetik. Der Wettstreit beginnt schon vor der Ernte und erstreckt sich über den gesamten Produktionsprozess. Es kommt auch zu Wettstreit zwischen ganzen Dörfern. Malinowski berichtet, dass sich Trobriander ihm gegenüber gerühmt hätten, wie lange sie gearbeitet hätten und wie groß die Fläche gewesen sei, die sie bearbeitet hätten. Männer gewinnen „Prestige", wenn sie viel und sorgfältig arbeiten. Ein guter Gärtner zu sein„ ist ein „Titel", den man mit Stolz trägt. (Malinowski 1961 [1922]: 60 f.) Frauen haben Malinowski zufolge zwar einen substantiellen Anteil an der Feldarbeit, aber den Ruhm ernten allein die Männer (Malinowski 1978 [1935]: 79; cf. Weiner 1976).

Bei der landwirtschaftlichen Produktion spielt offenkundig neben dem direkten materiellen Nutzen das Streben nach Prestige eine große Rolle. Dadurch, dass ein beträchtlicher Teil der Ernte an die Schwester und ihren Haushalt geht, wird das Streben nach Prestige vom Streben nach direktem materiellem Nutzen zumindest partiell abgekoppelt. Ein Mann kann zwar auch erwarten, dass er vom Bruder seiner Frau einen großen Teil von dessen Ernte bekommt, aber einen Einfluss auf die Menge dieser Zuwendung hat er nicht.

Wir haben die Jamsmengen bislang noch nicht in Bezug gesetzt zu der Menge, die ein Haushalt für den eigenen Bedarf benötigt. Wir wissen zwar, welchen Anteil ein Haushalt von seiner Ernte abgeben muss, aber wir wissen noch nicht, wie viel dem Haushalt danach noch für den Eigenbedarf bleibt. Zum Beispiel könnte die einbehaltene Hälfte nur zwei Drittel des Eigenbedarfs decken. Hierzu findet man bei Malinowski folgende Schätzung: Die Haushalte produzieren den größten Teil des täglichen Nahrungsbedarfs selbst (cf. S. 195 und 474) (zusätzlich zu der Menge, die sie abgeben). Da die Hälfte der Ernte abgegeben wird, müsste demnach im Durchschnitt die gesamte Ernte der Haushalte nahezu doppelt so groß wie der Eigenbedarf sein, und das entspricht auch Malinowskis Schätzungen (1961 [1922]: 58; 1978 [1935]: 8). Dadurch werden die Haushalte zugleich weitgehend davon unabhängig, wie viel der Bruder der Ehefrau liefert. Das Risiko, dass die Lieferung wegen Krankheit oder aus welchen Gründen auch sonst, niedrig oder gar ganz ausfällt, wird dadurch neutralisiert. Wenn aber alles gut geht, verfügt ein Haushalt über mehr Nahrungsmittel, als er verbrauchen kann.

Dem Streben nach Prestige sind Grenzen gesetzt. Es gibt den Fall, dass ein Gärtner zu gut ist. Es wird ihm dann nachgesagt, er befriedige seine Eitelkeit, sei von übermäßigem Ehrgeiz getrieben und gebe zu wenig ab. Solche Anschuldigungen sind nach Malinowski zumindest teilweise auf Neid und Eifersucht zurückzuführen. (Malinowski 1978 [1935]: 175) Eine weitere Begrenzung besteht darin, dass es den Häuptlingen vorbehalten ist, die besten Gärtner zu sein.

Der Unterschied zwischen den Trobriandern und den Bemba spiegelt sich deutlich in ihren Wertesystemen wieder, wie die folgende Tabelle zeigt.

Trobriander (Malinowski 1978 [1935])	Bemba (Richards 1969[1939])
"A man who … is not good at gardening is an object for contempt" (60)	"Agricultural excellence is really not a trait which is much admired" (401)
"There is no greater insult than to tell a man that he has no food or that he is hungry" (82)	"To have too little to eat is not a shocking situation to any of them" (399)

Dass man in den beiden Monographien so klar kontrastierende Formulierungen findet, ist so überraschend nicht. Richards kannte ,Coral Gardens' (cf. S. 37 n.2). Die beiden Kontrastpaare kann man um die folgenden komplementären Aussagen ergänzen. Bei den Trobriandern gewinnt man Prestige, wenn man viel und sorgfältig in der Landwirtschaft arbeitet, und auch ein hoher und der Öffentlichkeit schön präsentierter Ernteertrag bringt Prestige. Bei den Bemba kann man weder mit der Arbeit noch mit dem Ertrag viel Prestige gewinnen.

Es spricht einiges dafür, dass in beiden Fällen neben den Werten auch die Teilungsregeln eine Rolle spielen. Die Unterproduktion bei den Bemba ergibt sich aus der Indifferenz gegenüber landwirtschaftlicher Leistung, aber auch aus der Verpflichtung, die Ernte im Bedarfsfall mit den nahen Verwandten zu teilen. Unterproduktion schützt davor, dass Verwandte über Gebühr von der eigenen Arbeit profitieren und die Indifferenz gegenüber dem Hunger sorgt dafür, dass die Folgen der Unterproduktion für erträglich gehalten werden. Auch bei den Trobriandern gibt es, wie zu sehen war, eine Pflicht zu teilen. Ein Mann muss einen großen Teil seiner Ernte an seine Schwester abgeben. Ob die Lieferung des Bruders seiner Ehefrau den abgegebenen Teil der Ernte ausgleicht, ist ungewiss. Die Überproduktion verhindert, dass Abhängigkeiten von diesen Lieferungen nicht entstehen. Das Prestige, das man mit großem Arbeitseifer und üppigem Ertrag gewinnt, aber auch die Schmach des Hungers stützen dieses Produktionsverhalten. Unterproduktion wie Überproduktion sichern in den beiden Fällen gegen unerwünschte Folgen der Teilungsverpflichtungen ab.

Man könnte auch vermuten, das *Ziel* der Unter- und Überproduktion sei eine Absicherung gegenüber den Folgen der Teilungsverpflichtungen. Aber ethnographische Belege dafür, dass es sich um ein bewusstes handlungsleitendes Ziel handelt, haben wir weder bei Richards noch bei Malinowki gefunden.

Es gibt eine Erklärung für die Überproduktion bei den Trobriandern. Immer wieder kommt es auf den Trobriandinseln zu Ernteausfällen u. a. wegen Dürre. Die Trobriander kennen durchaus Geschichten über schreckliche Dürren. Die Ernteausfälle treten in unregelmäßigen Abständen auf. Die Trobriander wissen demnach, es ist sicher, dass es zu Ausfällen kommen wird, aber ungewiss, wann. In der Literatur findet man nun die These: Überproduktion schafft einen Puffer für solche Fälle.

Wenn wir uns den einzelnen Trobriand-Bauern als einen Akteur vorstellen, der seinen Nutzen maximiert, liegt es nahe, von folgendem Entscheidungsverhalten auszugehen. Der Trobriand-Bauer entscheidet sich für Überproduktion wegen des (ungewissen) Eventualfalls, dass die nächste Ernte ganz oder drastisch geringer ausfällt. So sind die Verhältnisse aber nicht.

Das Wertesystem ersetzt die Kalkulationen von Akteuren, die jeweils ihren eigenen materiellen Nutzen und die Dürren vor Augen haben. Es legt für den einzelnen Akteur andere Maßstäbe fest: Arbeitet er viel und ordentlich? Erzielt er eine große Ernte und präsentiert er sie in ansprechender Weise? Halten ihn die anderen für einen guten Gärtner? Das ist es, was das Handeln des Einzelnen motiviert. Auch so entsteht (im Effekt) ein Puffer für Ernteausfälle. Es gibt demnach zwei Ansatzpunkte für die Rationalitätsanalyse: die Rationalität der Handlungen des Einzelnen auf der einen Seite und die Rationalität, die sich als Konsequenz des Wertesystems ergibt, auf der anderen.

Wir betonen, dass der Puffereffekt der Überproduktion bei den Trobriandern eine These darstellt, also eine Vermutung. Malinowskis Beschreibung ist in diesem Punkt ziemlich unklar oder gar regelrecht verwirrend, vielleicht ist sogar das Urteil wirr gerechtfertigt (cf. Malinowski 1978 [1935]: 160 ff.).

KOLLEKTIVGÜTER – PROBLEME UND LÖSUNGEN

DIE EIGENSCHAFTEN VON KOLLEKTIVGÜTERN

Zur Bestimmung von Kollektivgütern stehen folgende Definitionskomponenten zur Verfügung: Güter können rivalisierend sein oder nicht und sie können exkludierbar sein oder nicht.

Rivalisierend ist ein Gut, wenn durch seinen Gebrauch andere weniger von dem Gut haben. Ein Braten gehört zu dieser Güterart. Schneide ich mir ein Stück davon ab (‚Gebrauch'), haben andere weniger von diesem Braten. Ein altbewährtes Beispiel für ein nicht rivalisierendes Gut sind Leuchttürme, genauer gesagt ihr Licht bei Nacht. Wenn ein Kapitän auf seinem Schiff das Licht sieht (‚Gebrauch'), wird es dadurch nicht weniger.

Exkludierbar sind Güter, die man vom Gebrauch ausschließen kann. Der Bäcker kann seine Kunden vom ‚Gebrauch' der Backwaren ohne weiteres ausschließen. Wer nicht zahlt, bekommt nichts. Vom Gebrauch der Luft auf dieser Erde kann man die Menschen nicht ausschließen, ebenso wenig vom Empfang eines Satellitensignals.

Mit diesen Komponenten erhalten wir vier Definitionen.

Güter heißen <***Name***> wenn gilt

		sie sind rivalisierend	
		ja	nein
sie sind exkludierbar	ja	***Private Güter***	***Natürliche Monopole***
	nein	***Gemeinschaftsressourcen***	***Öffentliche Güter***

■ bedeutet: Kollektivgüter

Damit ist bestimmt, was Kollektivgut heißen soll. Es sind nicht-exkludierbare Güter. Offenbar gibt es zwei Klassen von Kollektivgütern, die Gemeinschaftsressourcen (e. common (pool) resources) und die öffentlichen Güter (e. public goods). Manche der Probleme, die mit dem Gebrauch von Kollektivgütern verbunden sind, sind beiden Klassen gemeinsam, andere sind spezifisch für nur eine der beiden Klassen. Auf einige dieser Probleme werden wir später eingehen. Zuvor müssen wir uns aber noch mit den vier Güterklassen etwas vertrauter machen.

Zu welcher Klasse ein Gut gehört, kann in der Natur des Gutes liegen; das muss aber nicht sein. Im Fall von Leuchttürmen liegt es in der Natur des Gutes, dass das Gut weder rivalisierend noch exkludierbar ist. Der ausgesendete Lichtstrahl eines Leuchtturms wird eben nicht dadurch schwächer, dass ihn jemand sieht. Das ist immer so und in vielen Fällen ist es auch grundsätzlich nicht möglich, Schiffe vom Gebrauch auszuschließen. Aber bei Fischen sind die Verhältnisse anders.

Sehen wir uns dazu ein stilisiertes Beispiel an. Wir stellen uns dazu einen großen buchten- und inselreichen See vor. Man braucht viele Tagesreisen, um ihn zu Fuß zu umrunden. Der See ist fischreich. Am Ufer dieses Sees siedeln sich nun zunächst drei Familien an. Sie ernähren sich zu einem Gutteil von den Fischen, die sie vom Ufer aus fangen. Die Menge der Fische, die die Haushalte dem See entnehmen, ist geringfügig. Der Fischbestand wird davon nicht gemindert. Es kommt den Haushalten nicht in den Sinn, die anderen am Fischen zu hindern. Selbst wenn sie es wollten, sie könnten es nicht. Der Fisch ist hier ein nicht exkludierbares und nicht-rivalisierendes Gut, also ein öffentliches Gut.

Geraume Zeit später ist die Bevölkerung so angeschwollen, dass es nur noch wenige Stellen am See gibt, die nicht besiedelt sind. Die Menschen haben nun Boote und große Netze. Es gibt tausende von Fischerhaushalten, die versuchen, sich nach wie vor zu einem Gutteil von Fischen zu ernähren. Der Fischbestand schrumpft dadurch. Möglichkeiten, jemanden daran zu hindern, Fische zu fangen, sehen die Fischer nicht. Das Gut ist nun zwar immer noch nicht exkludierbar, aber es ist rivalisierend geworden. Aus dem öffentlichen Gut wurde eine Gemeinschaftsressource.

Später kommen Trawler auf, große Schiffe mit Schleppnetzen. Nun fischen wenige hundert Mann, die Trawler-Besatzungen, soviel wie früher tausende von Fischern auf ihren kleinen Booten. Ansonsten hat sich nichts geändert. Der Fisch ist nach wie vor eine Gemeinschaftsressource. Die Trawler-Eigentümer gehen aber bald bankrott, weil die Trawlerfahrten zu wenig Ertrag brachten.

Schließlich erfinden die Seeanrainer das Fischfarmen. Sie bauen Käfige, in denen sie die Fische halten und füttern. Der See wird in Parzellen aufgeteilt und in Privateigentum umgewandelt, auf denen die Fischer ihre Fischfarmerei betreiben. Der Fisch ist exkludierbar geworden, rivalisierend ist er nach wie vor. Die Gemeinschaftsressource ist zum privaten Gut geworden.

Wie das Beispiel zeigt, hängt für manche Güter die Zugehörigkeit zu einer Klasse ab von der Menge, der Technik und der Wirtschaftlichkeit.

Mengenabhängigkeit: Entscheidend ist hier das Verhältnis von entnommener zu vorhandener Menge. Davon kann abhängen, ob das Gut rivalisierend und auch, ob es exkludierbar ist. Das Verhältnis kann von der Menge der Menschen bestimmt sein, die sich das Gut aneignen. Das Kollektiv, das exkludierbar ist oder auch nicht, kann die ganze Menschheit umfassen. Das gilt für das Gut Luft. Oder es kann auch nur eine kleine Zahl von Haushalten sein, die gemeinsam einen Wald nutzen. Zu den Kollektivgütern gehören also solche, die sich in Kommunaleigentum befinden, aber auch solche, zu denen prinzipiell jeder freien Zugang hat. In beiden Fällen war die Menge der Menschen menschheitsgeschichtlich von grundlegender Bedeutung und sie ist es auch heute noch. Aber es gibt, wie gesagt, auch noch andere Faktoren.

Technikabhängigkeit: Das Trawlerbeispiel im Beispiel zeigt, warum die Menge der Menschen nicht immer bestimmend ist. Ein anderes Beispiel ist die Verschlüsselungstechnik, die aus einem nicht-exkludierbaren Satellitenfernsehsignal ein exkludierbares gemacht und damit neben dem frei empfangbaren Fernsehen Bezahlfernsehen möglich gemacht hat.

Wirtschaftlichkeit: Was technisch machbar ist, muss sich bekanntlich nicht rechnen. Fischen mit Trawlern ist technisch machbar im Beispiel, aber es erwies sich als unwirtschaftlich.

Was jetzt noch fehlt, ist ein Beispiel für die natürlichen Monopole. Die Wasserversorgung (über Wasserleitungen) in einem Stadtviertel gehört zu dieser Fallklasse. Bei einer guten Wasserversorgung wird das Wasser für die anderen nicht weniger, wenn jemand im Stadtviertel eine Dusche nimmt. Und die anderen merken auch nichts, wenn ein weiterer Haushalt ans Leitungsnetz angeschlossen wird. Das Wasser ist nicht rivalisierend. Exkludierbar ist es hingegen. Der Wasserversorger kann einem Haushalt den Haupthahn zudrehen. Das Monopol nennt man ‚natürlich', weil es sozusagen in der Natur der Sache liegt, dass es ökonomisch unsinnig wäre, diese Monopole zu vermeiden und z. B. mehr als ein Wasserleitungsnetz in einem Stadtviertel zu installieren.

Der Trittbrettfahrer und der Dumme

In den Untersuchungen über die Probleme, die beim Gebrauch von Kollektivgütern auftreten, haben zwei Figuren eine tragende Rolle, der Trittbrettfahrer (e. free rider) und der Dumme (oder der Naivling, Trottel, e. sucker). Die beiden Figuren stehen für zwei typische Verhaltensweisen des Menschen, die wesentlich an der Entstehung der Probleme von Kollektivgütern beteiligt sind.

Bau und Betrieb von Leuchttürmen kostet einiges, dasselbe gilt für Bewässerungssysteme. Die beiden Figuren kommen ins Spiel, wenn es ums Bezahlen (in Geld oder auch Sachleistungen) der Kosten geht. Der Trittbrettfahrer ist ein Mensch, der in solchen und verwandten Situationen Wege sucht und findet, nichts zu bezahlen oder nur wenig. Er ist bestrebt, mehr oder weniger umsonst in den Genuss eines Gutes kommen oder mehr zu bekommen, als ihm zusteht. Auf diese Figur ist ein Teil der Probleme von Gemeinschaftsressourcen zurückzuführen. Gewiss neigt nicht jeder zum Trittbrettfahren. Aber zweifellos gibt es diese Verhaltensweise. Zweifellos ist es auch abhängig von der Situation, ob jemand eine Neigung zum Trittbrettfahren verspürt. Hier kommt der Dumme ins Spiel. Darunter versteht man einen Menschen, der sich noch dann an eine Regel hält, wenn die meisten das nicht mehr tun, der an das Gute glaubt, selbst wenn die Situation absolut nichts Gutes verheißt. Der Dumme ist eine Rolle, die (fast) niemand gerne spielt. Nur wenigen macht es nichts aus, von anderen für den Dummen gehalten zu werden, und sich selbst für den Dummen zu halten, mag wohl gar niemand. Nicht der Dumme sein zu wollen, bringt manchen dazu, Trittbrett zu fahren oder andere Dinge zu tun, die er oder sie nicht unbedingt schätzenswert finden. Die Lösungen für die Probleme öffentlicher Güter haben zu berücksichtigen, dass es Trittbrettfahrer gibt und die Menschen es nicht mögen, in die Rolle des Dummen zu geraten. Die beiden Rollen werfen Probleme auf, von denen sowohl öffentliche Güter als auch Gemeinschaftsressourcen betroffen sind. Von jetzt ab werden wir uns aber nur noch mit Gemeinschaftsressourcen befassen.

DAS TRAUERSPIEL DER ALLMENDE

Das Trauerspiel der Allmende ist ein Szenarium, das das Kernproblem der Gemeinschaftsressourcen beschreibt. ‚Allmende‘ werden Güter genannt, die einer (Dorf-)Gemeinde gemeinschaftlich gehören und von ihr gemeinschaftlich genutzt werden. Die Allmende ist also ein Kollektiveigentum. Ein Beispiel sind die Gemeindeweiden in Bayern, der Schweiz und Österreich, auf der jedes Gemeindemitglied sein Vieh weiden lassen kann. Üblicherweise beschreibt man das Trauerspiel mit folgender Geschichte.

Die Geschichte handelt von einem Dorf, das über einen großen Weidegrund verfügt. Die Haushalte des Dorfs lassen darauf ihre Milchkühe weiden (Allmende). Die Gemeindeweide hat eine Tragkraft von N Kühen. Solange die Zahl n der Kühe, die tatsächlich auf der Allmende stehen, kleiner oder gleich N ist, bleibt die Tragkraft der Allmende erhalten. Die Anzahl der Kühe sei nun mit der Zeit auf n gleich N gestiegen. Nun stellen ein paar Haushalte noch mehr Kühe auf die Weide, und das hat zur Folge, dass die Tragkraft der Allmende abnimmt. Das Trauerspiel beginnt. Der Milchertrag pro Kuh sinkt. Die Haushalte stellen noch mehr Kühe auf die Weide. Die Tragkraft sinkt noch mehr, und das geht so weiter, bis schließlich gar kein Gras mehr vorhanden ist. Das Spiel ist zu Ende. Auf dem (ehemaligen) Weidegrund lässt sich kein Tropfen Milch mehr produzieren.

Dieses Szenarium ist durchaus nicht unrealistisch. Es gibt in unserer heutigen Welt vielmehr eine stattliche Menge von Fällen, die dem Szenarium entsprechen. Man denke z. B. an die Fischbestände in den Weltmeeren, und das Überweiden von Weiden in Kommunaleigentum ist alles andere als eine rare Ausnahme. Wie ist dieses Verhalten zu erklären?

Die Frage wird meist mit einer mehrstufigen Erklärung beantwortet. Als treibende Kraft (Motor) nennen manche Autoren das Bevölkerungswachstum. Das ist gewiss eine Triebfeder von großer menschheitsgeschichtlicher Bedeutung, die auch noch heute ihre Wirkung zeigt. Für andere Autoren ist es das Interesse oder gar die Gier der Menschen nach einem höheren Ertrag. Das schließt das Bevölkerungswachstum als Triebfeder nicht notwendig aus, aber auch nicht notwendig ein. Hinter dem Interesse kann, aber muss nicht unbedingt Gier stehen: Schulgeld für die Kinder zahlen zu können, wird man mit Gier wohl kaum charakterisieren wollen. Das Interesse an einem höheren Ertrag reicht aber für eine Erklärung nicht aus, denn es ist die Frage offen geblieben, warum dieses Interesse hier so destruktive Folgen hat.

Zur Beantwortung dieser Frage sehen wir uns etwas genauer die Handlungsfolgen im Trauerspiel an. Welche Konsequenzen hat es, wenn ein Haushalt noch mehr Kühe auf die Weide stellt, obwohl die Tragkraft schon darunter leidet? Wie wir gesehen haben, mindert das Verhalten den Ertrag der Kühe, aber diese Minderung trifft nicht nur den Haushalt, der die zusätzlichen Kühe auf die Weide gestellt hat, sondern alle Haushalte, die Kühe auf der Weide stehen haben. Der eine Haushalt selbst hat nur einen Bruchteil des Gesamtschadens zu tragen. Der Ertrag der zusätzlichen Kühe fällt hingegen vollständig diesem einen Haushalt zu. In der Sprache der Ökonomik haben die zusätzlichen Kühe einen sogenannten negativen *externen Effekt*. Wir erinnern uns, externe Effekte sind Folgen einer Handlung für Unbeteiligte (s. Kapitel über die Ackerbauern). Dass der Prozess eine tragische Entwicklung nimmt, hat wesentlich mit diesem negativen externen Effekt zu tun. Aber die Entscheidungssituation, in der die einzelnen Akteure (Haushalte) stehen, ist damit immer noch nicht sichtbar geworden.

Für die Beschreibung der Entscheidungssituation werden wir von der Spieltheorie Gebrauch machen. Um die Situation so durchsichtig wie möglich zu gestalten, vereinfachen wir das Szenarium drastisch. Die Gemeindeweide wird nur noch von zwei Haushalten genutzt. Dem einen steht Alois vor, dem anderen Xaver. Xaver und Alois mögen sich überhaupt nicht und haben schon seit Jahren nicht mehr miteinander gesprochen. Sie haben jeweils 5 Kühe auf der Weide stehen, und die Tragkraft der Weide hat schon abgenommen. Sie wissen auch, noch mehr Kühe auf die Weide zu stellen, wird die Tragkraft weiter herabsetzen. Beide sind daran interessiert, den Milchertrag zu erhöhen und stehen vor der Frage, ob sie noch eine weitere Kuh auf die Weide stellen sollen.

Die folgende Auszahlungsmatrix zeigt die Entscheidungsalternativen, vor denen die beiden Akteure stehen.

			Xaver	
			Weitere Kuh	
			Nein	Ja
Alois	Weitere Kuh	Nein	*15*; 15	*13**; 16
		Ja	*16*; 13*	*14*; 14

*gerundet

Die Zahlen in den Zellen geben jeweils den Milchertrag der Kühe in Litern an. Die Zahl vor dem Strichpunkt bezieht sich auf den Ertrag von Alois Kühen, die hinter dem Strichpunkt auf Xavers Ertrag. Wir betrachten die Entscheidungssituation zunächst aus der Sicht von Alois.

Alois weiß, dass Xaver zwei Entscheidungsalternativen hat und überlegt sich zu diesen Alternativen Folgendes.

- Wenn Xaver sich entscheidet, *keine weitere Kuh* auf die Weide zu stellen, steht Alois vor den folgenden beiden Wahlmöglichkeiten. Er kann ebenfalls keine weitere Kuh auf die Weide stellen. Alois erzielt dann einen Ertrag von 15 Litern. Stellt er noch eine Kuh auf die Weide, sind es 16 Liter. Eine weitere Kuh bringt einen Vorteil. Als rationaler Akteur wird er sich für diese Alternative entscheiden.
- Wenn Xaver sich entscheidet, *eine weitere Kuh* auf die Weide zu stellen, sehen Alois Wahlmöglichkeiten so aus. Keine weitere Kuh auf die Weide zu stellen, bringt 13 Liter. Hier bekommt Alois den externen Effekt von Xavers Handeln zu spüren. Stellt Alois ebenfalls eine weitere Kuh auf die Weide, erzielt er 14 Liter. Als rationaler Akteur wird sich Alois also auch in diesem Fall für die Alternative entscheiden, eine weitere Kuh auf die Weide zu stellen. Diese Entscheidung verhindert zugleich, dass sich Alois in der Rolle des Dummen wiederfindet.

Man sieht, wie Xaver sich auch immer entscheidet, für Alois ist es am günstigsten, eine weitere Kuh auf die Weide zu stellen. Wenn eine Entscheidung die günstigste ist, unabhängig davon, wie der oder die anderen sich entscheiden, nennt man das eine dominante Strategie. Da das Spiel symmetrisch ist, ist auch für Xaver, noch eine Kuh auf die Weide zu stellen, eine dominante Strategie. Optimal ist das Ergebnis, wie man sieht, keineswegs. Beide Akteure verhalten sich zwar durchaus rational, aber, statt besser stehen beide schlechter da. Hier liegt offenbar der entscheidende Schlüssel zum Trauerspiel der Allmende.

Alois und Xaver brauchen übrigens keineswegs auf den Liter genau ihre Milcherträge abschätzen zu können. Es genügt z. B., wenn ihnen klar ist, dass, je nachdem wem die Kuh gehört, eine weitere Kuh den Ertrag erhöht bzw. herabsetzt. Das zu erkennen ist meist gar nicht schwer.

Die Werte in der Matrix sind folgendermaßen entstanden. Beide, Alois und Xaver, haben zunächst, wie gesagt, 5 Kühe auf der Weide stehen. Der Milchertrag pro Kuh ist demnach 3 Liter. Jede weitere Kuh auf der Weide senkt den Milchertrag pro Kuh um 1/3 Liter. Die Werteverteilung in der Matrix entspricht dem, was man in der Spieltheorie das Gefangenendilemma nennt. Es ist wohl das bekannteste ‚Spiel' der Spieltheorie.

Wenn man mit den Parametern unserer Spielkonstellation etwas herumexperimentiert, z. B. den Anfangswert für den Ertrag oder den Wert für die Abnahme des Milchertrags variiert, wird man schnell feststellen, dass schon kleine Veränderungen ziemlich stark Wirkungen auf die Werteverteilung haben. Dabei entstehen auch Werteverteilungen, die nicht mehr dem Gefangenendilemma entsprechen, sondern z. B. eher dem Chicken-Spiel oder dem Assurance- oder Stag-Hunt-Spiel cf. (Ostrom 1990: 218, n. 2).

Dass das Spiel einen tragischen Ausgang nimmt, beruht unter anderem auf der Annahme, dass die beiden Akteure keine bindenden Absprachen treffen können. Das muss nicht sein, trifft in unserem Fall aber zu. Alois und Xaver können sich ja nicht ausstehen und reden nicht mehr miteinander.

Diese Modellüberlegungen stellen eine Art Existenzbeweis dar: Es kann Situationen geben, die rationale Akteure zu den beschriebenen Entscheidungen veranlassen.

Der Name ‚tragedy of the commons' – wir sprechen von ‚Trauerspiel der Allmende' – ist der Titel eines viel zitierten Artikels, den der Biologe Garrett Hardin 1968 publiziert hat. Mehr als den Namen hat Hardin allerdings zur Erhellung des Problems nicht beigetragen, und es ist sicherlich lehrreicher, zum Einstieg z. B. das erste Kapitel in Ostroms ‚Governing the Commons' zu lesen.

Das Problem hat im Übrigen schon Aristoteles (384–322 v. Chr.) vor mehr als 2000 Jahren beschrieben, wie das folgende Zitat belegt. „Was sehr vielen gemeinsam gehört, für das wird am wenigsten Sorge getragen" (Aristoteles 1994: 34, Buch II, Kap. 3).

Lösungen: Alternativen zum Trauerspiel der Allmende

Kollektivgüter sind nicht immer und überall gefährdet. Ethnologen haben eine größere Zahl von Produktionssystemen beschrieben, in denen es nicht zum ‚Trauerspiel der Allmende' gekommen ist. Zum Teil handelt es sich dabei um triviale Fälle. Solange Ressourcen wie z. B. Land oder Wild im Überfluss vorhanden sind, fehlen die Bedingungen für eine Allmendetragödie. Wo man sich im Bedarfsfall mit Waffengewalt die Ressource aneignet, fehlen für die Sieger die Bedingungen ebenfalls. Fälle, in denen es zur Tragödie gekommen ist, hat die Ethnologie, wie wir sehen werden, aber durchaus auch zu bieten, ebenso Fälle, in denen trotz tragischer Konstellation erfolgreich verhindert wurde, dass die Tragödie ihren Lauf nahm. Diese Fälle belegen, dass es in der Tat Alternativen zum Trauerspiel gibt. An ihnen kann man studieren, wie die Lösungen gebaut sind.

Drei Alternativen zum Trauerspiel sind bekannt.

- Die Gemeinde kann sich entschließen, die Weide zu privatisieren.
- Die Akteure können sich zu kollektivem Handeln entschließen, und gemeinsame Regeln zur dauerhaften Nutzung der Gemeinschaftsressource entwickeln und durchsetzen.
- Der Staat kann eingreifen und die Akteure dazu zwingen, die optimale Strategiekombination zu wählen.

Es sieht so aus, als würde eine magische Kraft die Menschen dazu verführen, immer nur eine der Lösungen für die wahre, gute und schöne zu halten. Für Hardin (s. o.) z. B. konnte allein der autoritäre Staat Abhilfe schaffen. Nach wie vor gibt es große Gesinnungsgemeinschaften, die der Überzeugung sind, dass allein in der Lösung des kollektiven Handelns Heil zu finden ist, oder allein in der Privatisierung. Gerne werden zusätzlich noch die jeweils anderen Lösungen verteufelt.

Der Konsens unter den Kennern des Problems ist heute, dass *keine* der drei Lösungen in *jedem* Fall die günstigste ist. Was für diese Position spricht, werden wir uns nun genauer ansehen.

Mit den drei Lösungen wird das Ziel verfolgt, die Ressourcen konservatorisch zu nutzen. Die drei Lösungen kann man also als Strategien der Ressourcenbewahrung auffassen. Es kann, muss aber nicht, ein weiteres Ziel hinzukommen: Die Kosten der Lösung sollen niedriger sein als ihr Nutzen. Die anspruchsvollere Variante dieses Ziels verlangt zusätzlich, dass die gewählte Lösung die kostengünstigste ist. Dieses Ziel, eine effiziente oder gar die effizienteste Lösung zu finden, wird in der einschlägigen Literatur meist ziemlich stiefmütterlich behandelt oder völlig ignoriert. Das ist nicht sonderlich verwunderlich auch weil, solche Lösungen zu finden, extrem aufwändig sein kann.

Privatisierung:
Unter den verschiedenen Komponenten, mit denen wir das Trauerspiel der Allmende erklärt haben, findet sich eine Komponente, anhand derer sich leicht zeigen lässt, dass die Privatisierung eine mögliche Lösung ist. Es ist der negative externe Effekt. Stellen wir uns vor, Alois kauft Xaver seine Rechte auf die Weide ab und gleich auch noch die Kühe dazu. Die Weide ist damit privatisiert. Wenn Alois nun eine weitere Kuh auf die Weide stellt, bekommt er den Effekt der Überweidung alleine zu spüren. Der externe Effekt wird internalisiert, wie man sagt. Er steht damit vor der Entscheidung, ob er es bei seinen nun 10 Kühen und einem Ertrag von 30 Litern belässt oder ob er noch eine Kuh auf seine Weide stellt. Im letzteren Fall würde das aber seinen Ertrag auf 29 Liter senken. Als rationaler Akteur wird er seinen Viehbestand auf der Weide nicht aufstocken. Die Internalisierung durch Überführung in Privatbesitz garantiert allerdings keineswegs, dass es nicht zur Überweidung kommt. Privatisierung macht den Menschen keineswegs zu einem Akteur von unbeugsamer Rationalität. Wir kennen Vieh-Farmer in Namibia, die das ihnen allein gehörende Weideland aus kurzfristigen finanziellen Erwägungen überweidet hatten und darüber z. T. ziemlich zerknirscht waren.

Ein berühmtes Beispiel für die Privatisierung einer Gemeinschaftsressource sind die Montagnais-Indianer von Labrador (Ost-Kanada). Die Montagnais lebten als Wildbeuter im Einzugsbereich der Hudson Bay Company (Nordamerika), einer Handelsgesellschaft. Jeder konnte zunächst jagen, wo er wollte. Die Jagd gefährdete den Wildbestand nicht (keine negativen externen Effekte). Dann begann die Hudson Bay Company, Pelze aufzukaufen. Für die Pelze handelten die Montagnais Güter wie Töpfe, Pfannen, Messer, Stahlfallen und Feuerwaffen ein. Die Montagnais erlegten mit der Zeit so viele Pelztiere, dass der Bestand abnahm (negative externe Effekte). Daraufhin gingen die Montagnais dazu über, jeder Familie ein eigenes Territorium zuzuweisen, in dem ausschließlich diese Familie Pelztiere jagen durfte. Nun lag es im Interesse der jeweiligen Familie, dafür zu sorgen, dass der Pelztierbestand nicht abnahm (Internalisierung der externen Effekte). (Demsetz 1967: 351 ff.)

Diese Beschreibung des Montagnais-Falles fußt auf einem Text von Harold Demsetz, einem Pionier auf dem Gebiet der Theorie der Eigentumsrechte und anderer Theorien der neuen Institutionenökonomik. Dass die Montagnais in der Phase des Übergangs zum Privatbesitz zunächst den Pelztierbestand überjagten („overhunting“ (Demsetz 1967: 351)), hat Demsetz erschlossen. In den Zitaten, die er anführt, steht davon nichts. Aber der Schluss vom Privatbesitz auf das Überjagen ist empirisch keineswegs gesichert. Haltbar ist allenfalls, das Überjagen oder allgemeiner die Übernutzung zu einer von mehreren möglichen Voraussetzungen der Privatisierung zu rechnen.

Staat:
Die Hoffnung ist hier, dass der Staat die Akteure zu dem Glück zwingt, zu dem sie selbst nicht finden können. Der Staat kann sicherlich verbieten, dass die Akteure noch weitere Kühe auf die Weide stellen. Da damit zu rechnen ist, dass sich nicht alle an das Verbot halten (s. Trittbrettfahrer), muss der Staat zusätzlich zum Erlass des Verbots auch noch die Einhaltung überwachen, Erzwingungsmaßnahmen ergreifen und bei Zuwiderhandlung beispielsweise Strafgebühren erheben.

Wie wirkt sich das staatliche Eingreifen auf die Entscheidungssituation in unserem Modell aus? Wir gehen zunächst davon aus, dass die Überwachung perfekt ist, und jede Zuwiderhandlung bestraft wird. Die Strafe koste den Übeltäter 2 Liter Milch pro Kuh. Damit ergibt sich folgendes Bild.

			Xaver	
			Weitere Kuh	
			Nein	Ja
Alois	Weitere Kuh	Nein	*15*; 15	*13*; 14
		Ja	*14*; 13	*12*; 12

Wenn wir die Entscheidungsalternativen von Alois und Xaver, wie gehabt, durchdenken, werden wir zu dem Ergebnis kommen, dass nun keine weitere Kuh auf die Weide zu stellen die dominante Strategie ist. Das gewünschte Ergebnis ist erreicht. Rationale Akteure werden sich nun nicht mehr für eine Strategie entscheiden, die zu einem tragischen Ende führt. Die dominante Strategie ist hier zugleich die optimale Lösung.

Dieses Ergebnis beruht auf einer Reihe von Annahmen. Eine Annahme ist, wie gesagt, dass der Staat perfekt informiert ist: Er entdeckt jeden Regelbruch. Auch einem starken Staat wird das nicht immer gelingen, und einem schwachen Staat (Wahl ungeeigneter Beamter, schlechte Ausbildung, ungenügende Kontrolle und schlechte Bezahlung der Beamten) gelingt das schon gar nicht. Die

Wahrscheinlichkeit, dass Zuwiderhandlungen bestraft werden, ist demnach meist nicht 1 (das heißt, jede Übertretung wird entdeckt) sondern kleiner 1. Nehmen wir an, dass die Wahrscheinlichkeit, entdeckt und bestraft zu werden, 1/3 ist. Alois und Xaver können sich dann ausrechnen, dass die gemittelte Strafe nur noch 2/3 Liter ist (1/3 * 2 Liter). Die Entscheidungsmatrix sieht nun so aus:

			Xaver	
			Weitere Kuh	
			Nein	Ja
Alois	Weitere Kuh	Nein	*15*; 15	*13*; 15 1/3
		Ja	*15 1/3*; 13	*13 1/3*; 13 1/3

Das Trauerspiel ist wieder da!

Eine weitere Annahme ist, dass der Staat seine Informationen kostenlos erhält. Das ist offenkundig falsch. Und nicht nur die Überwachung kostet etwas, sondern auch das Bestrafen. Weiterhin ist es nun am Staat festzusetzen, wie hoch die Tragkraft der Weiden anzusetzen ist. Schätzt er sie zu hoch ein, überwacht er eine Verschlechterung der Weide, setzt er sie zu niedrig an, verhindert er die volle wirtschaftliche Nutzung der Weide. Meist wird es auch mehr als nur eine Weide zu überwachen geben. Es dürfte klar geworden sein, dass es keine einfache Aufgabe ist, ein wirtschaftlich sinnvolles, staatliches Weidekontrollsystem zu entwickeln.

Wie die Modellüberlegungen gezeigt haben, gibt es Konstellationen, wo das Eingreifen des Staates unwirtschaftlich ist oder wo der Staat das Trauerspiel der Allmende nicht verhindern kann. Es gibt aber durchaus Konstellationen, in denen allein der Staat mit Aussicht auf Erfolg intervenieren kann. Ein – im nachhinein – überzeugender Beleg für ein erfolgreiches staatliches Eingreifen ist das FCKW-Verbot. FCKW oder Fluor-Chlor-Kohlenwasserstoffe sind chemische Verbindungen, die sich als Kältemittel (z. B. in Kühlschränken), Treibgas (in Sprühdosen) und Reinigungsmittel gut gebrauchen lassen. Diese Verbindungen haben einen Nachteil. Sie zerstören die Ozonschicht in der Erdatmosphäre, die das Leben auf der Erde vor Ultraviolettstrahlungen schützt. In diesem Beispiel waren mächtige korporative Akteure im Spiel – unter anderem waren es die Firmen, die FCKW herstellen, Kühlanlagen bauen etc., die gegen ein FCKW-Verbot kämpften. 1985 verabschiedete die UNO die Konvention zum Schutz der Ozonschicht. Die Konvention läuft auf ein Verbot von FCKW hinaus; bis heute haben sie mehr als 150 Staaten unterzeichnet. Vorreiter waren in diesem Fall die

USA, während die Europäische Gemeinschaft (der Vorläufer der EU) zunächst als Bremser fungierte.

Die Gemeinschaftsressource ist hier die schützende Ozonschicht. Das betroffene Kollektiv ist die gesamte Menschheit. Es ist nicht zu sehen, dass irgendwelche anderen vorhandenen Akteure als Staaten in der Lage gewesen wären, diesem Trauerspiel ein Ende zu bereiten.

Bemerkenswerterweise hat man in diesem Fall gehandelt, bevor die Beschädigung der Ozonschicht in der Stratosphäre durch FCKW wissenschaftlich nachgewiesen war. Erwiesen war zunächst nur ein chemischer Reaktionsprozess der Ozonzerstörung im Labor. Das Ozonloch in der Erdatmosphäre wurde erst Jahre später nachgewiesen (cf. Grundmann 1997).

Kollektives Handeln:
In diesem Fall finden die betroffenen Akteure selbst eine Lösung, in dem sie gemeinsam (als Kollektiv) handeln.

	Exemplarischer Fall
Gegenstand	Lösung des Problems der Gemeinschaftsressourcen durch kollektives Handeln
Kultur	Dorf **Törbel**
Lokalisierung	Kanton Wallis, Schweiz
Untersuchungszeitraum	1970/1, 1974, 1977 insgesamt 18 Monate
Autor	Netting (1981)

Törbel ist wohl der berühmteste ethnologische Fall einer gelungenen Lösung, die auf kollektivem Handeln basiert. Beschrieben hat ihn der US-amerikanische Ethnologe Netting. Das Beispiel ist auch deshalb so berühmt, weil das System, als Netting sich mit ihm befasste, schon mehr als 500 Jahre mit gutem Erfolg funktioniert hatte. Im Lauf der Zeit ist es dabei allerdings durchaus zu Modifikationen, Anpassungen an die sich ändernden Verhältnisse gekommen.

Die frühesten Quellen zeigen, dass es neben der Allmende auch Ackerland und andere Güter gab, die sich in Privatbesitz befanden. Land in Privatbesitz kann verkauft und gekauft werden, aber mit dem Kauf ist nicht zugleich ein Anrecht auf die Nutzung der Allmende verbunden. Die Allmende setzt sich aus einer ganzen Reihe von Ressourcenarten zusammen. Neben dem Weidegrund, den Almweiden, gehören auch Wälder dazu. Die Grenzen des Weidegrunds sind genau festgelegt, wie eine Quelle schon Anfang des 16. Jahrhunderts zeigt. Wer Anrecht darauf hat, seine Rinder auf die Almweiden zu schicken, ist präzise geregelt. Das Anrecht wird patrilinear weitergeben. Wie viele Kühe jeder auf die Almen schicken kann, ist ebenfalls streng festgelegt. Es dürfen nicht mehr sein, als man im Winter durchfüttern kann. Die Wiesen für das Winterfutter befinden sich in Privatbesitz.

Diese Regel setzt voraus, dass die Menge des Winterfutters, die Törbel produziert, und damit die Gesamtzahl der Kühe bestimmt, nicht die Tragkraft der Almen übersteigt. Damit müsste der Ertrag der Wiesen für das Winterfutter ziemlich streng korreliert sein mit dem Ertrag der Almweiden. Falls das nicht zutrifft, müsste wohl die Gesamtzahl der Kühe, die sich aus dem Winterfutterertrag gibt, die Tragkraft der Almen generell unterschreiten.

Wer gegen diese Winterfutterregel verstößt, muss eine Strafe zahlen. Ein Gemeindemitglied hat die Aufgabe, die Geldstrafe einzutreiben und erhält dafür die Hälfte der Strafe. Die Einhaltung dieser Regel ist nicht sonderlich schwer zu überwachen. Beim Almauftrieb kann man z. B. die Tiere leicht zählen. Die Almen dienen der Käseproduktion. Von der Zahl der Kühe hängt die Käsemenge ab, die der Eigentümer der Tiere am Ende der Weide-Saison erhält.

Die Almen werden gepflegt. Arbeitsgruppen verteilen den Dung über die Almwiesen und beseitigen die Schäden, die durch Lawinen entstanden sind.

Es gibt eine Almengenossenschaft, der alle Törbler angehören, die die Almen nutzen. Auf der Jahresversammlung diskutiert die Genossenschaft über Regeln und Maßnahmen und wählt die Amtsträger. Alle Bürger des Dorfes beschließen die Statuten des Dorfes, aus denen sich ihrerseits wieder die rechtliche Grundlage für die Almgenossenschaft ergibt.

Wie die Quellen zeigen, kennen die Bürger von Törbel schon seit langem Privateigentum an Land, und die Almen sind eben so lang kollektiv genutzt worden. Keine externe politische Instanz hat die Bürger zu diesen unterschiedlichen Regelungen gezwungen. Sie hätten ihre Almen ohne Weiteres auch privat nutzen können. Das haben sie aber nicht getan. Warum nicht? Es könnte eine verfestigte reine Tradition sein. Netting sieht aber andere Gründe am Werk. Er zählt eine Reihe von Folgen auf, die eine Aufteilung und Privatisierung der Almen mit sich brächten. Der Arbeitsaufwand für das Hüten und die Käseproduktion würde sich erhöhen. Eine Anpassung der Weidegröße an den jeweiligen Kuhbestand des einzelnen Haushalts würde behindert. Möglichweise wäre es auch nötig, die Weiden einzuzäunen (Netting 1993: 176). Kurzum, die Kollektivlösung hat gegenüber der Privatisierungslösung den Vorteil größerer (wirtschaftliche) Effizienz. Und es ist unmittelbar einsichtig, dass eine staatliche Lösung ebenfalls kostspieliger wäre.

Fälle von sich selbst organisierenden Systemen der Nutzung von Gemeinschaftsressourcen, die über lange Zeit erfolgreich gewesen sind, sind keine raren Ausnahmen. Es gibt eine ganze Menge davon in den verschiedensten Regionen der Erde. Die Politologin Elinor Ostrom hat eine Reihe davon in ihrem bahnbrechenden Buch beschrieben, dessen vollständiger Titel lautet: ‚Governing the Commons. The Evolution of Institutions for Collective Action' (1990). Sie hat dort auch Fälle von gescheiterten Versuchen behandelt. Aus den gelungenen wie den gescheiterten Fällen hat sie Organisationsprinzipien („design principles") erfolgreicher kollektiver Nutzungssysteme von Gemeinschaftsressourcen abgeleitet. Diese Prinzipien sind mittlerweile in einer beeindruckend großen Zahl von Fällen überprüft worden (cf. N.N. 2006) und haben sich dabei bewährt (Ostrom 2000). Nettings Törbel-Fall wird in Ostroms Buch ausführlich behandelt, und das ist nicht der einzige von Ethnologen beschriebene Fall, auf den sich Ostroms Analyse stützt. Wir werden diese Prinzipien nun darstellen und mit der Organisation Gemeinschaftsweiden von Törbel illustrieren. Der Sinn der einzelnen Prinzipien offenbart sich oft fast von selbst, wenn man sich überlegt, welche Folgen das Wegfallen des Prinzips hätte.

Organisationsprinzipien erfolgreicher Gemeinschaftsressourcensysteme
(Ostrom 1990: 90)

1. Klar definierte Grenzen
„Clearly defined boundaries"
Dieses Prinzip bezieht sich auf zweierlei. Zum einen müssen die Grenzen der Gemeinschaftsressource klar bestimmt sein. Zum anderen muss klar definiert sein, wer die Ressource nutzen darf und wer nicht.

Beides ist in Törbel erfüllt. Die genauen Grenzen der Gemeinschaftsweide sind schon vor mehreren Jahrhunderten schriftlich festgehalten worden. Die Erbregeln legen eindeutig fest, wer berechtigt ist, die Weiden zu nutzen, und wer nicht. Der Kauf von Ackerland berechtigt z. B. nicht zur Nutzung.

2. Anpassung der Regeln der Ressourcenaneignung und –pflege an die lokalen Gegebenheiten
„Congruence between appropriation and provision rules and local conditions"

Die Winterfutterregel sorgte offenbar dafür, dass die Gemeindeweide nicht übernutzt wurde, wenn wir auch die Regel nicht erklären können. Auch die Pflege der Weide ist deutlich auf die lokalen Erfordernisse abgestimmt.

3. Kollektive Entscheidungsfindung
„Collective-choice arrangements"
Das soll heißen, dass die Betriebsregeln von den Betroffenen selbst gemeinschaftlich geändert werden können. Die Almgenossenschaft umfasst alle Nutzer. Sie kann offenbar solche Beschlüsse fassen.

4. Überwachung
„Monitoring"
Es gibt Personen, die die Einhaltung der Regeln überwachen. Diese Personen gehören entweder selbst zu den Nutzern oder sie haben sich gegenüber den Nutzern zu verantworten. Dieses Prinzip ist offenkundig gegen die Trittbrettfahrer gerichtet.

Die Überwachung liegt in Törbel in den Händen der Nutzer selbst.

5. Abgestufte Bestrafung
„Graduated sanctions"
Nutzer, die eine Regel verletzen, werden je nach Schwere und Umständen mehr oder weniger hart bestraft durch die Nutzer selbst oder von ihnen Beauftragte.

Von einer abgestuften Bestrafung in Törbel wissen wir nichts. Aber es gibt Geldstrafen für Verstöße gegen die Winterfutterregel und auch einen Beauftragten, der die Strafe eintrieb und dafür die Hälfte der Geldstrafe erhielt. Dieses Prinzip ist ebenfalls gegen die Trittbrettfahrer gerichtet. Es ist auch eine Maßnahme, um zu verhindern, dass Almnutzer in die Rolle der Dummen geraten.

6. Konfliktlösungsmechanismus
„Conflict-resolution mechanisms"
Die Nutzer und ihre Beauftragten haben vor Ort Zugang zu einer Instanz, die zu niedrigen Kosten Konflikte im Kollektiv zu lösen imstande ist. Zu denken ist hier an eine gerichtsähnliche Institution.

Spezifische Informationen sind bei Netting nicht vorhanden, müssten aber anderweitig zu finden sein. Das Prinzip könnte realisiert worden sein.

7. Anerkennung des Rechts auf Selbstbestimmung oder Selbstorganisation
„Minimal recognition of rights to organize"

Gemeint ist damit: Es gibt eine politische Instanz, die das Recht der Nutzer, ihre Regeln selbst zu bestimmen, anerkennt.

Die Almgenossenschaft ist in den Dorfstatuten abgesichert. Eingriffe von außen in ihr Selbstbestimmungsrecht gab es nicht oder waren unbedeutend.

Falls die Gemeinschaftsressourcen Bestandteil eines größeren Systems sind:
8. Hierarchische Institutionenstruktur
„Nested enterprises"
Es gibt unter dieser Bedingung mehrere untereinander vernetzte Schichten von Institutionen. Zum Beispiel kann ein Bewässerungssystem aus einem Hauptdamm bestehen, dessen Wasser kleinere Dämme speist und schließlich über kleine Kanäle auf den Feldern ankommt. Es gibt dann Institutionen, die die Bewässerung von Gruppen von Feldern regelt. Mehrere solche Institutionen sind vereint in einer Institution, die den gemeinsamen Damm wartet und dessen Wasserzufuhr abstimmt usw. (cf. Ostrom 1990: 82 ff.) Das Prinzip ist auf Törbel *nicht* anwendbar.

All diese Prinzipien (bis auf Nr. 8) müssen nach Ostrom verwirklicht und befolgt werden. Fehlt eine Regel oder wird sie nicht eingehalten, ist das System langfristig nicht erfolgreich. Wie es Gemeinschaften gelingen kann, ein System, das diesen Prinzipien gehorcht, zu erfinden und zu installieren - also die Frage nach der Entstehung solcher Systeme ist davon unabhängig und noch unbeantwortet.

Es gibt, wie gesagt, auch größere Mengen von Fehlschlägen, also von Fällen, in denen es zur Tragödie gekommen ist. Ein Beispiel liefern die Pokot in Nordost-Kenia, die wir oben im Pastoralistenkapitel schon kennen gelernt haben. Rinder waren ihr wichtigstes Herdentier, auch weil sie im Zeremonialleben eine bedeutsame Rolle spielten. Früher waren die Pokot eine hoch expansive Ethnie. Sie raubten den Nachbarn das Vieh und vertrieben sie. Seit der Kolonialzeit sind sie eingesperrt in ein Territorium mit starren Grenzen. Da das Bevölkerungswachstum ziemlich hoch war, nutzten immer mehr Pokot eine gleich bleibende Menge von Weideland. Institutionen, die Überweidung verhindern konnten, kannten die Pokot nicht, und es gelang ihnen auch nicht solche Institutionen zu entwickeln. Das Trauerspiel nahm seinen Lauf. Die Überweidung nahm zu, und immer mehr Haushalte mussten von der Rinderhaltung zur Kleinviehhaltung übergehen. (cf. Bollig & Lang 1999)

LITERATUR

Aristoteles

1994 Politik. Übers. v. Franz Susemihl. Reinbek bei Hamburg: Rowohlt.

Bollig, M. & Lang, H.

1999 Demographic growth and resource exploitations in two pastoral communities. Nomadic Peoples NS 3: 16 - 34.

Demsetz, H.

1967 Toward a theory of property rights. American Economic Review 57: 347-359.

Durrenberger, E.P. & Tannenbaum, N.B.

1992 Household economy, political economy, and ideology: peasants and the state in Southeast Asia. American Anthropologist 94: 74-89.

Grundmann, R.

1997 Der Erfolg des Montrealer Protokolls. Spektrum der Wissenschaft (3): 116 f.

Malinowski, B.

1961 [1922] Argonauts of the Western Pacific. New York: Dutton.

—

1978 [1935] Coral gardens and their magic. New York: Dover Publications.

N.N.

2006 Electronic Library of the Commons.

Netting, R.M.

1981 Balancing on an Alp: ecological change and continuity in a Swiss mountain community. Cambridge: Cambridge University Press.

—

1993 Smallholders, householders: farm families and the ecology of intensive, sustainable agriculture. Stanford: Stanford University Press.

Ostrom, E.

1990 Governing the commons: The evolution of institutions for collective action. New York: Cambridge University Press.

—

2000 Collective action and the evolution of social norms. Journal of Economic Perspectives 14: 137-158.

Richards, A.L.

1969[1939] Land, labour and diet in Northern Rhodesia. An economic study of the Bemba tribe. London: Oxford University Press.

Weiner, A.B.

1976 Women of value, men of renown. Austin, Texas.

Wolf, E.R.

1957 Closed corporate peasant communities in Mesoamerica and Central Java. Southwestern Journal of Anthropology 13: 1-18.

Woodburn, J.

1998 'Sharing is not a form of exchange': an analysis of property-sharing in immediate-return hunter-gatherer societies. *In* Property relations. C.M. Hunn, ed. Pp. 48-63. Cambridge.

III Distribution

Distributionssysteme verteilen Güter. Ein Typ von Distributionssystem, mit dem wir gut vertraut sind, ist der Markttausch. Es gibt aber und vor allem gab es Kulturen, in denen Markttausch kaum oder gar nicht vorkam. Auch in diesen Kulturen werden Güter verteilt, allerdings über Distributionssysteme, die von deutlich anderen Regeln bestimmt sind als der Markttausch. Das Prinzip, das diese Art von Tausch regiert, nennt man Reziprozität. Auch gibt es elaborierte Tauschsysteme, bei denen der materielle Nutzen zumindest nicht im Vordergrund steht; es geht also nicht um Güter materieller Art. Das ist das Spektrum der Distributionssysteme, das wir im Folgenden behandeln werden.

1 HINFÜHRUNG

Bevor wir zu den Distributionssystemen selbst übergehen, müssen wir erst noch (endlich und unbedingt) unser Modell des wirtschaftlichen Handelns erweitern.

Wir haben es bei den Distributionssystemen immer mit *mindestens zwei Akteuren*, öfters sogar mit großen Mengen von Akteuren zu tun. Die Akteure können, wie gehabt (s.o. Teil I), menschliche Individuen oder von korporativer Art (Clans, Firmen, Haushalte etc.) sein.

Weiterhin benötigen wir den Begriff der *Transaktion*. Mit dem Terminus bezeichnet man einen *Vorgang, bei dem ein Akteur eine Ressource auf einen anderen überträgt* (nach Richter & Furubotn 1996: 47). Es hat einen erheblichen Einfluss auf die Ausgestaltung des Transaktionssystems, ob die Transaktionen freiwillig sind. In der Literatur über Distributionssysteme wird meistens impliziert, dass die Transaktionen freiwillig vorgenommen werden. Unter Ressourcen fallen materielle Güter. Es können aber auch Gegenstände (im abstrakten Sinn) wie Prestige sein. Im anschaulichsten Fall besteht die Übertragung der Ressource in der physischen Übergabe. Beispiel: Der Händler in einem Kleiderladen übergibt dem Käufer den gewählten Pullover. Es gibt aber auch abstraktere Formen der Übertragung. Beispiel: Der Eigentümer eines Landstücks übergibt einem anderen das Recht, das Land zu nutzen oder möglicherweise auch nur mitzubenutzen.

Die Transaktionen sind oft nicht umsonst, sondern es fallen *Transaktionskosten* (cf. Erlei & Leschke & Sauerland 2007) an. Es gibt z. B. Menschen, die Stunden dazu brauchen, um einen passenden Pullover zu finden oder sich für einen von mehreren möglichen Pullovern zu entscheiden. Bei der Transaktion Pulloverkauf fallen üblicherweise Suchkosten an. Bei einer Grundstückstransaktion, z. B. beim Kauf, fallen in Deutschland Kosten für den Notar an, der den Eigentümerwechsel beurkundet.

Darüber hinaus können die Akteure, ebenfalls wie gehabt, ihren Eigennutz verfolgen, wenn sie Transaktionen vornehmen, aber auch hier können Gerechtigkeits- und Gleichheitswerte ins Spiel kommen.

Mit diesen Erweiterungen können wir nun Typen von Transaktionen bilden. Den Typen entsprechen Transaktionssysteme, mit denen wir uns weiter unten detaillierter befassen werden.

EINSEITIGE TRANSAKTIONEN

Einen Typ der einseitigen Transaktion nennt man im Deutschen *Geschenk* (reines Geschenk, e. pure oder free gift). Wir haben das Wort mit der Indexzahl 1 versehen, weil es auch noch in einem anderen Sinn gebraucht wird. Ein Geschenk als einseitige Transaktion sieht folgendermaßen aus. Akteur A übergibt freiwillig eine Ressource an Akteur B, aber B gibt nichts zurück an A (Beispiel: einem Bettler etwas geben). A hat weder ein Recht auf, noch erwartet A eine Gegentransaktion von B, und B fühlt sich dazu auch nicht verpflichtet. Dass hier ein Typ vorliegt, sieht man, wenn man die genannten Regeln ‚aufweicht'. Mancher mag z.B. in der Rolle von B doch das Bedürfnis verspüren, etwas an A zurück zu geben…

Auch eine Art des *Teilens* besteht aus einseitigen Transaktionen. Akteur A gibt einem oder mehreren Akteuren eine Ressource, hat aber kein einforderbares Recht und erwartet auch nicht, dass die anderen etwas zurück geben.

Der Raub lässt sich ebenfalls als einseitige Transaktion ansehen. Dem Vorgang fehlt aber jedes Fünkchen von Freiwilligkeit auf Seiten des Gebers; auch gibt der Beraubte den Anspruch auf sein Gut nicht auf. Steuern, die der Staat bis hin zu den Gemeinden einziehen, fehlt auch das Merkmal der Freiwilligkeit. Bekanntlich werden sie aber nicht unbedingt als eine Form des Raubs aufgefasst – warum nicht, ist nicht gerade eine harmlose und auch keine leichte Frage. Wir werden Raub und ähnlich gelagerte Transaktionen unten nicht weiter verfolgen.

ZWEI- UND MEHRSEITIGE TRANSAKTIONEN

Viele Transaktionen, an der mehr als zwei Akteure beteiligt sind, kann man analytisch als Serien von zweiseitigen Transaktionen auffassen. Es kommen aber mehrseitige Fälle vor, die sich nicht in zweiseitige auflösen lassen. Bei den mehrseitigen Transaktionen, die zweiseitigen eingeschlossen, bestehen immer Erwartungen oder einforderbares Recht auf eine Gegentransaktion.

In vielen Ländern der Erde ist heutzutage das Leben der Menschen grundlegend vom *Markttausch* bestimmt. Diese Art von mehrseitigem Tausch ist unter anderem an folgende Voraussetzungen gebunden.

- Es gibt viele Akteure und Transaktionen.

- Die Ressourcen haben einen Preis, der sich aus Angebot und Nachfrage ergibt.
- Soziale Beziehungen zwischen den Akteuren sind *nicht* Voraussetzung für den Markttausch. Es können aber durchaus auch soziale Beziehungen vorhanden sein.

Sozialer Tausch setzt unbedingt voraus, dass soziale Beziehungen zwischen den Akteuren bestehen – daher der Name. Die soziale Beziehung geht dem Tausch zeitlich voraus. Dieser Typ von mehrseitigen Transaktionen wird von anderen Regeln als der Markttausch bestimmt. Die Regeln nennen wir *Prinzipien der Reziprozität*. Sie legen fest, wie die Gegentransaktion auszusehen hat. Es kann z. B. Art, Menge und Zeitpunkt der Gegentransaktion festgelegt sein, und statt der Art und Menge auch der Wert der Ressource.

Eines der Prinzipien heißt *balancierte Reziprozität*: In diesem Fall wird eine Gegentransaktion von *ungefähr gleicher Art und Menge (oder Wert)* erwartet, *und es kann ein Zeitpunkt festgelegt sein*. Ein Beispiel sind Haushalte, die sich wechselseitig bei der Ernte helfen. Hier gibt es nur ein schmales Zeitfenster für die Gegentransaktion, und selbstverständlich steht auch ihre Art fest. Ein weiteres Beispiel ist die Umzugshilfe unter Studenten. Hier ist für die Gegentransaktion (meist) kein Zeitpunkt festgelegt, und sie kann auch den Charakter von generalisierter Reziprozität (siehe unten) haben.

Auch Geschenke (Gaben; e. gift; frz. le don, das ist auch das Schlüsselwort im Titel eines bis heute gern zitierten Werkes des französischen Ethnologen Marcel Mauss (1923/4)) gehorchen oft den Regeln der balancierten Reziprozität. Bei Geschenken dieser zweiten Art überträgt A eine Ressource an B, und B gibt danach A eine Ressource. B fühlt sich zu einem Gegengeschenk von ungefähr gleichem Wert verpflichtet, und A erwartet auch eines. Geburtstagsgeschenke gehören hierher, ebenso Einladungen. In diesen beiden Fällen sind auch die Zeitpunkte der Gegentransaktion festgelegt, beim Geburtstagsgeschenk in strenger Weise, bei Einladungen gibt es nur in sehr begrenztem Umfang Spielräume.

Generalisierte Reziprozität: *Hier sind weder Art noch Menge noch Zeitpunkt der Gegentransaktion festgelegt*. Eine Universalie (d.h. das Phänomen kommt in jeder Kultur vor) ist folgendes Beispiel: Eltern sorgen für ihre Kinder, und es besteht die Erwartung, dass die Kinder bei Bedarf für die Eltern im Alter sorgen. Worin die Fürsorge besteht, wann sie geleistet wird, ja ob jemals eine Gegentransaktion geleistet wird oder überhaupt geleistet werden kann, ist völlig offen.

Es gibt Abstufungen zwischen balancierter und generalisierter Reziprozität. Unter guten Freunden achtet man z. B. nicht streng darauf, dass die Transaktionen sich genau aufwiegen. Krasse und wiederholte Abweichungen vom Balanceprinzip können auch einer guten Freundschaft schaden, manchmal sind sie aber gewollt, wenn es zum Beispiel dem einem der beiden Freunde wirtschaftlich deutlich schlechter geht als dem anderen.

Eine spezielle Form des sozialen Tauschs ist der *Zeremonialtausch.* Das Tauschziel ist Prestigegewinn der (personalen oder korporativen) Akteure. Die Transaktionen laufen jeweils nach einem strengen Muster ab - sie haben den Charakter einer Zeremonie. Auch beim Zeremonialtausch gelten bestimmte Reziprozitätsprinzipien.

Beim sozialen Tausch können die verschiedensten Arten von Ressourcen wie etwa Lob und Tadel oder materielle Güter transferiert werden. Beim Zeremonialtausch hingegen geht es um Prestige. Materieller Wert und Prestigewert schließen sich allerdings nicht notwendig aus.

Literatur

Erlei, M. & Leschke, M. & Sauerland, D.
2007 Neue Institutionenökonomik. Stuttgar: Schäffer-Poeschel (2. Aufl.).
Mauss, M.
1923/4 Essai sur le don. L'année sociologique n.s. 1:30-186.
Richter, R. & Furubotn, E.
1996 Neue Institutionenökonomik. Eine Einführung und kritische Würdigung. Tübingen: J.C.B. Mohr (Paul Siebeck).

2 HANDEL UND SPEZIALISIERUNG

Unter welchen Bedingungen können Handel und Spezialisierung entstehen? Um diese beiden Fragen wird es nun gehen. Als grundlegendes definierendes Merkmal von Handel heben wir hervor, dass es sich um einen Tausch von Gütern handelt, der für alle beteiligten Akteure von Vorteil ist. Wir bereiten uns auf die Beantwortung der beiden Fragen vor, indem wir uns zunächst einige Beispiele ansehen.

1. Fall Die Baruya brauchten, wie wir gesehen haben, zu Godeliers Feldforschungszeit Umhänge, die sie nicht selbst herstellen konnten, und die Nachbargruppen brauchten das Salz der Baruya. In der Ökonomik sagt man, die Baruya haben einen *absoluten Vorteil* bezogen auf Salz gegenüber ihren Nachbarn, und die Nachbarn einen absoluten Vorteil gegenüber den Baruya bezogen auf Umhänge. Es handelt sich hier um einen vollkommenen absoluten Vorteil. Es gibt den Vorteil auch in schwächerer Ausprägung, wenn sich z. B. der Boden, über den ein Bauer verfügt, besser für den Anbau von Kartoffeln eignet und weniger gut für Weizen und der Boden seines Nachbarn sich besser für den Anbau von Weizen und weniger gut für Kartoffeln. Dass sich in so gelagerten Fällen der Handel für beide Parteien lohnt, ist unmittelbar einsichtig.

2. Fall In manchen Kulturen findet man Bootsbauer, die bei Bedarf für andere ein Boot bauen oder eine entscheidende Rolle beim Bau des Bootes spielen. Sonst aber sind sie Bauern wie die anderen, auch mit ungefähr gleicher Produktivität. Die Bootsbauer haben einen absoluten Vorteil bei der Herstellung von Booten gegenüber den anderen, aber die anderen haben keinen absoluten Vorteil gegenüber den Bootsbauern, nicht einmal einen unvollkommenen. Ähnliche Verhältnisse findet man bei der Produktion von Tontöpfen. Dass auch hier sich Handel lohnen kann, ist ebenfalls unmittelbar einsichtig.

3. Fall Warum es in diesem Fall zu Handel kommt, ist im Gegensatz zu den vorhergehenden beiden Fällen intuitiv ziemlich unzugänglich. Das liegt wesentlich daran, dass einer der Akteure in *allem*, was er produziert, einen absoluten Vorteil gegenüber den anderen Akteuren hat.

Wir gehen im Folgenden von der einfachsten Konstellation aus und betrachten zwei Produzenten, die die gleichen zwei Güter produzieren, und zeigen dann, dass Handel tatsächlich für *beide* Produzenten auch dann von Vorteil sein kann, wenn einer der beiden Produzenten bei der Produktion *beider* Güter einen absoluten Vorteil hat. Das folgende stilisierte Beispiel (nach Mankiw 2004, Kap. 3) liefert den Existenzbeweis für die Behauptung.

Zwei Bauern A und B produzieren jeweils Fleisch und Kartoffeln. Ihre Produktionsleistung kann man der folgenden Tabelle entnehmen:

		Bauer A	*Bauer B*
Minuten pro 100 Gramm:	Fleisch	60	20
	Kartoffeln	15	10
Gramm in 8 Stunden:	Fleisch	800	2400
	Kartoffeln	3200	4800

Man sieht sofort, Bauer B hat bei der Produktion beider Güterarten einen absoluten Vorteil gegenüber A. Er kann alles besser. Er braucht nur 20 Minuten, um 100 Gramm Fleisch zu produzieren, während Bauer A dazu 60 Minuten braucht. Er braucht auch nur 10 Minuten für 100 Gramm Kartoffeln, wozu Bauer A 15 Minuten braucht. Die beiden letzten Zeilen in der Tabelle geben an, wie viel Fleisch bzw. Kartoffeln die Bauern jeweils in 8 Stunden produzieren können.

Beide Bauern haben unabhängig voneinander beschlossen, dass sie jeweils die Hälfte ihres Arbeitstages (von 8 Stunden) für die Kartoffelproduktion und die andere Hälfte für die Fleischproduktion einsetzen. Eines Tages geht nun Bauer B zu Bauer A und schlägt ihm einen Handel vor. Der Vorschlag lautet grob gesagt so: Bauer A soll die Fleischproduktion ganz einstellen. Das Fleisch liefert ihm künftig Bauer B und im Gegenzug liefert Bauer A Kartoffeln an B. Es gelingt Bauer B in dem Gespräch, Bauer A davon zu überzeugen, dass beide von dem Handel einen Vorteil hätten. Detailliert ausgearbeitet sieht der Vorschlag, auf den sich die beiden Bauern geeinigt haben, folgendermaßen aus.

	Bauer A		Bauer B	
	Fleisch	Kartoffeln	Fleisch	Kartoffeln
produziert ohne Handel	*400*	*1600*	*1200*	*2400*
produziert mit Handel	0	3200	1800	1200
erhält(+) / gibt(–)	+500	–1500	–500	+1500
hat nach dem Handel	*500*	*1700*	*1300*	*2700*
Vorteil durch Handel	***100***	***100***	***100***	***300***

Zahlenangaben beziehen sich auf Mengen in Gramm

Wie man sieht, lohnt es sich in der Tat für *beide,* in den Handel einzutreten. Beide Bauern haben mit Handel mehr als ohne Handel, und es muss auch keiner der beiden mehr arbeiten. Bauer B hat zwar bei Fleisch wie Kartoffeln einen absoluten Vorteil. Der Handel lohnt sich trotzdem, weil Bauer A mehr davon profitiert, wenn er die Fleischproduktion aufgibt als Bauer B, und umgekehrt, weil Bauer B mehr davon profitiert, wenn er die Kartoffelproduktion reduziert als Bauer A.

Was diesen Handel für beide profitabel macht, ist ziemlich unklar ausgedrückt. Um die Verhältnisse klarer zu fassen, benötigen wir noch weitere analytische Werkzeuge. Als sehr nützlich wird sich dabei der Begriff der *Opportunitätskosten erweisen*. Er setzt voraus, dass ein Akteur mindestens zwei Alternativen hat, zwischen denen er wählen kann, und dass er für beide Alternativen ihren Nutzen angeben kann. Opportunitätskosten beziehen sich nun auf den Nutzen, den diejenige Alternative hat, *gegen* die sich der Akteur entschieden hat, oder kurz auf den *entgangenen Nutzen*. Manche Studenten fragen sich z. B. gelegentlich, wie viel sie verdienen würden, wenn sie, statt zu studieren, einer bezahlten Arbeit nachgingen. Sie überdenken den Nutzen, der ihnen durch das Studium entgangen ist, oder eben die Opportunitätskosten ihres Studiums. Einige kommen dabei zu dem Ergebnis, dass sie mehr gegen Bezahlung arbeiten sollten und weniger studieren - ein Ergebnis, das auch Auskunft über ihre Präferenzen gibt.

Welche Opportunitätskosten haben nun unsere beiden Bauern? Wir sehen uns dazu zunächst die Opportunitätskosten von Bauer A bei der Produktion von Fleisch an. Um 100 g Fleisch zu produzieren, benötigt Bauer A 60 Minuten. In dieser Zeit könnte er, wie man sofort sieht, 400 g Kartoffeln produzieren, und das sind genau die Opportunitätskosten der Produktion von 100 g Fleisch. Wenn Bauer A 100 g Fleisch produziert, entgeht ihm der Nutzen von 400 g Kartoffeln. Die Opportunitätskosten der Fleischproduktion von Bauer B sind:

$$\text{Menge d. Alternative} * \frac{\text{Kosten d. Alternative}}{\text{Kosten der nicht gewählten Altern.}} = 100\ g_k \frac{20}{10} = 200\ g$$

k steht für Kartoffeln, Kosten für Minuten Produktionszeit

In unserem Beispiel haben wir es mit insgesamt vier verschiedenen Opportunitätskosten zu tun.

Opportunitätskosten für:	Bauer A	Bauer B
von 100 g Fleisch	400 g Kartoffeln	200 g Kartoffeln
von 100 g Kartoffeln	25 g Fleisch	50 g Fleisch

Und nun kommt der entscheidende Punkt. Wie das Beispiel gezeigt hat, ist der absolute Vorteil kein sicheres Kriterium, um zu erkennen, ob sich Handel lohnt. Das geeignete Kriterium trägt den Namen *komparativer Vorteil.* Einen komparativen Vorteil gegenüber seinem potentiellen Handelspartner hat ein Produzent genau dann, wenn seine *Opportunitätskosten niedriger* sind als die des Partners. Sehen wir uns die Tabelle der Opportunitätskosten an, dann zeigt sich (jeweils grau unterlegt):

- Bauer B hat bei der Fleischproduktion einen komparativen Vorteil gegenüber Bauer A.
- Bauer A hat bei der Kartoffelproduktion einen komparativen Vorteil gegenüber Bauer B.

Demgemäß ist es für Bauer B profitabel, mit Bauer A zu handeln. Er reduziert seine Kartoffelproduktion und tauscht sein Fleisch gegen Kartoffeln. Für Bauer A ist der Handel ebenfalls profitabel. Er stellt die Fleischproduktion ganz ein und tauscht seine Kartoffeln gegen Fleisch.

Der Fall zeigt auch, warum sich nur Bauer A voll auf die Kartoffelproduktion spezialisieren kann, und nicht auch Bauer B auf die Fleischproduktion. Bauer A kann (in der gegebenen Zeit) nicht mehr Kartoffeln produzieren.

Es lässt sich leicht zeigen, dass sich auch die beiden anderen zu Beginn dieses Kapitels erwähnten Fälle mit dem komparativen Vorteil (partiell) zu erklären sind. Die folgende Tabelle erläutert mit stilisierten Daten den 2. Fall.

Ausgangsbedingungen	Bootsbauer Haushalt	Normaler Haushalt
Monate für 100 kg Süßkartoffeln	1	1
Monate für den Bau eines Bootes	1	3

Opportunitäts-Kosten für die Produktion:	Bootsbauer Haushalt	Normaler Haushalt	Komparativer Vorteil liegt beim
von 100 kg Süßkartoffeln	1 Boot	1/3 Boot	Normalen Haushalt
von 1 Boot	100 kg Süßkartoffeln	300 kg Süßkartoffeln	Bootsbauer Haushalt

Jetzt können wir auch klar erkennen, was in diesem Fall den Bootsbauerhaushalt veranlassen kann, für andere zu arbeiten. Man muss ihm als Lohn für seine Arbeit 100 kg Süßkartoffeln anbieten, soviel kann er selber in einem Monat erzeugen; oder mehr, dann bringt es für ihn einen Vorteil, anderen ein Boot zu bauen. Und der normale Haushalt hat solange einen Vorteil, solange der Bootsbauer weniger als 300 kg Süßkartoffeln verlangt. Dieses keineswegs unbedeutende Preis-Problem hatten wir oben bei der Betrachtung des 2. Falls unterschlagen.

Denselben Formalismus können wir auch verwenden für den Fall, dass der normale Haushalt außerstande wäre, ein Boot alleine zu bauen. In diesem Fall setzen wir einfach einen astronomisch großen Wert für die Herstellungszeit des normalen Haushalts ein. Auf die gleiche Weise können wir auch Fall 1 mit dem komparativen Vorteil erklären (wir setzen also astronomisch hohe Werte ein für die Herstellung des Steinsalzes durch die Umhängehersteller und für die Herstellung der Umhänge …).

Wie wir gesehen haben, ist der absolute Vorteil ein unzulängliches Kriterium um zu bestimmen, wann sich Handel lohnt. Der komparative Vorteil ist hingegen ein Kriterium, das in allen denkbaren Fällen funktioniert. Handel lohnt sich übrigens nur in einem Fall nicht, nämlich dann, wenn die Opportunitätskosten der potentiellen Handelspartner gleich sind.

Wir haben bislang als Währung nur mit der Arbeitszeit operiert, um die Verhältnisse so einfach wie möglich zu halten. Erfreulicherweise funktioniert die Theorie auch dann, wenn man statt der Arbeitszeit Preise für Arbeit und die anderen Produktionsfaktoren benutzt. Die Verhältnisse werden etwas komplizierter, aber es besteht keinerlei Notwendigkeit, auf die (mit den in der Praxis unlösbaren empirischen Problemen belastete) Arbeitswertlehre s.u. zurückzugreifen. Entdeckt hat den komparativen Vorteil David Ricardo (1772–1823).

Die Theorie des komparativen Vorteils wird in der Ökonomik üblicherweise als Teil der Außenwirtschaftstheorie behandelt. Sie erklärt dann den Handel zwischen ganzen Wirtschaftssystemen. Sie lässt sich aber, wie man sieht, genau so gut auf den Handel zwischen Individuen anwenden.

Wir haben es auch hier wieder nur mit einer partiellen Erklärung zu tun. Wenn es zu Handel gekommen ist, wissen wir, welche Bedingungen vorliegen müssen, nämlich ein komparativer Vorteil. Aber ein komparativer Vorteil führt nicht zwangsläufig zu Handel. Staaten können Handel unterbinden oder hemmen, z. B. mit Zöllen – es gibt da eine Vielzahl von Möglichkeiten, und die Staaten nutzen sie auch. Kurzum: Der komparative Vorteil ist nur eine notwendige Bedingung für Handel und keine hinreichende.

Der komparative Vorteil erklärt auch die Spezialisierung in der Produktion – allerdings auch wieder nur partiell. Im Baruya-Fall und im Bootsbauer-Fall haben wir es mit *Teilzeitspezialisten* zu tun. *Vollzeitspezialisten* verdienen ihren Lebensunterhalt ausschließlich mit ihrer Spezialisierung; sie erwerben alles (oder jedenfalls das meiste), was sie zum Leben brauchen, über den Handel. Es ist unmittelbar einsichtig, dass der Übergang von der Teilzeitspezialisierung zur Vollzeitspezialisierung abhängig ist von der Zahl der Abnehmer der Güter, die die Spezialisten anzubieten haben. Die Zahl der Abnehmer ist wiederum abhängig von der Bevölkerungsdichte, und die Bevölkerungsdichte ist ihrerseits abhängig von der Flächenproduktivität der Nahrungsproduktion. Zunehmende Flächenproduktivität ist damit ein notwendiger Faktor bei der Erklärung der Spezialisierung. Aber es muss noch ein zweiter Faktor hinzukommen, nämlich zunehmende Arbeitsproduktivität der Landwirtschaft. Die Arbeitsproduktivität in der Landwirtschaft muss so hoch sein, dass Spezialisten für ihre Spezialaufgaben freigestellt werden können. Erst aus den beiden Faktoren zusammen ergibt sich eine partielle Erklärung, weshalb die Spezialisierungen – und zwar insbesondere die Vollzeitspezialisierungen – so dramatisch in der Geschichte der Menschheit zunehmen konnten. Beide Faktoren spielen eine notwendige, aber nicht hinreichende Rolle bei der Spezialisierung.

Mit diesen Faktoren lassen sich Spezialisierungsgrad und Umfang des Handels mit unseren vier Produktionstypen in Verbindung bringen. Vollzeitspezialisten und Handel in großem Umfang sind vor allem zu erwarten in Kulturen mit Ackerbau, weniger so beim Feldbau und am wenigsten bei den Wildbeutern. Die Pastoralisten sind irgendwo oberhalb der Wildbeuter einzuordnen. Der Zusammenhang ist allerdings nicht streng; es muss, wie sich leicht erschließen lässt, eine ganze Menge Abweichungen geben.

LITERATUR

Mankiw, N.G.
2004 Principles of economics. Mason, Ohio: Thomson - South-Western (3. Aufl.).

3 Markttausch

In Kulturen mit Subsistenzwirtschaft versorgen sich im Extremfall die Haushalte oder Gruppen von Haushalten selbst mit allem, was sie zum Leben brauchen. Konsument und Produzent sind hier dieselben Akteure, und es ist für den Produzenten überhaupt kein Problem zu bestimmen, was und wie viel er produziert.

In Kulturen wie den unseren sind Konsument und Produzent in aller Regel verschiedene Akteure. Unsere Wirtschaft ist hochgradig arbeitsteilig. Hier ist es offenkundig ein Problem, wie der Produzent bestimmt, was und wie viel er produzieren soll. Wie erfährt die Backwarenfabrik, welche Brotarten sie backen soll und wie viel von jeder Art? Wie erfährt die Schuhfabrik, welche Schuhe sie herstellen soll und wie viele? Es ist der Markt, der diese Informationen liefert. Unter diesem Gesichtspunkt werden wir uns als erstes mit dem Markttausch befassen.

Es gibt sehr unterschiedliche Arten von Märkten, die von sehr unterschiedlichen Regeln bestimmt sind. Um einen Einblick zu bekommen, wie Märkte funktionieren, wählen wir eine Marktart aus, die folgende Charakteristika hat:
- Es gibt viele Käufer und viele Verkäufer.
- Der einzelne Käufer oder Verkäufer ist nicht in der Lage, auf den Preis der gehandelten Güter Einfluss zu nehmen.

Auf solchen Märkten herrscht, wie man sagt, vollständige (e. perfect) Konkurrenz. Sie besteht eben darin, dass kein Verkäufer und kein Käufer in der Lage ist, seine Preisvorstellungen durchzusetzen. Auf diesen Märkten kann man das Wirken der folgenden drei Gesetze beobachten.

Das Nachfragegesetz:
Wenn der Preis eines Gutes *steigt*, nimmt die nachgefragte Menge des Gutes *ab*.
Wenn der Preis eines Gutes *sinkt*, nimmt die nachgefragte Menge des Gutes *zu*.

Diesem Gesetz haben schon so ziemlich alle Verbraucher (mit Ausnahme von vielleicht ein paar Superreichen) in Marktwirtschaften in ihren Entscheidungen entsprochen. Sind beispielsweise die Preise für Kleidung gesunken, kauft man sich öfter mal was zum Anziehen.

Das Angebotsgesetz:
Wenn der Preis eines Gutes *steigt*, nimmt die angebotene Menge des Gutes *zu*.
Wenn der Preis eines Gutes *sinkt*, nimmt die angebotene Menge des Gutes *ab*.

Auch dieses Gesetz kennen die Verbraucher in Marktwirtschaften. Es gibt die Entscheidungen der Produzenten wieder. Wenn der Preis für ein Produkt sinkt, ist mancher Produzent sogar gezwungen, die Produktion völlig einzustellen.

Beide Gesetze gelten ‚unter ansonsten gleichen Umständen'. Diese Bedingung schließt den Fall aus, dass z. B. der Preis des Gutes steigt, aber zugleich auch die Löhne und Gehälter, was den Effekt des Nachfragegesetzes völlig neutralisieren könnte. Diese Bedingung nennt man auch ceteris-paribus-Klausel (lat. ceterus: das übrige, sonstige; par: gleich).

Zu den beiden Gesetzen gibt es die Entsprechungen, die die Auswirkungen von Änderungen in Angebot und Nachfrage auf die Preise beschreiben. Sie lauten folgendermaßen: Wenn die Nachfrage zunimmt, steigt der Preis des Gutes, und wenn sie abnimmt, sinkt er; und wenn das Angebot zunimmt, sinkt der Preis, und wenn es abnimmt, steigt der Preis. Auch diese Regelhaftigkeiten sind Verbrauchern in Marktwirtschaften wohl bekannt. Erdbeeren sind z. B. zu Beginn der Saison teuer. Das Angebot ist noch klein, und mit zunehmendem Angebot sinkt dann der Preis.

Das Gesetz von Angebot und Nachfrage: Märkte bringen über den Preis die Menge des angebotenen und die Menge des nachgefragten Gutes in ein Gleichgewicht.

Wie wirkt sich dieses Gesetz aus? Um das zu sehen, überlegen wir, was passiert, wenn ein Markt aus dem Gleichgewicht geraten ist. Es kann z. B. vorkommen, dass ein Anbieter den Preis zu niedrig angesetzt hat. Der Fehler ist schon renommierten Autofirmen unterlaufen. Die Käufer wollen dann mehr von dem Gut, als die Anbieter liefern können. Die Autofirma muss lange Wartelisten führen, und Zwischenhändler verkaufen die Autos (zum Kummer der Firma) mit kräftigen Preisaufschlägen an ungeduldige Kunden. Im Supermarkt räumen die Kunden das Regal mit dem Gut blitzschnell leer. Es gibt einen Nachfrageüberhang. Den können die Anbieter auffangen, indem sie die Preise erhöhen, ohne dass der Absatz dadurch schrumpfte. Der umgekehrte Fall ist ebenfalls bekannt; die Anbieter setzen den Preis zu hoch an und bleiben, wie es dann heißt, auf ihren Produkten ‚sitzen'. Es gibt einen Angebotsüberhang. Der Überhang ließe sich mit niedrigeren Preisen zum Verschwinden bringen (ob der Anbieter das finanziell verkraften kann, steht auf einem anderen Blatt). In beiden Fällen sorgt die Preisanpassung dafür, dass das Angebot der Nachfrage entspricht, oder sich eben beide im Gleichgewicht befinden.

Sollten sich die Anbieter bei den Preisanpassungen noch mal vertan haben, wird es erneut Signale geben, und das ‚Spiel' geht von vorne los. In diesem Sinn kann man sagen, der Markt ist ein Informationssystem, über das die Produzenten erfahren, wie viel von welchem Gut herzustellen ist. Es ist ein dezentrales Informationssystem; d.h., eine ‚Zentrale', die dafür zuständig ist, Daten zu den Gütern zu sammeln und festzustellen, wie groß die Nachfrage ist und welche Preise die Käufer akzeptieren, gibt es nicht, und sie ist auch überflüssig.

Es gibt eine große Vielfalt von Marktsystemen, was mit dazu beiträgt, dass die Theorie des Markttausches sehr komplex ist. Diese Komplexität wird oft verkannt und leicht übersehen, was immer wieder unerwünschte und unbeabsichtigte Folgen gehabt hat. So haben gut gemeinte staatliche Eingriffe schon ganze Märkte lahmgelegt oder in schwarze Märkte mit überhöhten Preisen verwandelt.

Wir haben gerade für Marktsysteme mit vollständiger Konkurrenz die Gesetze von Angebot und Nachfrage erläutert. Diese Gesetze stellen selbst wieder nur Endpunkte in der Prozesskette der Preisbildung bei diesem Typ Markttausch dar. Wir wollen hier kurz noch einige weitere Komponenten der Theorie dieses Typs von Markttausch skizzieren, um die Komplexität dieser Theorie (und der dazu gehörigen Wirklichkeit) etwas deutlicher hervortreten zu lassen.

Bei der Preisbildung in diesem Markttyp kann man empirisch zwei Ebenen unterscheiden. Es sind die beiden sozialwissenschaftlich grundlegenden Ebenen der Individuen und der Gesamtheiten oder Kollektive. Diese Ebenen lassen sich als die individuellen Nachfragekurven der Marktteilnehmer und als Nachfragekurven des jeweiligen Marktes visualisieren. Wir spielen nun die Preisbildung auf den beiden Ebenen an einem Beispiel durch, das die Verhältnisse auf diesen Märkten vereinfacht und auf die uns interessierenden Prozesse reduziert wiedergibt.

Wir stellen uns vor, wir kaufen Güter wie z. B. Kunstdrucke in Posterform oder Blumen wie z. B. Orchideen oder Kugeln von Speiseeis; es sollen Güter sein, von denen mancher gerne mehr als nur eines kauft, wenn es der Geldbeutel zu lässt. In diesen Fällen könnten individuelle Nachfragekurven z. B. folgendermaßen aussehen.

Nachfragekurve von Karla

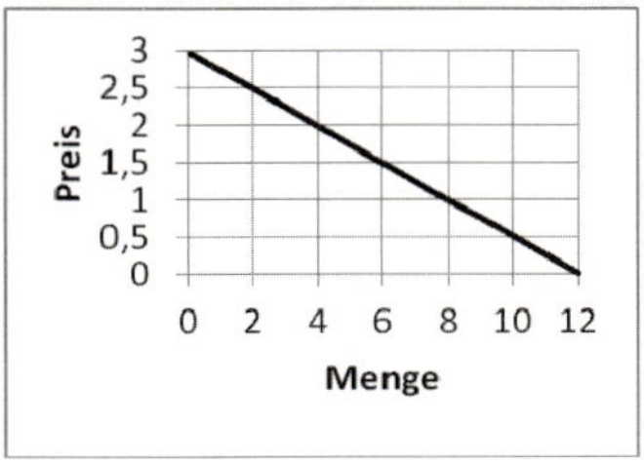

Nachfragekurve von Josef

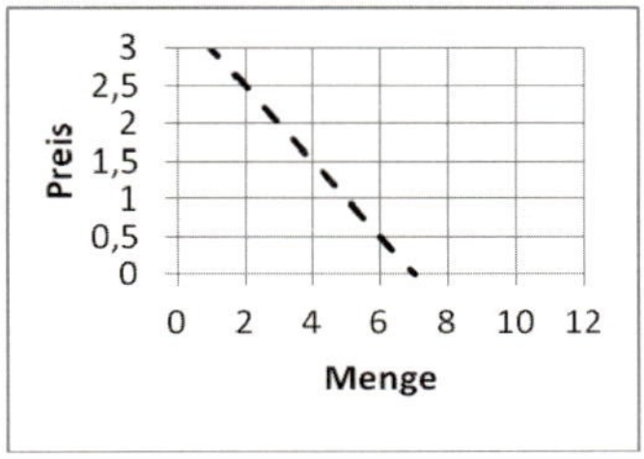

Die Mengenangaben beziehen sich auf Kugeln von Speiseeis. Laut Graphik würde sich Karla zum Preis von 50 Cent 12 Eiskugeln kaufen (die Menge wäre sicherlich für Karlas Gesundheit nicht gut, wenn die Kugeln nicht so klein wären) und für 1,50 pro Kugel 6 Kugeln. Wenn Eis umsonst zu haben wäre, würde sie 12 Kugeln nehmen. Josef hingegen würde sich mit 7 Kugeln begnügen, wenn das Eis gar nichts kosten würde, und vier bei 1,50 pro Kugel. Wie gesagt, es handelt sich um ein stilisiertes Beispiel; und wir sollten z. B. nicht davon ausgehen, dass Kurven dieser Art immer linear sind. Dass aber Menschen unterschiedlich stark an einem Gut interessiert sind, es sich unterschiedlich stark wünschen und unterschiedlich viel dafür zu zahlen bereit sind…, ist eine Alltagserfahrung.

Wie wird nun aus der Nachfrage der Einzelnen die Nachfrage aller, also des Marktes? Dazu müssen wir offenbar die Mengen, die die individuellen Nachfrager zu einem gegebenen Preis nachfragen würden, aufaddieren. In unserem winzigen Beispielmarkt mit zwei Nachfragern – tatsächlich ist er eigentlich zu winzig, aber dafür ist er rechnerisch schön überschaubar – ergibt sich, aufaddiert, folgende Kurve:

Nachfragekurve des Marktes

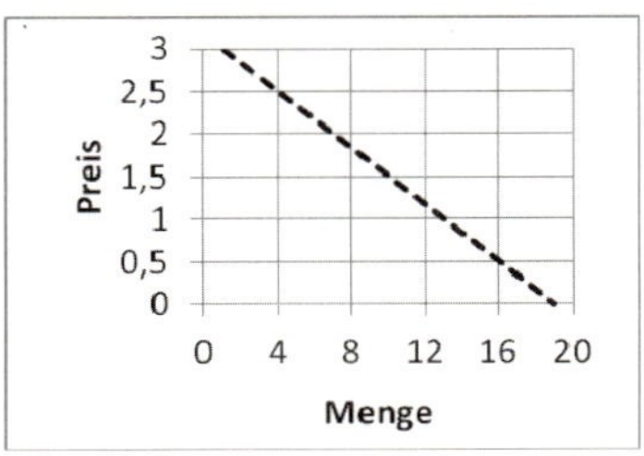

Wohin soll uns diese Kurve führen? Um das zu sehen, erinnern wir uns an die Ausgangsfrage des Kapitels: Woher wissen Produzenten in einer Markwirtschaft, wie viel sie produzieren müssen? Diese Kurve zeigt, welche Menge der Markt zu welchem Preis insgesamt nachfragt. Zum Preis von 1,50 Euro würde auf unserem Beispielmarkt die Menge von 10 Eiskugeln nachgefragt und das heißt, zu diesem Preis wird diese Menge auch Abnehmer finden. Damit sind wir unserer Ausgangsfrage einen tüchtigen Schritt näher gekommen. Wir haben das Prinzip des Preisbildungsprozesses zumindest grob für die Nachfrage skizziert.

Es fehlt noch die Betrachtung dieses Geschehens aus der Sicht der Anbieter, im Beispiel sind das die Eishersteller und Verkäufer, und dann müssen wir noch Nachfrage und Angebot zusammenführen. Auch auf der Anbieterseite ist die Ebene der Individuen und der Kollektive von Bedeutung. Die Anbieter können oder wollen nicht alle das (ungefähr) gleiche Gut zum gleichen Preis herstellen. Auch das ist allgemein bekannt. Entsprechend gibt es für diesen Typ von Markt auch individuelle *Angebot*skurven. Hier ist ein Beispiel für eine Angebotskurve.

Angebotskurve von Sergej

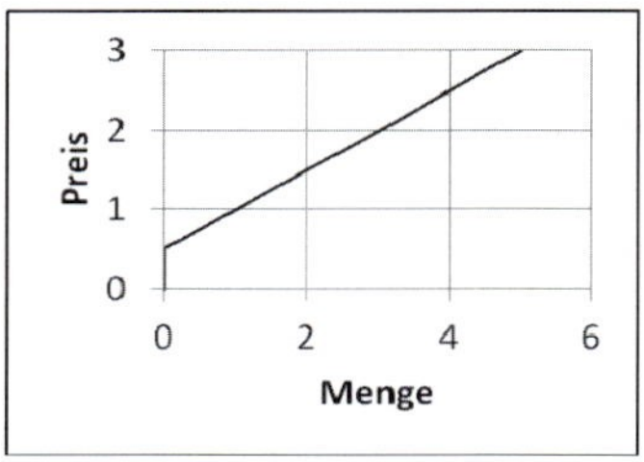

Die Kurve zeigt, dass Sergej nichts umsonst anzubieten hat; auch 0,50 Euro sind zu wenig. Erst zum Preis von einem Euro pro Kugel kann Sergej eine Kugel anbieten, und zum Preis von 3 Euro pro Kugel sind es 5. Ein anderer Anbieter ist womöglich erst zum Preis von 1,50 Euro bereit, überhaupt Eis anzubieten. Diese individuellen Angebotskurven müssen zur Angebotskurve des Marktes zusammengeführt werden. Dann bleibt noch der letzte Schritt zu tun, die Zusammenführung von Angebot und Nachfrage. In diesem Schritt wird der Preis gesucht, zu dem die Anbieter so viel auf den Markt bringen, wie die Abnehmer zu kaufen bereit sind. Bei der Suche nach diesem Preis werden wir auf einen Bereich von hohen Preisen stoßen, zu denen die Anbieter viel Eis liefern würden, zu denen die Nachfrager aber nicht bereit sind, auch die gesamte angebotene Menge abzunehmen. Auch auf den entgegengesetzten Fall werden wir stoßen, den Fall von niedrigen Preisen, bei denen die Nachfrage größer als das Angebot ist. Zwischen diesen beiden Bereichen liegt der gesuchte Preis.

Damit sind wir wieder bei den Gesetzen von Angebot und Nachfrage angelangt. Wie gesagt, beabsichtigt war nur eine grobe Skizze, um die Komplexität der Preisfindungsprozesse und die dazugehörige Theorie etwas deutlicher hervortreten zu lassen. Das Beispiel haben wir von Mankiw (2004, Kapitel 4) übernommen, und dort wird es auch ausführlich durchgespielt und durchdiskutiert.

Den richtigen Preis zu finden, kann eine schwierige Aufgabe sein, wie sich 2008 zeitweilig besonders deutlich gezeigt hat. Wegen der dramatisch angestiegenen Preise für Rohstoffe und landwirtschaftliche Produkte weltweit, war eine ungewöhnlich große Zahl von Firmen zur gleichen Zeit gezwungen, eine passende Preiserhöhung für ihre Produkte zu finden. Der McDonald's-Konzern z. B. hat dazu in seinen Restaurants unterschiedliche Preise für seine Cheeseburger verlangt (cf. Economist 2008), um auf diese Weise Auskunft über die Nachfragekurve des Marktes zu erhalten. Die Angebotskurve ist der Hamburgerfirma ja bekannt.

Die Preisbildung kann in hohem Maß abhängig sein von Werten und Normen. Unter anderem gibt es die wohl universale Vorstellung von einem fairen Preis. Keine der beiden Parteien, weder Nachfrager noch Anbieter, soll nach dieser Vorstellung aus dem Tausch einen unverhältnismäßig großen Vorteil ziehen. Auch die Form der Nachfragekurven wird gar nicht so selten kulturell, wenn nicht (indirekt) vorgegeben, so doch beeinflusst. Hier liegt ein großes, vielversprechendes und nahezu völlig unbeackertes Forschungsfeld für Wirtschaftsethnologen.

Nicht alle Güter verhalten sich auf dem Markt, wie wir es gerade beschrieben haben. So nimmt bei manchen Gütern die nachgefragte Menge nicht unbedingt ab, wenn der Preis steigt. Wer z. B. mit dem Bus zur Arbeit fährt, kann meist nicht auf eine Erhöhung der Fahrkartenpreise damit reagieren, dass er seltener zur Arbeit fährt, selbst wenn er die Fahrkarten einzeln kauft.

Es gibt auch Märkte, auf denen die Marktgesetze nur partiell wirksam sind. Was da vor sich geht, ist schwieriger zu durchschauen als bei Märkten mit vollständiger Konkurrenz. Das ist ein Grund, weshalb es sinnvoll ist, den Markttausch zunächst am Beispiel dieses Markttyps zu erläutern.

Wir wollen uns nun einen dieser anderen Typen von Märkten etwas genauer ansehen, nämlich Märkte mit nur einem Anbieter. Man sagt in diesem Fall, der Anbieter habe ein *Monopol* auf das angebotene Gut. Ein gutes Beispiel ist die Vorgängerin der deutschen Telekom. Das Nachfragegesetz gilt auch auf diesem Typ von Markt. Je höher der Monopolist den Preis für das Gut ansetzt, desto geringer fällt die Nachfrage aus. Aber das Angebotsgesetz ist außer Kraft gesetzt. Im Markt mit vollständiger Konkurrenz muss der Anbieter den Preis akzeptieren, den der Markt ‚hergibt' und kann nur als Anbieter auftreten, solange es sich für ihn rentiert, zu diesem Preis zu produzieren. Der Monopolist kann in Grenzen (s. Nachfragegesetz) den Preis selber bestimmen. Dieser Preis ist höher, als wenn der Anbieter mit seinem Gut auf einem Markt mit Konkurrenz antreten müsste, und er wird diesen höheren Preis auch verlangen, wenn er ein Akteur ist, der seinen materiellen Nutzen maximiert. Damit richtet er wirtschaftlichen Schaden an, und zwar für das wirtschaftliche System insgesamt. Denn für einen Teil der Käufer ist nun das Gut zu teuer geworden. Sie können es sich nicht mehr leisten, oder sie können sich weniger davon leisten. Das heißt auch, es wird weniger produziert und verkauft, als wenn das Gut auf einem Markt mit vollständiger Konkurrenz angeboten würde. Es gibt weniger Wohlstand.

Ein weiterer Typ sind Märkte mit nur einem Nachfrager. Das nennt man ein Monopson. Wenn die Anbieter oder Nachfrager sich über die Preise absprechen, liegen sogenannte Kartelle vor. Auch diese beiden Markttypen richten gesamtwirtschaftlichen Schaden an.

Die Theorie des Markttausches ist sehr umfangreich. Wir haben uns nur mit einem sehr kleinen Ausschnitt aus der Theorie befasst. Der Ausschnitt sollte vor allem zeigen, wie es dem Markt gelingen kann, über die Preise Steuerfunktionen zu erhalten, in dem er als dezentrales Informationssystem fungiert, das den Produzenten Auskunft über Art und Menge der zu produzierenden Güter gibt.

Es gibt Wirtschaftswissenschaftler, darunter auch Wirtschaftsethnologen, die die Marktwirtschaft ablehnen. In besonders krasser Weise hat Polanyi seinen Abscheu ausgedrückt: „Only since the market was permitted to grind the human fabric into the featureless uniformity of selenic erosion has man's institutional creativeness been in abeyance". (Polanyi (1947: 115) zitiert nach LeClair & Schneider & Herskovits (1968: 214)). Für Polanyi wird demnach der Mensch vom Markt in ein Wesen von konturloser Uniformität verwandelt und verliert dabei seine institutionelle Kreativität. Polanyi war ein Wirtschaftshistoriker, der zeitweilig auch großen Einfluss auf die Wirtschaftsethnologie hatte. Er überschreitet hier eindeutig die Grenze zu den außerwissenschaftlichen Aussagen. Die Ablehnung wirft zwangsläufig die Frage auf, durch welches andere Distributionssystem der Markt ersetzt werden soll. Bis heute gibt es keine überzeugenden Entwürfe für derartige Alternativen (cf. von Mises (1939)).

Der Weg zurück zur Subsistenzwirtschaft ist offenbar verbaut. Es existieren zwar durchaus praktische Versuche in Ländern mit hochentwickelter Marktwirtschaft, die Möglichkeiten dieses Weges zurück zur Subsistenzwirtschaft auszuloten. Der wohl bekannteste Versuch stammt von John Seymour. Sein Hauptwerk trägt den Titel ‚Complete Book of Self-Sufficiency'. Das Buch ist bis heute immer wieder neu aufgelegt worden. Nur, für einen großen Teil der heutigen Erdenbürger dürfte Seymours Selbstversorgung nicht nur ein wenig unzureichend sein, und das außerdem in unbehebbarer Weise.

Markttausch kennen wir als dominante Tauschform in Kulturen mit einem industriellen Wirtschaftssektor, mit Städten, mit dem Staat als politisches System. Wo und in welcher Form kommt er sonst noch vor, wenn überhaupt? Dieser Frage werden wir nun nachgehen.

EXEMPLARISCHER Fall

Gegenstand	Markttausch, ohne Staat, Städte und Schrift
Kultur	**Kapauku**
Lokalisierung	(indonesisch) West-Neuginea
Untersuchungszeitraum	1954/5, 1959, 18 Monate
Autor	L. Pospisil (1963)

Wirtschaftsgrundlage der Haushalte ist bei den Kapauku der Feldbau, daneben gibt es auch Ackerbau. Eine politische Zentralinstanz ist nicht vorhanden, auch nicht in Form eines formalisierten politischen Führungsamtes. Die informellen politischen Führer sind Männer, die reich und großzügig sind und gut reden können. Alle drei Eigenschaften sind notwendig. Es gibt keine Städte und auch keine Schrift.

Die Kapauku haben eine Geldwährung. Sie besteht aus verschiedenen Arten von Schneckengehäusen (Kaurischnecken, u.ä.) und Halsketten von Standardlänge. Die Schneckengehäuse und Halsketten sind von unterschiedlichem Wert. Mit dem Geld kann man verschiedene Güter erwerben, u. a. Schweinefleisch, Salz, Kalebassen. Auch Arbeit auf den Feldern kann man damit bezahlen.

Es gibt die Vorstellung von einem fairen Preis für die Güter, die getauscht werden. Ein Mann, der einen solchen Preis verlangt, gilt als ehrlich (: 309). Dieser Preis ist offenbar allen bekannt. Trotzdem gibt es Preisschwankungen, die eindeutig vom Umfang des Angebots bzw. der Nachfrage abhängen.

Schwankungen im Preis für Schweinefleisch (Menge jeweils ca. 2 kg)

	Preis (in Bomoje-Schneckengehäusen)	*Grund*
Angemessener Preis	1	---
Fall 1	2	Ein Fest wurde gefeiert und die Nachfrage nach Schweinefleisch war groß
Fall 2	0,5*	In dem Dorf war gerade viel geschlachtet worden, das Angebot war groß

* Umgerechnet: Bei der Transaktion war für 4 kg 1 Schneckengehäuse bezahlt worden.

Die Preisschwankungen entsprechen genau dem, was man nach den oben vorgestellten Marktgesetzen erwarten würde. In Fall 1 liegt die nachgefragte Menge über dem üblichen Niveau, und der Preis ist gestiegen. Im anderen Fall liegt ein Angebot über dem üblichen Niveau vor, und der Preis ist gesunken.

EXEMPLARISCHER FALL

Gegenstand Tausch von Salz – marxistische Betrachtungsweise
Kultur **Baruya**
Lokalisierung etc. s.o. Feldbauern-Kapitel

Die Salzproduktion der Baruya haben wir schon im Kapitel Produktionssysteme der Feldbauern kennen gelernt. Wie erinnerlich, produzieren die Baruya Salz, um es gegen Umhänge aus Baumbast (und früher Steinäxte) zu tauschen. Es gibt keinen geeigneten Baumbast auf dem Territorium der Baruya. Der Tausch hat die Form von Naturaltausch: Geld wird nicht verwendet. Das Ergebnis der Salzproduktion sah (s.o.) folgendermaßen aus.

Arbeit insgesamt (Tage)	21
Ertrag (Barren)	15
Preis = Zeit pro Barren ca. (Tage)	1,5

Die Baruya gingen mit ihrem Salz zu den Nachbargruppen und tauschten üblicherweise 1 Barren Salz gegen 6 Baumbastumhänge. Das ergibt folgendes Tauschverhältnis von Salz zu Umhängen.

Tauschverhältnis

	Art	*Menge*	*entspricht Arbeit (in Tagen)*
Die Baruya geben:	Barren Salz	1	1,5
Die Baruya erhalten dafür:	Umhänge	6	4

Das Tauschverhältnis ist offenbar nicht ausgeglichen (keine Gleichheit). Die Hersteller der Baumbastumhänge bekommen nach Godeliers Kalkulationen weniger als die Hälfte an Arbeitsleistung zurück.

Godeliers Text ist eine marxistische Studie, und Godelier stellt in seinem Text auch die typische marxistische Frage, ob bei dem Tausch Ausbeutung („exploitation“ 1970: 145) vorliegt. Seine Antwort lautet: Das Tauschverhältnis sei zwar ungleich, aber es liege trotzdem keine Ausbeutung vor, denn Arbeitszeit sei keine knappe Ressource bei diesen Gruppen, was zähle sei die gegenseitige Befriedigung der Bedürfnisse und das werde erreicht. Die einen haben die Umhänge und die anderen das Salz.

Im französischen Original lautet die Aussage: « Ce qui compte, [...], c'est la satisfaction réciproque de leur besoins » (1970: 145). Es ist ungewiss, ob diese Aussage so großzügig zu verstehen ist, wie sie sich anhört. Und es ist ebenfalls ungewiss, ob die Baruya Godeliers Meinung (inklusive Konsequenzen) teilen, dass Arbeitszeit nicht knapp ist.

Eine Bedeutungskomponente von Ausbeutung ist das Vorliegen von Ungleichheit. Aber Ungleichheit muss auch in diesem Kontext nicht unbedingt ungerecht sein. Für Godelier war das jedenfalls beim Tausch Salz gegen Umhänge nicht der Fall.

In Godeliers Analyse kommt eine zentrale Komponente der marxistischen Wirtschaftstheorie vor: die Arbeitswertlehre. Der wahre Wert eines Gutes ist nach dieser Theorie nicht der Preis, den es auf dem Markt erzielt – der wahre Wert ist vielmehr allein auf die Arbeit zurückzuführen, die für die Herstellung des Gutes aufgebracht wird.

Die Arbeitswertlehre wirft ein schwieriges Problem auf. Es ergibt sich daraus, dass Arbeit nicht gleich Arbeit ist. Das gilt auch für die Baruya. Godelier unterscheidet dort zwischen spezialisierter und nicht spezialisierter Arbeit. Die Arbeit des Siedemeisters ist spezialisiert. Sie erfordert eine Ausbildung, zu der auch magische Praktiken gehören. Die Arbeit, Salzgras zum Trocknen auszubreiten, ist hingegen nicht spezialisiert. Jeder kann das tun. In der Spezialisierung steckt selbst wiederum (Ausbildungs-)Arbeit, die in Godeliers Arbeitszeitberechnungen nicht vorkommt. In diesen Berechnungen fehlen noch weitere Faktoren, die Arbeit enthalten, nämlich:

- der Siedeofen des Siedemeisters, der mit Sicherheit Arbeit gekostet hat.
- die Wege zu den Abnehmern und zurück. Die Baruya gehen mit ihrem Salz z. T. weite Strecken, um das Salz zu den Abnehmern zu bringen. Die Entfernungen reichen von einem halben bis zu mehr als drei Tagesmärschen.

Es gibt darüber hinaus Faktoren, die sich wohl kaum oder gar nicht in Arbeitszeit umrechnen lassen. Bei den Baruya gilt das z. B. für das Suchen und Finden neuer Handelspartner. Die Vorstellung ist, dass man dabei „getötet und gegessen" werden kann. Sind Reisetage, bei denen unter Lebensgefahr ein neuer Handelspartner gewonnen wird, gleich viel wert wie Reisetage zu einem alten Handelspartner? Wenn nicht, wie viel mehr sind sie dann wert?

Das Urteil nicht-marxistischer Ökonomen über die Arbeitswertlehre ist denn auch: Die Probleme der empirischen Anwendung sind „praktisch unlösbar" (Woll 1996: 634).

In Godeliers Text gibt es Hinweise darauf, dass zumindest ansatzweise Gesetze des Markttauschs beim Salzhandel der Baruya wirksam sind. Die Baruya tauschen mit vielen Gruppen. Die Preise sind von Gruppe zu Gruppe verschieden. Die Gruppen, die die „höchsten Preise" zahlten, waren „*meistens*" diejenigen, die wenig zu tauschen hatten, also nur wenige Umhänge zu bieten hatten. Diesen Effekt kennt man auch sonst im Handel unter Marktbedingungen. Wer wenig von einem Gut kauft, muss mehr bezahlen, als wer viel von einem Gut auf einmal kauft.

Godelier schreibt nicht ‚immer', sondern „meistens" würden die höchsten Preise gezahlt, wenn es wenig zu handeln gibt, weil noch andere Faktoren den Preis beeinflussen. Zu diesen Faktoren gehören die verwandtschaftlichen Beziehungen zur Gruppe der Tauschpartner. Eine hohe (verwandtschaftliche) Beziehungsdichte hatte niedrige Preise zur Folge (Godelier 1973: 230). Eine Definitionskomponente von Markttausch ist, dass keine sozialen Beziehungen zwischen den Tauschpartnern vorausgesetzt werden. Umgekehrt können soziale Beziehungen die Wirkung der Marktgesetze abschwächen oder ganz außer Kraft setzen - nicht nur bei den Baruya.

* * *

Es gibt Quellen aus weit in der Vergangenheit liegenden Zeiten, die zeigen: Markttausch ist alles andere als eine junge Erscheinung. Da schreibt z. B. ein anatolischer Kaufmann Anfang des zweiten Jahrtausends v. Chr. an einen Geschäftsfreund, es sei eine größere Zahl von syrischen Kaufleuten gekommen, um Kupfer aufzukaufen, und das habe den Kupferpreis hochgetrieben (cf. Silver 1985). Es ist also genau das eingetreten, was man gemäß den oben beschriebenen Marktgesetzten erwarten sollte. Die Nachfrage nach Kupfer hatte zugenommen, und prompt stieg sein Preis.

In diesem Kapitel haben wir Fälle beschrieben oder auf sie verwiesen, in denen Menschen in übereinstimmender Weise nach Gesetzen des Marktes Güter miteinander tauschen, Menschen, die zeitlich und räumlich weit auseinander liegenden Kulturen angehören. Rätselhaft ist diese Übereinstimmung im Verhalten nicht, wenn wir in den beschriebenen Akteuren jeweils ihren materiellen Nutzen verfolgende Menschen, rational handelnde Menschen sehen. Es ist dieser Akteurstyp, der dafür sorgt, dass die Marktgesetze zutreffen.

Literatur

Economist

2008 Charging ahead. Raising prices in straitened times calls for careful planning. Economist 388 (8594, 23 August): 54.

Godelier, M.

1970 "Monnaie de Sel" et circulation des marchandises chez les Baruya de Nouvelle-Guinée. Revue européenne des schiences sociales - Cahiers Vilfredo Pareto 21: 121-147.

—

1973 "Salzgeld" und Warenzirkulation bei den Baruya von Neuguinea. *In* Ökonomische Anthropologie. Pp. 207-240. Reinbek bei Hamburg: Rowohlt.

LeClair, E.E. & Schneider, H.K. & Herskovits, M.J.

1968 Economic anthropology; readings in theory and analysis. New York: Holt Rinehart and Winston.

Mankiw, N.G.

2004 Principles of economics. Mason, Ohio: Thomson - South-Western (3. Aufl).

Polanyi, K.

1947 Our obsolete market Mentality. Commentary 13: 109-117.

Pospisil, L.J.

1963 Kapauku Papuan economy. New Haven,: Dept. of Anthropology Yale University.

Seymour, J.

1976 Complete Book of Self-Sufficiency. London: Faber & Faber.

Silver, M.

1985 Karl Polanyi and markets in the Ancient Near East: Reply. Journal of Economic History 45: 135-137.

von Mises, L.

1939 Die Gemeinwirtschaft. Untersuchungen über den Sozialismus.

Woll, A.

1996 Allgemeine Volkswirtschaftslehre. München: Franz Vahlen (12. Ausgabe).

4 Von der Subsistenzwirtschaft zur Marktwirtschaft

Diesen Übergang haben viele Kulturen im letzten Jahrhundert vollzogen, aber selbstverständlich ist es auch schon lange davor zu diesem Übergang gekommen. Wie sieht der Übergang aus? Das ist die Frage, mit der wir uns nun befassen werden.

THEORETISCHER VORSPANN

Zur Frage, wie der Übergang von der Subsistenzwirtschaft zur Marktwirtschaft verläuft, gibt es im Wesentlichen drei verschiedene theoretische Positionen, die mit unterschiedlichen Prognosen über den Verlauf verbunden sind.

Prognose der *neoklassischen Ökonomen*: Markttausch steigert die Effizienz der Wirtschaftssysteme, unter anderem durch zunehmende Spezialisierung, und er führt insgesamt zu mehr Wohlstand. Die neoklassischen Ökonomen kennen keine Transaktionskosten (Beispiel für solche Kosten: Preisvergleich kostet mindestens Zeit), und sie kennen keine Institutionen (Beispiel: Gerichte, bei denen man erfolgreich gegen einen Käufer klagen kann, der nicht zahlt).

Prognose der *(neo-)marxistischen Ökonomen*: Der Übergang führt zu einer Spaltung der Gesellschaft in die wenigen Eigentümer der Produktionsmittel, die Kapitalisten, und die vielen Besitzlosen, das Proletariat, die nur ihre Arbeit zu verkaufen haben. Die Besitzlosen werden von den Kapitalisten ausgebeutet. Es kommt zur Verelendung des Proletariats.

Prognose der *Neuen Institutionenökonomik*: Der Ausgang des Prozesses ist offen. Es kommt darauf an, wie sich in dem Prozess die Transaktionskosten und damit zusammenhängend die Institutionen entwickeln.

Den Übergang wollen wir nun mit den Daten von Ensminger nachzeichnen und den drei Positionen gegenüberstellen.

EXEMPLARISCHER FALL

Gegenstand	Übergang zur Marktwirtschaft, externe Schocks
Kultur	**Orma**
Lokalisierung	Nordkenia
Untersuchungszeitraum	1978-1981; 1987
Autor	Jean Ensminger (1992)

Es handelt sich bei dieser Studie um eine Pionierleistung. Ensminger hat als erste in der Wirtschaftsethnologie den Übergang von der Subsistenzwirtschaft zur Marktwirtschaft systematisch mit ethnographischen und historischen Methoden erfasst und theoriegeleitet analysiert.

Die Wirtschaftsform der Orma vor dem Übergang war der Pastoralismus. Sie hielten im Wesentlichen Rinder und ernährten sich, wenn möglich, hauptsächlich von den Produkten der Herden (S. 50). Die Residenzform war nomadisch. Handel wurde nur in geringem Umfang betrieben. Es scheint eine ziemlich reine Form von Subsistenzwirtschaft vorgelegen zu haben.

1895 übernimmt die englische Kolonialverwaltung die Macht (bis 1964). Die Orma leben in einem abgelegenen Distrikt, und daher ist dort die englische Verwaltung noch längere Zeit kaum präsent. Beispielsweise war deswegen auch der ökonomische Effekt der sogenannten Hüttensteuer anfangs geringfügig. Der entscheidende Druck zum Markttausch überzugehen, ging nach Ensminger von einer Serie von Dürrejahren aus: 1943, 1974–75, 1984–85. Die Folgen der Dürren waren:

- Die Herden wurden dramatisch dezimiert (ca. 70%).
- Die nomadischen Orma wurden in Marktorten sesshaft. Während der Dürre 1974–75 wurden 39% der Population sesshaft, 1984–85 waren es 63% der Haushalte (S. 81).
- Nahrungsmittel wurden auf dem Markt gekauft.
- Die pastoralistische Produktion wurde ebenfalls marktorientiert: Bei nomadischer Lebensweise ziehen die Haushalte mit den Rindern und können sich direkt von ihren Herden versorgen. In der Nähe der Marktorte können die Her-

den nicht genügend Weide finden. Sie werden zu entfernten Rinderposten geschickt. Die Herden müssen die Menschen nun indirekt versorgen. Tiere werden gegen Geld auf dem Markt verkauft, und von dem Geld kauft man Nahrungsmittel.
- Nach dem Ende der jeweiligen Dürre kehrten jeweils viele Orma nicht mehr zur nomadischen Lebensweise zurück.

Welche Konsequenzen hatte nun der Übergang auf das Leben und vor allem den Wohlstand der Orma? Für die Beantwortung der Frage gehen wir von den oben genannten Prognosen aus.

Marxistische Prognose – Der Reichtum konzentriert sich in der Hand weniger, der Rest wird ärmer. Reichtum definierte sich bei den Orma traditionell als Rinderbesitz. Die Daten hat Ensminger in mehreren Haushaltssurveys aufgenommen, die jeweils einige Zeit nach den letzten beiden Dürren durchgeführt wurden. Die Surveypopulationen wurden nach Wohlstand gedrittelt. Es entstanden so drei Teilpopulationen, aufgeteilt in arme, mittlere und reiche Haushalte. Die folgende Graphik zeigt das Ergebnis:

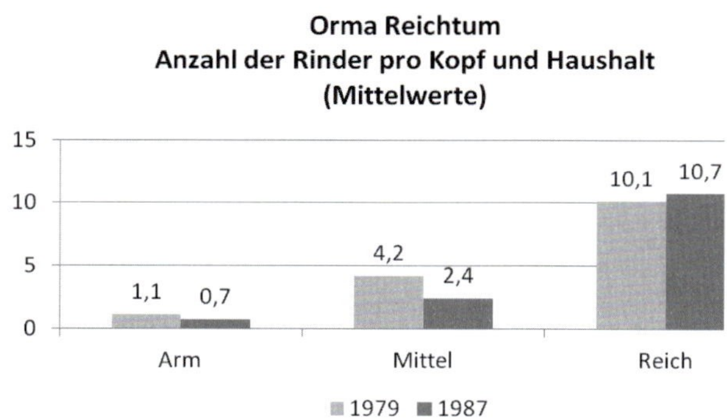

Wie man sieht, sind die Armen ärmer geworden. Hatten sie 1979 im Mittel noch 1,1 Rinder pro Haushalt, waren es 1987 nur noch 0,7 Rinder. Auch die mittlere Wohlstandsgruppe ist ärmer geworden. Nur den Reichen hat die Dürre nichts anhaben können. Sie sind sogar reicher geworden. Viele Orma (zwei Drittel der Population) sind ärmer geworden, wenige (ein Drittel) reicher. Die Marxisten scheinen Recht zu haben.

Neoklassische Prognose – Es kommt zu zunehmender Spezialisierung und zu einem Wohlstandszuwachs. Auch hierzu geben die Daten des Haushaltssurveys Auskunft. Zunächst schauen wir uns an, ob die Spezialisierung zugenommen hat. Bislang haben wir ja nur den traditionellen Reichtumsindex betrachtet, der zu einer Zeit passt, in der es nur eine ‚Spezialisierung', einen Beruf gab.

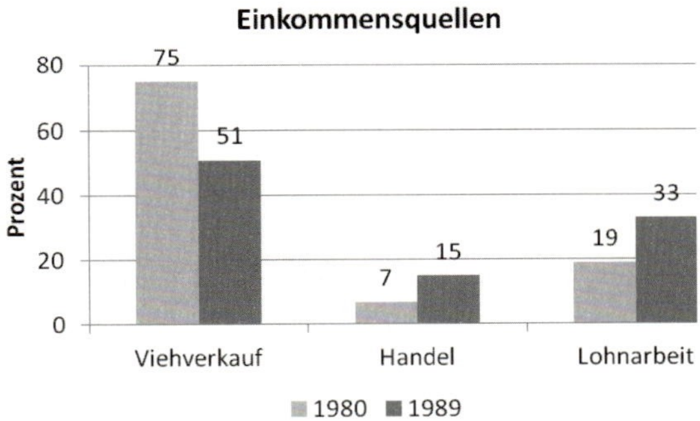

Viehverkauf war 1980 noch die Haupteinnahmequelle. 1989 war der Anteil dieser Einnahmequelle auf ungefähr die Hälfte (51%) geschrumpft. Die andere Hälfte stammte aus Handel und Lohnarbeit („wage labor"). Die Abhängigkeit vom Pastoralismus als Wirtschaftsbasis hat deutlich abgenommen.

Auch in der Bewertung der Einnahmequellen ist es zu Veränderungen gekommen, wie das folgende Zitat zeigt. Es spricht ein Teehausbesitzer:

> „The rich have still some stock… I am poor, but I am making a living … the drought … taught people something very important. Since the drought, rich and poor are planning work. The work was there before, but since the drought people are really doing it. Many more rushed to dig stones [Steine für den Häuserbau] because they saw that it earned money. I thought of opening a tea kiosk and many have now followed. Even the rich are working now…" (S. 91 f.)

Nach diesen Ausführungen hat sich also Folgendes ereignet. Die Dürre hat den Orma eine Lehre erteilt. Früher hat man sich auf die Herden als Einkommensquelle verlassen. Andere Einkommensquellen waren auch damals schon vorhanden. Aber nun sind es nicht nur die Armen, sondern auch Reiche, die diese

Quellen gezielt nutzen. Diese Einkommensquellen basieren alle auf Arbeit außerhalb des Viehproduktionssektors („work").

Und wie steht es mit dem Wohlstand, wie hat er sich entwickelt? Eine Antwort gibt das folgende Diagramm.

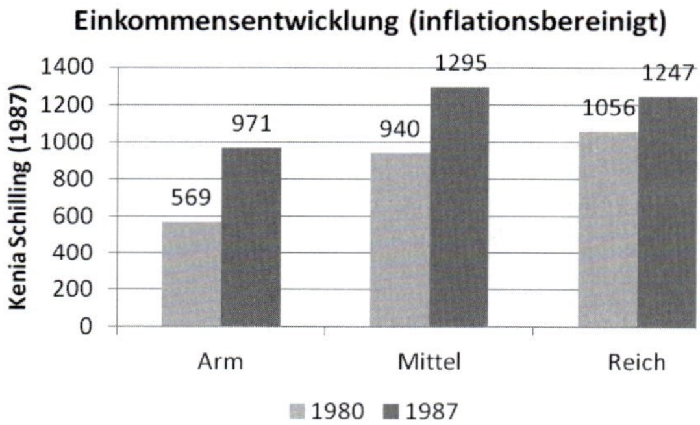

Die Einteilung in arm, mittel und reich entspricht der Einteilung im Diagramm (siehe oben) zu den Reichtumsunterschieden. Man sieht, der *Wohlstand* hat bei allen zugenommen, nicht nur bei den Reichen. Die Zunahme ist am größten bei den Armen. Die mittlere Gruppe hat sogar die Reichen übertroffen, und die Reichen selbst haben den geringsten Zuwachs zu verzeichnen. Die Prognosen der neoklassischen Ökonomik haben sich bestätigt.

Neue Institutionenökonomik Prognose – Die Neue Institutionenökonomik hat sich nicht auf eine Prognose eingelassen. ‚Es kommt darauf an' ist ein Urteil, das ziemlich billig zu haben ist, wenn man nicht auch angibt, worauf es ankommt. Diese Richtung verlangt denn auch für eine Prognose Angaben zu folgenden Fragen: Zu welchen institutionellen Veränderungen ist es gekommen und mit welchem Effekt, und wie haben sich die Transaktionskosten, die Kosten, die beim Tausch von Gütern und Dienstleistungen entstehen, gewandelt? Wir bringen hier eine Auswahl der Veränderungen.

- Der Viehhandel war zunächst das Monopson (= Nachfrage-‚Monopol') eines arabischen Händlers. Das Monopson wurde schließlich durch die Orma gebrochen. Der Markt funktionierte effizienter. Konsequenz: Die Viehpreise stiegen.

- Der Staat führte die notarielle Beglaubigung von Viehbesitz ein. Bis dahin war Viehkauf mit folgendem Risiko verbunden. Konnte jemand nachweisen, dass das gekaufte Vieh gestohlen war, erhielt der Eigentümer seinen Besitz zurück. Die Ausgaben des Käufers waren verloren. Als Folge der Beglaubigung kam es nun nicht mehr vor, dass gestohlenes Vieh nach dem Kauf konfisziert werden konnte. Die Transaktionskosten sanken, die Verluste durch die Konfiskationen fielen weg. Die Viehtransaktionen wurden effizienter. Implizierte Konsequenz dieses und des letzten Punktes: Der Gesamtertrag des Viehhandels steigt.
- Die Regierung erhöhte die Präsenz qualifizierter Beamter u. a. Veterinäre. Implizierte Konsequenz: Das Vieh wird medizinisch besser versorgt. Der Output steigt.
- Die Zinsen, die die Ladenbesitzer ihren Kunden berechneten, sanken – umgerechnet aufs Jahr – von 87% auf 12% (S. 107). Die Institution Markt funktionierte nun offenbar effizienter, und dadurch sanken die Lebenshaltungskosten der Haushalte.

Diese institutionellen Veränderungen betreffen die Viehwirtschaft. Sie implizieren unter anderem, dass die Orma mit der Zeit höhere Preise für ihr Vieh erzielt haben. Ensmingers Daten belegen zweierlei. Erstens sind die Preise für Rinder in der Vergangenheit in der Tat gestiegen. Von entscheidender Bedeutung aber war zweitens: Die Rinderpreise stiegen stärker als die Preise für Güter, die die Orma zum Leben brauchten (die „terms of trade“ bezogen auf Rinder verbesserten sich). Mit einem Rind konnte man immer mehr Güter kaufen. Nicht möglich ist es allerdings, anhand ihrer Daten über die Preise das relative Gewicht der einzelnen institutionellen Veränderungen zu bestimmen.

Wie wir gesehen haben, hat die neoklassische Ökonomik ihre Prognose im Fall der Orma bestätigt bekommen. Aber wie unsere wohlgemerkt nur ausschnitthafte Liste der Effizienz steigernden institutionellen Veränderungen deutlich zeigt: Für eine Erklärung reicht es nicht aus. Diese Veränderungen ergeben sich nicht zwangsläufig. Wenn z. B. korrupte Richter die notariellen Beglaubigungen bei entsprechender Bezahlung für gefälscht erklären, wäre der Vorteil der Beglaubigung schon wieder weg. Niemand würde sich mehr um Beglaubigungen bemühen. Und es gibt durchaus auch Fälle, wo es nicht zu solchen Veränderungen gekommen ist und die Marxisten recht behalten haben. Es fehlt demnach beiden Richtungen eine entscheidende Theoriekomponente für die Erklärung des Wandels. Dass das Eigentum eines größeren Teils der Produktionsmittel sich auf wenige Kapitalisten konzentriert, führt nicht notwendig zur Verarmung der vielen anderen. Und der Wohlstand der vielen anderen nimmt auch nicht notwendig zu, wenn mehr und mehr Güter über Markttausch erworben werden. Effizienzsteigernde Institutionen spielen eine entscheidende Rolle. Die Institutionen sind die fehlende Theoriekomponente. Diese Einsicht setzt sich immer mehr durch, spätestens seit die Neue Institutionenökonomik mit Nobelpreisen gekrönt wurde (1991 Ronald Coase und 1993 Douglass North und Robert Fogel).

Allerdings ist eine Erklärung des Ormafalles auch dann noch partiell, wenn man die Institutionen mit einbezieht. Denn die Neue Institutionenökonomik kann noch nicht (oder kaum) angeben, unter welchen Bedingungen effiziente Institutionen entstehen. Eine Fraktion von Institutionenökonomen behauptet zwar, solche Bedingungen angeben zu können, aber konsensfähig ist die Position nicht. Ensminger überliefert in ihrem Buch einen Ausspruch von Douglass North: „If institutional change results in increasing efficiency, it is usually an accident" (S. 22). D.h. also: Die Entstehung Effizienz steigernder Institutionen ist für North mithin normalerweise dem Zufall zu verdanken. Man kann schon verlangen, dass auch das Wirken des Zufalls theoretisch und empirisch begründet wird. Diese Begründung fehlt.

Man beachte übrigens, dass die Beurteilung der drei theoretischen Positionen nur möglich war, weil Ensminger systematisch zu zwei Zeitpunkten *quantitative Daten* erhoben hat.

Der Übergang zur Marktwirtschaft wurde durch exogene Schocks, die Dürren, angestoßen. Es gibt noch zwei weitere Faktoren, die den Übergang anstoßen können: Bevölkerungsdruck und Verlockungen durch hohe Preise, die mit einem Produkt außerhalb des eigenen Wirtschaftssystems zu erzielen sind. Detaillierte ethnographische Beschreibungen, die diese beiden Faktoren beleuchten, kennen wir nicht. Aber z. B. Wilks Kekchi Monographie (1997 [1991]) liefert Indizien für beide Faktoren.

Literatur

Ensminger, J.

1992 Making a market: The institutional transformation of an African society. Cambridge: Cambridge University Press.

Wilk, R.R.

1997 [1991] Household Ecology: Economic Change and Domestic Life among the Kekchi Maya in Belize. Tucson: University of Arizona Press.

5 Sozialer Tausch

In den Ländern, wo Markttausch in vielen Bereichen des Lebens den sozialen Tausch verdrängt hat, gibt es diese Art des Tauschens durchaus noch. Dominant ist der soziale Tausch aber in Kulturen, in denen Subsistenzwirtschaft in größerem Umfang betrieben wird. Wie funktioniert diese Art von Tausch? Das ist die Frage, die wir im Folgenden behandeln wollen.

Sozialer Tausch und Vertrauen

Es gibt einen sehr gewichtigen Unterschied zwischen sozialem Tausch und Tausch ohne soziale Beziehungen. Um diesen Unterschied klarer zu fassen, sehen wir uns den typischen Fall von sozialem Tausch an, nämlich einen Tausch mit verzögerter Gegentransaktion. Bei Geburtstagsgeschenken oder Einladungen zum Essen kommt es nicht sofort zur Gegentransaktion sondern erst nach einiger Zeit. Solche Verzögerungen bergen grundsätzlich das Risiko, dass es nicht zur Gegentransaktion kommt. Soziale Beziehungen z. B. verwandtschaftlicher Art oder Freundschaftsbeziehungen reduzieren dieses Risiko auf verschiedenen Wegen. Zum einen kennen die Akteure sich, sie können mit einiger Sicherheit sagen, wie der andere sich verhalten wird. Zum anderen stellt die soziale Beziehung selbst eine Art Versicherung dar. So kann schon bei einmaliger Verletzung des Reziprozitätsprinzips der Verlust der Freundschaft drohen, und bekanntlich verkraften nur wenige Freundschaften häufige Verletzungen des Prinzips. Ein Netzwerk von Verwandten, aber auch Freunden kann Druck ausüben. Anders gesagt, die sozialen Beziehungen schaffen und begründen *Vertrauen* (e. trust). Umgekehrt erwartet man nicht, dass ein Fremder sich auf Transaktionen mit verzögerter Gegentransaktion einlässt, eben weil sie unter Fremden mit dem beschriebenen Risiko behaftet sind, bzw. eben weil Vertrauen unbegründet wäre.

Healey (1984) hat bei den Kundagai Maring (Hochland von Neuguinea) Daten gesammelt, die den Zusammenhang zwischen sozialen Beziehungen und Vertrauen plastisch vor Augen führen. Die Kundagai handeln mit ihren Nachbargruppen. Sie selbst können Vogelfedern und Felle von Wildtieren bieten, etwas, was die Nachbargruppen brauchen. Die Nachbargruppen können Muscheln, Stahlwerkzeuge und Schweine bieten, was die Kundagai brauchen. Uns interessieren hier beide Tauschformen des verzögerten und des sofortigen Tauschs. Beim verzögerten Tausch kommt es erst beim nächsten Treffen der Tauschpartner zur Gegentransaktion. Diese Form braucht offenbar Vertrauen, und das lässt sich über soziale Beziehungen zwischen den Transaktionspartnern herstellen; bei der anderen Form sind soziale Beziehungen (verwandtschaftlicher Art) hingegen nicht nötig. Insgesamt hat Healey 1286 Tauschakte aufgenommen, wobei ein Tauschakt aus einer Transaktion plus Gegentransaktion besteht. Das Ergebnis sieht so aus:

	Tausch			
Verwandtschafts Beziehungen	*Verzögert*	*Sofort*	*Verzögert %*	*Sofort %*
Vorhanden	697	71	54,2	5,5
Nicht vorhanden	35	483	2,7	37,6

Die widerlegenden Fälle wären verzögerter Tausch zwischen Akteuren, die keine sozialen Beziehungen verbinden. Diese Fälle sind vernachlässigbar selten, 35 Fälle bzw. 2,7 %. Es handelt sich zwar nicht um über tausend unabhängige Tauschakte, sondern um Tauschakte von 58 Kundagai-Männer. Aber die Fallzahl reicht auch so, um die Ergebnisse als eine Bestätigung der folgenden Aussage zu werten: Verzögerter Tausch benötigt Vertrauen, und das bieten soziale Beziehungen. Mit Vertrauen verbundene soziale Beziehungen müssen bekanntlich nicht auf Verwandtschaft beruhen. Das gilt übrigens auch bei den Kundagai Maring. Mehr Kontext zum Thema bietet Healey in seiner 1990 erschienen Monographie.

Soziale Beziehungen sind die ältere, aber bis heute genutzte Möglichkeit, das Tauschrisiko klein zu halten. Eine jüngere Lösung des Problems sind Institutionen wie Gerichte. Mit Gerichten können Gegentransaktionen erzwungen werden. Derartige Institutionen fungieren als Substitute (Ersatz) für die sozialen Beziehungen.

SOZIALER TAUSCH VON ARBEIT

Wir haben für die Darstellung des sozialen Tauschs das Gut Arbeit gewählt, weil uns diese Art von Tausch zwar nicht unbekannt, aber doch etwas weniger vertraut ist.

EXEMPLARISCHER FALL

Gegenstand	Sozialer Tausch von Arbeit
Kultur	**Kekchi**
Lokalisierung	Süd-Belize (Zentralamerika)
Untersuchungszeitraum	1978/9
Autor	Wilk, R.R. (1997 [1991])

Die Kekchi sind Feldbauern und leben in Dörfern mit einer Populationsgröße von 100 bis 300 Einwohnern. Sie bauen hauptsächlich Mais an, aber auch Reis, den sie auf dem Markt gegen Geld verkaufen. Sie halten darüber hinaus Schweine, die mit Mais gefüttert werden, und in einem Radius von ca. 1,5 km um das Dorf streunen. Die Kekchi bauen keine Zäune um ihre Felder. Sie benutzen eine andere Lösung, um die Ernte vor den Schweinen zu schützen. Sie legen die Felder außerhalb des Radius an, in dem die Schweine streunen.

Arbeit tauschen die Kekchi bei verschiedenen wirtschaftlichen Aktivitäten, wie z. B. auch beim Bau von Häusern. Wir werden uns in unserer Darstellung auf den Tausch von Arbeit – hauptsächlich Männerarbeit – beim Feldbau beschränken. Unter diesem Gesichtspunkt sehen wir uns nun den Arbeitsprozess des Maisanbaus an.

Arbeitsschritttabelle – Maisanbau bei den Kekchi

Arbeitsschritte	*Arbeitsorganisation*
Felder aussuchen	Haushalt allein
Felder vorbereiten Unterholz abschlagen Bäume fällen Nach Trocknen in Brand stecken Rituale	Haushalt allein/Helfergruppen permanente Kollektive
Sähen konisches Loch stechen Saat in das Loch legen Rituale	permanente Kollektive
Unkraut jäten (gelegentlich)	Haushalt allein
Bau des Maishauses	Helfergruppen
Ernte	temporäre Kollektive/Helfergruppe
Transport nach Hause (1 Traglast reicht 2–3 Tage)	Haushalt allein

Wie die Tabelle zeigt, gibt es neben dem Haushalt bei der Feldarbeit drei Arten von Kollektiven, die permanenten Kollektive, die temporären Kollektive und die Helfergruppen. Der Tausch von Arbeit findet in diesen Kollektiven statt. Wilks Beschreibung der Tauschformen (S. 186 ff. und 90 ff.) gibt einen ungewöhnlich detaillierten Einblick in die Ökonomik eines komplexen Systems, in dem Arbeit auf der Grundlage von Reziprozität getauscht wird.

Permanentes Kollektiv: Diese Kollektive arbeiten, wie die Tabelle zeigt, u. a. bei der Aussaat zusammen. Sie bestehen aus der gesamten arbeitsfähigen männlichen Bevölkerung des Dorfes. Das Kollektiv besucht der Reihe nach die Felder der Haushalte und sät gemeinsam jeweils einen Tag lang den Mais. Die Mitgliedschaft im Kollektiv steht von vorneherein fest. Es entstehen hier keine Koordinationskosten. Aber die Reihenfolge, in der die Felder der einzelnen Haushalte bestellt werden, muss ausgehandelt werden. Hier spielt dann u. a. das Senioritätsprinzip eine Rolle: Den alten Bauern gelingt es besser als den jungen, ihre Terminvorstellungen durchzusetzen. Wir haben es hier mit einem Fall von *balancierter Reziprozität* zu tun. Das Kollektiv hilft dem Bauern bei der Aussaat und der Bauer hilft wiederum allen anderen Mitgliedern des Kollektivs bei der Aussaat. Es wird dieselbe Art von Arbeit getauscht. Zum Tausch derselben Menge von Arbeit, im Sinn von Arbeitszeit, kann es bei dieser Tauschform nur kommen, wenn die Haushalte ungefähr gleich große Felder anlegen. Das aber ist bei den Kekchi des Dorfes Aguacate nicht der Fall. Die Größe der Felder variiert erheblich, zwischen 0,84 ha und 4,18 ha (S. 90). Da die Größe des Kollektivs starr vorgegeben ist, kommt es zu unausgeglichenen Tauschverhältnissen. Bei einem kleinen Feld ist das Kollektiv schon vorzeitig mit der Arbeit fertig; bei einem sehr großen Feld muss das Kollektiv länger arbeiten; oder es wird sogar nicht mit der Arbeit fertig, so dass der Bauer den Rest alleine abarbeiten muss.

Es gibt hier ein Problem bei der Einhaltung des Balanceprinzips. Die Bauern mit den kleinsten Feldern erhalten am wenigsten Arbeit und geben vergleichsweise die meiste Arbeit. Die Bauern mit den größten Feldern erhalten am meisten Arbeit und müssen trotzdem einen Teil der Aussaat alleine erledigen. Die Vorteile des permanenten Kollektivs verwandeln sich in Nachteile, wenn die Arbeitsmenge zu ungleich verteilt ist oder wenn die Arbeitsmenge nicht mehr ausreicht, um das gesamte permanente Kollektiv zu beschäftigen. Erwartungsgemäß bilden sich denn auch in großen Dörfern mehrere permanente Arbeitskollektive.

Temporäres Kollektiv: Um kleinere Arbeitsmengen in kurzer Zeit zu erledigen, bilden sich temporäre Kollektive. Auch hier muss die Reihenfolge ausgehandelt werden, aber zuvor müssen die Bauern, die ungefähr zur selben Zeit die gleiche Arbeit erledigt haben wollen, erst einander finden. Es wird wie bei dem permanenten Kollektiv die gleiche Art von Arbeit getauscht, z. B. Erntearbeit gegen Erntearbeit.

Helfergruppe: Hier sucht sich ein Bauer Helfer für die Erledigung einer bestimmten Arbeit, wie z. B. den Bau eines Maishauses. Bei den beiden zuvor besprochenen Arten von Kollektiven ist, wie zu sehen war, sowohl der Zeitpunkt als auch die Art und, wenn auch nicht streng, die Menge der Gegentransaktion festgelegt. Bei der Helfergruppe ist allein die Menge der Gegentransaktion festgelegt, alles andere ist offen. Diese Eigenschaften machen die Tauschform zu einem sehr flexiblen, aber zugleich auch ungeliebten Instrument. Die zurückverlangte Arbeit kann schwerer sein als die gegebene, und das kann zu Missstimmungen führen. Der Zeitpunkt der Gegentransaktion muss allen Helfern der Gruppe passen, was bei größeren Gruppen zu Problemen führt. Dass die Tauschform trotzdem gewählt wird, erklärt Wilks folgendermaßen: „need on one side and kinship on the other“ (S. 187). Die Arbeit muss eben getan werden, und Verwandte können die Bitte nicht verweigern.

Wir haben gerade gesehen, dass bei den permanenten Kollektiven die Einhaltung des Balanceprinzips ein Problem darstellt. Bei den Siane (s. Feldbausysteme) löst man – wir haben das im Kapitel über Feldbausysteme beschrieben – das Problem so: Die Feldstücke innerhalb des Areals, das das Kollektiv gemeinsam eingezäunt hat, haben alle dieselbe Größe, und jede Frau erhält eines davon. Da fragt es sich aber, ob nicht manche Frauen, die eine große Familie haben, vielleicht mit ihrem Feldstück nicht auskommen. Es gibt Indizien dafür im Text von Salisbury. Es könnte durchaus sein, dass man bei der genaueren Untersuchung von Tausch von Arbeit nach dem balancierten Reziprozitätsprinzip auf interessante Probleme und wohl auch Lösungen stößt.

Zeremonialtausch

Die zwei berühmtesten Zeremonialtauschsysteme der Ethnologie sind wohl der Kularing und der Potlatch (ausgesprochen Potlatsch) der Nordwestküstenindianer (Nordwestküste Amerikas von Oregon bis Alaska). Wir werden nur den Kularing behandeln, weil der Potlatch eine ganze Menge schwer zu deutender Rätsel aufwirft. Er hat sich auch als wesentlich instabiler erwiesen als der Kularing.

Exemplarischer Fall

Gegenstand	Kularing, komplexes Tauschsystem mit Zeremonialtausch
Kulturen	**Massim-Gruppe** (dazu gehören u. a. die Trobriander)
Lokalisierung	nordöstlich von Neuguinea
Untersuchungszeitraum	erstmals gründlich untersucht von Malinowski 1914–18 (insgesamt ca. 3 Jahre lang) danach weitere Untersuchungen von einer stattlichen Zahl von Feldforschern bis mindestens 1999
Autoren	Malinowski, Bronislaw (1961 [1922]) Damon (2002)

Dass der Kularing so berühmt ist, hängt sicherlich auch damit zusammen, dass der Begründer der modernen Ethnographie, B. Malinowski, den Ring in seiner ersten großen Monographie (Argonauts of the Western Pacific) beschrieben hat. Darüber hinaus hat sich, entgegen den Erwartungen von Malinowski, der Ring als ausgesprochen durable Institution erwiesen. Er existierte mindestens noch 1999 (Damon 2002: 114). Dazwischen haben Generationen von Ethnologen über dieses System geforscht und geschrieben. Nicht zuletzt ist es offenkundig ein Staunen erweckendes System, schon allein wegen seiner räumlichen Ausdehnung und seiner Komplexität.

Der Kularing integriert nicht nur mehrere Tauschsysteme, sondern die Systeme sind auch noch von verschiedener Art. Von zentraler Bedeutung sind

- der Zeremonialtausch, hier geht es um den Tausch der Kula-Objekte, die eindeutig Prestigegüter sind;
- der Tausch von Wirtschaftsgütern nach dem Prinzip der balancierten Reziprozität (unten nicht behandelt);
- der Markttausch.

Die geographischen Gegebenheiten des Tauschsystems zeigt die folgende Karte. Wie man sieht, verbindet das Tauschsystem eine Vielzahl von Inseln miteinander. Die folgenden Werte geben einen Eindruck von den Entfernungen. Die Trobriand-Inseln (auf der Karte oben links) sind von der Woodlark-Insel (oben rechts) ungefähr 175 km entfernt, die Woodlarkinsel von der Ostspitze von Neuguinea (unten links) 275 km. Kulturell ist die Massimgruppe, wie man die Inseln dieser Region zusammenfassend bezeichnet, durchaus nicht homogen. Die Trobriander und die Bewohner der Woodlark-Insel haben zwar die gleiche Sprache. Sie sind sich auch sonst sehr ähnlich. Aber schon die Bewohner der Dobu-Insel sprechen eine andere Sprache und sie unterscheiden sich auch sonst von den Trobriandern ziemlich stark.

Der Kularing geographisch gesehen

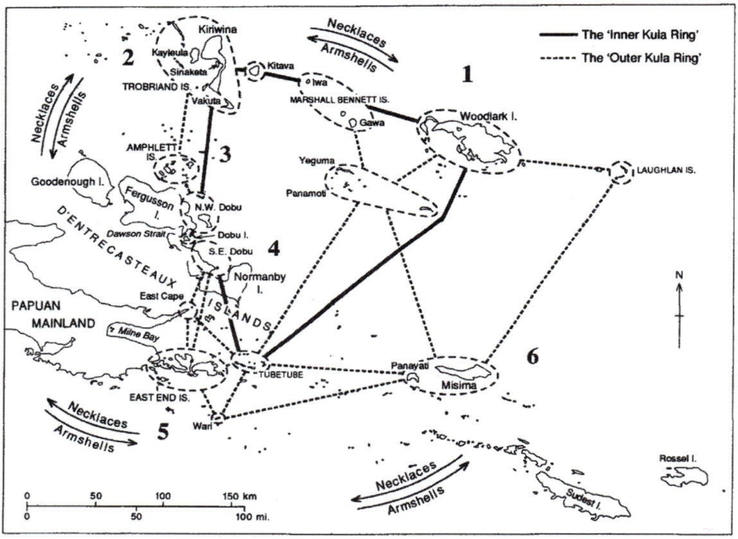

(Aus Landa 1994b: 145)

Die Hauptregeln des *Zeremonialtauschs* – das ist der Kularing im engeren Sinn – sehen folgendermaßen aus:

- Es gibt *zwei Arten von Kula-Objekten*, Armreifen (e. armshells, aus einem Schneckengehäuse gefertigt) und Halsketten (e. necklaces) – das sind die Prestigegüter. Die Objekte haben unterschiedlichen Wert, der sich nach dem Alter und der Menge der Geschichten bestimmt, die sich um die Objekte ranken.
- *Die beiden Objektarten werden gegeneinander getauscht.* Armreifen werden immer gegen Halsketten getauscht und Halsketten gegen Armreifen. Das Tauschprinzip ist balancierte Reziprozität. Ein Kula-Objekt muss gegen ein Kula-Objekt von *annähernd gleichem Wert* getauscht werden. Die Gegengabe kann bis zu einem Jahr und mehr auf sich warten lassen. Üblich ist ein geringerer zeitlicher Abstand.

- Mit der Gegengabe eines Kula-Objekts ist die Tauschsequenz abgeschlossen, zugleich aber eine neue Sequenz eröffnet.
- Die Kula-Objekte zirkulieren in der Massimgruppe so, dass sich zwei geschlossene Ringe bilden. Die *Halsketten zirkulieren im Uhrzeigersinn, die Armenreifen entgegen dem Uhrzeigersinn.*
- *Nur Männer* sind am Kulatausch beteiligt. Sie gehen *Tauschpartnerschaften* mit anderen Männern ein, die *ein Leben lang* bestehen, und sogar über Generationen hinweg weiter bestehen - wenn alles gut geht.
- Die Übergabe eines Kula-Objekts findet statt, wenn ein Mann seinen Partner besucht, und zwar ist immer der Besucher der Empfänger des Objekts. Segeln Trobriand-Männer zu ihren Dobu-Partnern, erhalten die Trobriand-Männer von ihren Partnern Halsketten. Wenn dann einige Zeit später Dobu-Männer zu ihren Trobriand-Partnern segeln, erhalten Dobu-Männer von ihren Partnern Armreifen. Die Trobriander erhalten wiederum von den Marshall-Bennett-Insulanern Armreifen etc. pp.
- Die typische Übergabe folgt einem bestimmten Muster, oder, wie man eben auch sagen kann, Zeremoniell. Der Geber wirft das Objekt vor dem Besucher auf den Boden. Der Besucher verhält sich oft indifferent und hebt das Objekt nicht selber auf, sondern lässt es sich von jemandem geben. Aber später wird der Empfänger das Objekt in seinem Haus ausstellen.
- *Behalten darf man das Objekt nur kurze Zeit.*

Spielregeln offenbaren selten schon auf den ersten Blick, wie ein Spiel funktioniert, so auch hier. Von der Forschung ist die Frage nach dem Funktionieren unter anderem unter folgenden zentralen Aspekten untersucht worden:

1. Welchen Sinn hat dieser Zeremonialtausch; welche Interessen treiben die Männer an?
2. Warum hat das Tauschsystem eine Ringstruktur?
3. Warum gibt es zwei Arten von Kula-Objekten, die in entgegengesetzter Richtung zirkulieren?
4. Wie ist das System entstanden?

Zu Frage 1, der Sinn des Kularings.
Auf diese Frage findet man in der Literatur zwei Antworten. Die eine Antwort lautet: Es geht den Männern um Prestige. Die Bewohner der Woodlark-Insel haben eine sehr schön bildhafte Formulierung, um den Prestigegewinn zu beschreiben. Wenn ein Mann ein besonders wertvolles Kula-Objekt bekommen

hat, sagen sie: Der Name des Empfängers „steigt auf" (Damon 2002: 121). Er wird bekannt, und zwar nicht nur auf seiner eigenen Insel.

Malinowski selbst hat die Frage noch anders beantwortet. Er schreibt: „They love to give and take for its own sake" (1961 [1922]: 173). Sie tauschen um des Tauschens willen; einen darüber hinausgehenden Grund gibt es also für Malinowski nicht.

Die zweite Antwort besagt, dass die wesentliche Triebfeder für den Kularing der Handel ist, Handel im oben definierten Sinn. Um diesen Handel (partiell) erklären zu können, müssten wir demnach komparative Vorteile nachweisen können. Solche Vorteile können wir auch in einer ganzen Reihe von Fällen mit hinreichender Sicherheit erschließen.

Ein Beispiel liefern die Bewohner der Amphlett-Inseln. Sie sind die einzigen, die in einem großen Umkreis Tontöpfe herstellen. Die Inseln sind steil und steinig, so dass die Insulaner selbst nicht genügend Nahrungsmittel produzieren können. Hier haben wir es mit einer Konstellation zu tun, die der bei den Baruya ähnelt.

Für die Bewohner der Amphlett-Inseln ist der Handel offenkundig zum Überleben notwendig. Durchgängig gilt das keineswegs. So wachsen nur im südlichen Teil der Massim-Region Sagopalmen. Das Sagomehl ist in den nördlichen ein hoch geschätztes Nahrungsmittel und wird gehandelt. Zum Überleben notwendig ist es nicht.

Malinowski nennt in seiner Monographie mehr als 30 Güter, die gehandelt werden. Es sind so verschiedenartige Dinge wie schön geformte Holzteller, Körbe, für den Schiffsbau benötigte Ranken, Frauenröcke, Grünstein, und gar komplette Segelschiffe.

All diese Güter werden parallel zum Kula-Tausch gehandelt, wobei der eigene Kula-Partner selbst nicht als Handelspartner in Frage kommt. Um den Preis wird gefeilscht. Die Daten (S. 363) über die Tauschverhältnisse zeigen auch, dass die Handelsgüter gegen einen deutlichen Aufschlag abgegeben werden. Der Handel ist offensichtlich nicht eine Art von sozialem Tausch, sondern hat Züge von Markttausch.

Malinowski bringt unter anderem folgendes Beispiel für das Tauschverhältnis. Ein Mann auf den Trobriand-Inseln erwirbt einen bestimmten Korb für 12 Kokosnüsse. Er nimmt an einer Kula-Expedition zur Dobu-Insel teil und erhält von einem Dobu-Mann für denselben Korb 12 Kokosnüsse plus Sago plus einen Gürtel (S. 363).

Es gibt eine (unseres Erachtens unausgestandene) Debatte unter den Ethnologen darüber, ob im Kula-System Markttausch stattfindet, und auch ganz allgemein darüber, ob und wann es überhaupt angemessen ist, von Märkten zu reden. Die am Kula-Tausch beteiligten Wirtschaftssysteme haben offenkundig nicht den Charakter von modernen, wesentlich auf Marktwirtschaft beruhenden Wirtschaftsystemen. Wohl aber kann man sagen, dass ein *Teil* der Transaktionen im Kula-System Züge von Markttausch haben. Es gibt vereinzelte Belege dafür, dass die Gesetze von Angebot und Nachfrage wirksam waren, es ist aber ungewiss, in welchem Umfang die Gesetze wirksam sind. Wir haben eindeutige Belege dafür, dass beim Handel im Kula-System Preisaufschläge üblich sind, und dass gefeilscht wird, und wir haben eindeutige Belege dafür, dass es sich nicht um sozialen Tausch handelt. Auch gibt es einen eindeutigen Beleg, dass den Trobriandern in ihrem Handeln die Gesetze von Angebot und Nachfrage *nicht* fremd waren. Nach einer Hungersnot stieg der Preis von Saat-Jams („seed yams") dramatisch an. Nun erhielt man laut Malinowski für 10 Körbe Saat-Jams eine Steinaxt, während man in normalen Jahren 100 Körbe Saat-Jams für eine Steinaxt gleicher Qualität bezahlen musste.(Malinowski 1978 [1935]: 163) Nach der Hungersnot war Saat-Jams drastisch knapper geworden und der Preis hatte sich bezogen auf eine Steinaxt verzehnfacht. Manchem mag bei diesem Beispiel die Frage gekommen sein, heißt das nun, dass die Trobriander die Gesetze von Angebot und Nachfrage „kannten"? Ethnographisches Material über solche ‚Kenntnisse' gibt es nicht. Aber man kann wohl sagen, dass die dramatische Preiserhöhung genau dem entspricht, was ihren materiellen Nutzen maximierende Akteure beim Markttausch in der beschriebenen Situation tun würden.

Aus Malinowkis ethnographischem Material ergibt sich ein recht plastisches Bild vom Umfang und Rhythmus des Handels im Massim-Gebiet. Unter anderem nimmt er den Leser auf die Kula-Expedition einer Gruppe von Trobriandern mit. Das Ziel der Gruppe ist die Dobu-Insel. Unterwegs wird hie und da Halt macht. Weitere Gruppen sehen sich veranlasst, ebenfalls zur Dobu-Insel zu segeln. Schließlich landet am Strand der Dobu-Insel eine Armada von ungefähr 100 Booten. Wenn man 8 Mann pro Boot ansetzt (minimal braucht ein Boot vier Mann Besatzung), sind das 800 Männer, die da an Land gehen, teilweise Kula-Objekte erhalten, und parallel dazu Handel treiben. Die Dobu-Insulaner des Küstenstreifens, an dem die Armada gelandet ist, erhalten zusätzlich Besuch von anderen Teilen der Insel. Diese Gäste dürfen allerdings nicht selber Handel treiben, sondern sind auf (Dobu-)Mittelsmänner angewiesen.

Die Expedition der Trobriander fand September 1916 statt. Im März 1917, also ungefähr ein halbes Jahr später, stach eine Dobu-Flotte in See, um ihre Partner auf den Trobriand-Inseln zu besuchen. Nicht alle Expeditionen haben diesen Umfang, aber der Umfang kann ganz offensichtlich sehr bedeutend sein.

Warum aber sind Kula-Tausch und Handel miteinander verknüpft? Um das zu sehen, wenden wir uns Frage 2 zu.

Zu Frage 2, Gründe für die Ringstruktur.
Diese Frage hat Janet Landa aufgeworfen, und von ihr stammt auch weitgehend die Antwort, die wir darstellen werden.

Zum Einstieg müssen wir uns die politischen Verhältnisse in der Massimregion etwas näher ansehen. In der Region gibt es viele relativ kleine ungefähr gleich starke politisch autonome Gruppen, die jeweils politische Oberhäupter haben. Die Trobriander kennen ein formelles Häuptlingsamt, das vererbt wird. Andere Gruppen haben sogenannte ‚Big Men', die kraft ihrer persönlichen Autorität das Führungsamt innehaben und von der politischen Bühne abtreten, wenn ihre Kräfte schwinden, z. B. im Alter oder wegen Krankheit. Kriege und Überfälle zwischen den Gruppen sind üblich, auch z. B. auf den Trobriand-Inseln selbst. Manche Gruppen haben den Ruf, Menschenfresser zu sein. Die Gruppen sind also füreinander potentielle Feinde. Sich auf fremdes Gebiet zu begeben, ist gefährlich. Es gab keinerlei Grund, den Mitgliedern einer anderen Gruppe zu trauen.

Zu Malinowskis Feldforschungszeit war es allerdings mit der politischen Autonomie vorbei. Die Briten hatten die Macht übernommen und die gewaltsamen Auseinandersetzungen unterbunden. Für die Entstehung der Ringstruktur sind allerdings wohl eher die Verhältnisse vor der Pazifizierung von Bedeutung. Da sich die Institution auch nach der Pazifizierung als stabil erwiesen hat, dürfte die Gefahr für Leib und Leben aber für die Erhaltung des Systems allein nicht ausschlaggebend sein.

Wie wir gesehen haben, gibt es vitale Interessen, Handel zu treiben. An den Tontöpfen der Amphlett-Insulaner hatten viele Gruppen Interesse, und die Amphlett-Insulaner selbst brauchten Nahrungsmittelimporte. Einfach zu einer anderen Insel zu segeln und die Ware zum Handel anzubieten, ist, wie zu sehen war, eine riskante Sache, bei der man alles verlieren kann, sogar das eigene Leben. Man braucht Vertrauen, Vertrauen, das auf stabilen sozialen Beziehungen zwischen den Handelspartnern beruht. Es werden Beziehungen benötigt, wenn nicht allein so doch auch zwischen den politischen Führern. Die Frage, die sich hier stellt, ist demnach, welche Beziehungsstruktur zwischen den politisch autonomen Gruppen unter den gegebenen Umständen die günstigste bzw. effizienteste ist.

Die Netzwerkanalyse kennt vier elementare Strukturen, um soziale Akteure miteinander zu verbinden: Den Stern, die Kette, den Ring und Alle-mit-allen. Zwei der Strukturen können wir als besonders ungünstig ausschließen. Die Alle-mit-allen-Struktur verlangt, dass jeder Führer mit jedem anderen soziale Beziehungen aufbaut und pflegt. Wenn wir die Zahl der Akteure wachsen lassen, wird klar, dass die Kosten schnell exorbitant hoch werden. Jede Beziehung kostet Expeditionen, Gaben und Gegengaben. Jeder Markt muss getrennt bearbeitet werden. Bei der Sternstruktur gibt es einen zentralen Akteur. Alle anderen Akteure sind nur mit diesem direkt verbunden, wir nennen sie deshalb periphere Akteure. Die Kosten erreichen bei der Sternstruktur für die peripheren Akteure das mögliche Minimum. Sie haben jeweils nur eine Beziehung zu pflegen. Aber der Akteur im Zentrum hat dafür umso höhere Kosten. Er muss mit jedem peripheren Akteur Beziehungen pflegen. Er hat für die Sicherheit zu sorgen, wenn mehrere Gruppen gleichzeitig kommen, oder er muss imstande sein zu verhindern, dass so etwas passiert. Er braucht sehr viel mehr Ressourcen und Macht als alle anderen. Gerade solche Akteure aber gab es nicht in der Massim-Gruppe.

Bleiben noch die beiden anderen Strukturen. Die besten Bedingungen liefert der Ring. Jeder Akteur hat nur zwei Partner zu ‚bedienen' und jedes Gut (zumindest die langlebigen darunter) erreicht schließlich jeden Handelspartner. Der Ring ist der Kette überlegen, weil die Endglieder einer Kette den längsten Weg zueinander haben, während in einem Ring von jedem Akteur aus die Wege zu den anderen Akteuren gleich groß und insgesamt kürzer sind. In einer gebirgigen Region mit tief eingeschnittenen Tälern mag die Kette die beste Lösung sein. In einem Archipel ist der Ring die günstigste Struktur.

Die Hauptakteure beim Kula-Tausch sind die politischen Führer. Die stabilen Kula-Beziehungen sorgen dafür, dass Handel in Frieden stattfinden kann, wobei die Kula-Partner selbst gerade nicht miteinander handeln. Handel und Kula-Tausch kommen so einander nicht ins Gehege. Zugleich besteht ein doppeltes Interesse an der Durchführung von Kula-Expeditionen – auf der einen Seite das Interesse am Prestigegewinn, auf der anderen Seite das Interesse an den materiellen Vorteilen des Handels.

Zu Frage 3, Gründe für die Zirkulation von zwei Kula-Objektarten in entgegengesetzter Richtung.
Auch diese Frage stammt von Landa. Ihre Antwort lautet: weil dieselbe Objektart bei der Gegentransaktion nicht klar genug als Bekräftigung der Partnerschaft verstanden würde. Wenn diese Begründung zuträfe, dürfte es keine zeremonialen Tauschsysteme geben, die Allianzen bestätigen und nur eine Objektart verwenden. Solche Systeme scheint es aber zu geben, siehe den Tee-Zyklus bei den Enga, wo die Tauschobjekte allein die Schweine sind (cf. Wiessner (2002)).

Plausibler dürfte eine andere Antwort sein. Zwei in entgegengesetzte Richtung zirkulierende Objektarten sind eine wesentliche Voraussetzung für die Entstehung und Erhaltung einer Ringstruktur. Jeder Akteur im Tauschsystem braucht zwei verschiedene Tauschpartner, von dem einen erhält er den Armreifen, und im Gegenzug gibt er ihm die Halsketten. Von dem anderen erhält er Halsketten und im Gegenzug gibt er ihm Armreifen. Die beiden Tauschpartner können nicht ein und dieselbe Person sein wegen der Uhrzeigerregeln. Jeder der beiden Tauschpartner braucht zusätzlich (mindestens) noch einen Tauschpartner und erst diese beiden Akteure können ein und dieselbe Person sein, und dann ist auch ein Ring entstanden. In einem System mit nur einer Objektart kann es keine Uhrzeigerregel geben, oder es entstehen keine Partnerschaften, die auf einer

Transaktion-Gegentransanktionsbeziehung beruhen. Die Doppelringstruktur, die Uhrzeigerregeln und die Existenz von zwei Objektarten bedingen also einander.

Man sieht auch leicht, dass der Ring Neben-‚Arme' haben kann, die das ganze noch stabiler machen, wenn einmal ein Akteur ausfallen sollte. Von den Seefahrten kehrten keineswegs immer alle Schiffe wohlbehalten zurück.

Zu Frage 4, wie das System entstanden ist.
Zu dieser Frage hat der Soziologe Rolf Ziegler (2007) eine kurze aber inhaltsschwere Monographie verfasst. Eine historische Rekonstruktion ist es nicht, sondern ein Versuch, die Bedingungen zu finden, unter denen der Kularing entstehen konnte. Ziegler nennt dieses Entstehen „spontaneous emergence". Emergenz (von lat. emergere – auftauchen) in diesem Sinn heißt, weder individuelle Akteure noch eine politische Zentralinstanz haben das System (absichtsvoll) ersonnen (op. cit.: 5). Das System hat sich sozusagen von allein aus einer Konfiguration von Umständen heraus entwickelt. Dass eine politische Zentralinstanz sich das Kula-System ausgedacht hat, ist sicherlich sehr unwahrscheinlich. Welcher Anteil an den Konstruktionsleistungen hingegen auf das absichtsvolle Denken, Handeln (und Kommunizieren) individueller Akteure zurückzuführen ist, würden wir eher als offene Frage behandeln. Angemerkt sei, dass für manche Sozialwissenschaftler nicht ohne Grund Emergenz-Fragen zur Königsklasse der Forschungsfragen gehören.

Nach den Emergenzbedingungen sucht Ziegler mit Hilfe von Simulationsmodellen. Für die Modelle waren Daten nötig, die keineswegs alle in den ethnographischen Berichten zu finden sind. Diese Lücken schließt Ziegler mit plausiblen Annahmen. Auch manche ethnographische Angaben ersetzt er verständlicherweise durch Vereinfachungen und andere Modifikationen. Es gibt aber auch Annahmen und Modifikationen, mit denen wir nicht so recht einverstanden sind. Ein Beispiel sind die Regeln des Prestigegütertauschs. Hier würden wir nicht ausschließen, dass individuelle Akteure die Wirkungen der Regeln sehr wohl durchschaut haben könnten. Selbst Lernprozesse braucht man nicht auszuschließen.

Ziegler spricht schon ziemlich am Anfang des Buches von den fundamentalen Eigenschaften (op.cit.: 26) des Kula-Systems. Das ist ein Konzept, das für die Bewertung der Simulationsergebnisse sicherlich von entscheidender Bedeutung ist. Nur gibt er keine Definition(en) für diese Eigenschaften, sondern belässt es beim Auflisten von Beispielen. Die (gewiss nicht einfache) Frage ist hier: geht das nicht systematischer?

Aus Mythen, die Malinowski auf verschiedenen Inseln des Massim-Archipels vorgefunden hat, lässt sich die Idee eines Ur-Kularings herleiten, die auch Ziegler beschäftigt. Die Idee führt zu der Frage, wie wohl die Ur-Konfigurationen aussehen mögen, aus denen sich das ‚ausgewachsene' Kula-System herausgebildet haben kann. Man sieht, Anregungen über das Kula-System nachzudenken findet der Leser bei Ziegler jede Menge.

Das war eine grobe Skizze des Kularing-Systems. Nicht behandelt haben wir z. B. die Tauschbeziehungen zwischen den Bewohnern einer Insel untereinander; die Herkunft der Kula-Objekte haben wir nicht berührt – und vieles mehr. Aber auch so müsste zu erkennen gewesen sein, weshalb der Kularing so große Beachtung gefunden hat. Das System zeigt auch welche Distributionsleistungen sich in diesem Fall mit der Koppelung von Prestigegütertausch nach Reziprozitätsprinzipien und Markttausch erzielen lassen. Nicht zuletzt erstaunt, dass sich das System als so robust erwiesen hat.

LITERATUR

Damon, F.H.
2002 Kula valuables: the problem of value and the production of names. L'Homme 162: 107-135.
Healey, C.J.
1984 Trade and sociability: Balanced reciprocity as generosity in the New Guinea highlands. American Ethnologist 11: 42-60.
—
1990 Maring hunters and traders. Berkeley: University of California Press.
Landa, J.T.
1994b The enigma of the Kula Ring : Gift-exchanges and primitve law and order. *In* Trust, ethnicity and identity. Beyond the New Institutional Econcomics of ethnic trading networks, contract law, and gift-exchange. J.T. Landa, ed. Pp. 141-170. Ann Arbor: University of Michigan Press.
Malinowski, B.
1961 [1922] Argonauts of the Western Pacific. New York: Dutton.
—
1978 [1935] Coral gardens and their magic. New York: Dover Publications.
Wiessner, P.
2002 The Vines of Complexity. Current Anthropology 43: 233-269.
Wilk, R.R.
1997 [1991] Household Ecology: Economic Change and Domestic Life among the Kekchi Maya in Belize. Tucson: University of Arizona Press.
Ziegler, R.
2007 The Kula Ring of Bronislaw Malinowski. A simulation model of the co-evolution of an economic and ceremonial exchange system. München: Verlag der Bayrischen Akademie der Wissenschaften.

Allemende *Siehe* Gemeinschaftsressource
Allmende 132
Angebotsgesetz 159, 165
Arbeitsproduktivität 156
Arbeitswertlehre 167
Arbeitswoche 41
Argonautenfragen 13
Argumente gegen Experimente 17
arides Klima - Niederschläge 95
Ausbeutung 166
Aussaat-Ernte Verhältnis 114
Auszahlungsmatrix 133
autark 76
autonom 76
Bedingung, hinreichende 67
Bedingung, notwendige 67
Bedürfnisse, einfache 47
Beutewahltheorie 37, 47
Bevölkerungsdruck 66
Bodenbau, extensiver 56
Bodenbau, intensiver 65, 73
  Indikatoren 65
Brache 66
Brandrodungsfeldbau 58
ceteris-paribus-Klausel 159
Effizienz 42
egalitäre Verhältnisse 117
Eigennutz 10
Eigentum 38
einseitige Transaktion 148
Erklärung von Intensivierung 72, 76
Ernährung – von Pflanzen vs Tieren 51
Ertrag 27
exkludierbar 128
externer Effekt 77, 133
FCKW-Verbot 139
Flächenertrag 68
Flächenproduktivität 156
freier Zugang 27, 99, 130
Gemeinschaftsressource 128
Gemeinschaftsressourcensysteme -
  Organisationsprinzpien 142
Gerechtigkeit 11
Geschenk
  Siehe mehrseitige Transaktionen
  Siehe einseitige Transaktion
Gesetz von Angebot und Nachfrage 159
Gift 39
Gleichheit 11, 166
Grenzertrag 29, 30
Grenznutzen 30
Großwildjagd 40
Grundsatz der Herdenhaltung 98
Güter 1
Güterarten 163
Haubergswirtschaft 56
Hausarbeit 37
Herdenwachstum 109, 111
Hunger 47
Indifferenz 126
Informationen 9
informelle Wirtschaft 6
Input 27
Institutionen 9
Institutionenökonomik
  Siehe Neue Institutionenökonomik
Intensivierungstheorie 66
Jagderfolg 41
Kapital i.d. Produktionsfunktion 27
Klasse 1
Kleinbauern 75, 92
Knappheit 8
kollektives Handeln 140
Kollektivgut 129
Kommunaleigentum 27, 130
komparativer Vorteil und Preise 155
Kularing 182
Markt als Informationssystem 159
Marktarten 158, 163, 164
Marktintegration 17
Markttausch 148, 186
Markttausch und soziale Beziehungen 168
Marktwirtschaft 4
mehrseitige Transaktionen 148
Modernisierung 100
Monopol 163
Monopson 164, 174
Nachfragegesetz 158, 165, 168
Nassreis 70
natürliches Monopol 128
Netzwerkanalyse, elementare Strukturen 188
Neue Institutionenökonomik 170, 174
nomadisch 34, 95
Normalitätsstandard
  Siehe Unterproduktion
Nutzen 9, 127
öffentliches Gut 128

Opportunitätskosten 153, 154
Optimal foraging theory 52
Output 27
Paradiesfrage 46
Potlatch 182
Präferenzen 9
Prestige 10, 125, 150
Prestigegüter 184
Prestigestreben, Grenzen 125
Privateigentum 27
privates Gut 128
Produktion - Gebrauchsgüter 43
Produktionsfaktor 27
Produktionsfunktion 27
Produktivität 31
Produktivität - Arbeit 41, 42, 67
Produktivität - Land 43
Produktivitätssteigerung, zweifache 90
rationales Handeln 10, 127
Raub *Siehe* einseitige Transaktion
Realteilung 103
Regressionsanalyse 81, 88
Reisanbau 70, 73
Reziprozität, balancierte 149, 180
Reziprozität, generalisierte 149
Reziprozitätsprinzipien 149
Risiko 108, 177
rivalisierend 128
Salzproduktion 62
satisfizieren 10
Schattenwirtschaft
Siehe informelle Wirtschaft
Selbstsucht 20
Skalenerträge 89
sozialer Tausch 149
soziales Kapital 27, 113
Spezialisierung 156
Spieltheorie 13, 133
Staatseigentum 27
Stahlaxt *Siehe* Steinbeil
Steinbeil 60
Steinwerkzeuge 57
Strategie 116
Subsistenzwirtschaft 5
Tauschverhältnis 166
Territorium 37
Transaktion 147
Transaktionskosten 147
Trauerspiel der Allmende 132
Trauerspiel der Allmende, Alternativen 136
Trittbrettfahrer 131
Trockenreis 70
Typ 1
Überproduktion 122
Ultimatum-Spiel 13, 24
Ungewissheit 108
Universalie 149
Unsicherheit *Siehe* Ungewissheit
Unterproduktion 116
Unterproduktion bei Wildbeutern 119
Unterproduktion im engeren Sinn 120, 122
Unterproduktion, im weiten Sinn 118
Vertrauen 177
Viehfreund 112
Vorteil, absoluter 151
Vorteil, komparativer 154, 186
Wahrscheinlichkeit 108
Währung 35
Währung - Energie 36
Weltbevölkerung 84
Wirtschaftskreislauf 3
Wohlstandsgesellschaft, ursprüngliche 46
Zäune 59, 179
Zeremonialtausch 150, 182
zweiseitige Transaktionen
Siehe mehrseitige Transaktion